Franziska Wüthrich

Lebenswelt Alpen

sehen – kennen – verstehen

mit Beiträgen von Markus Lüthi
und Jürg Meyer

Sauerländer

Naturfreunde

Schweizer Alpen-Club SAC
Club Alpin Suisse
Club Alpino Svizzero
Club Alpin Svizzer

Herausgeber und Autoren danken folgenden Institutionen und Organisationen für die finanzielle Unterstützung:

- Akademischer Alpenclub Zürich
- BUWAL
- MAVA Stiftung
- Naturfreunde Schweiz NFS
- Pro Natura
- Bernd-Thies-Stiftung
- SEVA-Lotterie
- Migros Kulturprozent
- Schweizer Alpen-Club SAC
- Schweiz. Olymp. Verband SOV

Autorenschaft: *Franziska Wüthrich*,
dipl. Umweltnaturwissenschafterin ETH
Projektleiterin Lehrmittel Natur und Umwelt beim SAC
Projektleiterin Jugend bei Pro Natura

Jürg Meyer, Dr. Geol. (S. 24–51)
Beauftragter für den Schutz der Gebirgswelt beim SAC

Markus Lüthi, dipl. Kulturgeograph (S. 192–267)
Alpenbüro Bern – bergfART

Konzept: Jürg Meyer, Markus Lüthi, Franziska Wüthrich
Lektorat: Klaus Minges, Zürich
Gestaltung: Markus Etterich, Basel
Zeichnungen: Kathrin Scheidegger (Fifi), Bern und Paris
Umschlag: Patrizia Grab, Olten

Franziska Wüthrich, Markus Lüthi, Jürg Meyer
Lebenswelt Alpen: sehen – kennen – verstehen

ISBN 3-7941-4702-2

1. Auflage 2001

Bildung Sauerländer, Sauerländer AG · Verlage, Postfach, 5001 Aarau
www.sauerlaender.ch www.lernwelten.ch

Die Deutsche Bibliothek – CIP-Einheitsaufnahme

Wüthrich, Franziska:
Lebenswelt Alpen : sehen – kennen – verstehen / Franziska Wüthrich ;
Markus Lüthi ; Jürg Meyer. – Aarau : Bildung Sauerländer, 2001
ISBN 3-7941-4702-2

Inhalt

Einstieg

Die alpine Landschaft

Die klimatischen Bedingungen

Alpine Lebensräume

Der Mensch in den Alpen

Anhang

Vorwort

**Lebenswelt Alpen
sehen, kennen, verstehen – ein Naturführer
der besonderen Art!**

Was Sie in den Händen halten, ist ein rucksacktaugliches Schatzkästlein, eine Wühlkiste für Hüttenabende, eine Fundgrube für die Bereicherung Ihrer Bergtouren, Wanderungen und Ausflüge in den Alpen. Die Alpen sind ein vielfältiger, faszinierender Natur-, Kultur- und Lebensraum, das Wasserschloss Europas mit grösster Landschafts- und Artenvielfalt auf kleinstem Raum. Sie sind aber auch eine der wichtigsten Tourismus-Destinationen der Welt. Und sie sind ein Verkehrshindernis, sie werden intensiv genutzt und vom Menschen verändert. Dieser Natur- und Lebensweltführer eröffnet Ihnen diese Vielfalt, vermittelt Zusammenhänge, Wissen und Anregungen zu vielem, was Ihnen unterwegs im Gebirge begegnet. Er hilft Ihnen genauer hinzuschauen, zu verstehen, zu staunen – und zu respektieren. Das Werk soll einen ersten Überblick geben und Lust nach mehr wecken.
Sind Sie Tourenleiterin, Bergführer oder Lehrerin, so erschliesst Ihnen der Ergänzungsband «Alpen aktiv» ein ganzes Instrumentarium an Ideen für die Weitervermittlung der Inhalte aus dem vorliegenden Band.
Nehmen Sie dieses Buch als treuen Begleiter mit auf Ihre Touren. Die beiden Herausgeber, der Schweizer Alpen-Club (SAC) und die Naturfreunde Schweiz (NFS), wünschen Ihnen damit viel Freude und erlebnisreiche Tage im Gebirge!

Bern, im Februar 2001

Schweizer Alpen-Club SAC
Jürg Meyer
Beauftragter für den Schutz
der Gebirgswelt

Naturfreunde Schweiz NFS
Julien Jaeckle
Projekt- und Kurskoordinator

Schweizer Alpen-Club SAC

Mitglieder

rund 95 000

Hauptziele

- Förderung eines verantwortungsbewussten Alpinismus, des Bergsports in allen Spielformen und auf allen Altersstufen
- Unterhalt der SAC-Hütten als einfache und umweltfreundliche Gebirgsunterkünfte
- Betrieb eines alpenweiten Rettungswesens
- Ausbildung und Kursangebote
- Vielseitige Publikationen und Tourenführer
- Aktives Engagement für den Schutz und die nachhaltige Nutzung der Gebirgswelt

Infrastruktur

156 allgemein zugängliche Hütten im alpinen Bereich
146 Rettungsstationen

Information

Schweizer Alpen-Club SAC
Postfach
Monbijoustrasse 61
3000 Bern 23
031 370 18 18
info@sac-cas.ch
www.sac-cas.ch

Naturfreunde Schweiz NFS

rund 24 000

- Naturerlebnisse ermöglichen und fördern, Menschen zu Bewegung und Begegnung animieren, Mitmenschen ein intaktes soziales Netz bieten, Freude am Leben wecken und einen Ausgleich schaffen zum Alltag
- Die Naturfreunde fördern die Nutzung ihrer Häuser als lebendige Begegnungsorte
- Die Naturfreunde setzen sich für eine nachhaltige Entwicklung ein

90 allgemein zugängliche Häuser für Einzelpersonen und Gruppen in der ganzen Schweiz

Naturfreunde Schweiz NFS
Postfach
Pavillonweg 3
3001 Bern
031 306 67 67
info@naturfreunde.ch
www.naturfreunde.ch

Fragen ...

Samstag Morgen, 7.00 h – wir steigen in den Zug Richtung Berge. Das Wetter spielt mit, aus dem Zugfenster werden in der Ferne bereits die Alpen sichtbar. An der Endstation angekommen, machen wir einen kurzen Abstecher zum Dorfladen, um uns dort mit Picknick einzudecken. Der Bergkäse aus der Region erobert nach der Degustation auf Anhieb den ersten Rang in der Hitliste.
Eine halbe Stunde später wartet das vorbestellte Alpentaxi, das uns die ersten 500 Höhenmeter erspart. Die Fahrerin weist auf einige Besonderheiten des Tales hin. Unsere Neugierde wird geweckt, Fragen tauchen auf, und mir wird bewusst: Auch wenn ich oft in den Alpen unterwegs bin, über das alltägliche Leben hier ist mir nur wenig bekannt.
In gemächlichem Tempo beginnen wir den Aufstieg zur Hütte. Die Sonne steht schon recht hoch und wir sind froh, dass das erste Wegstück durch den Schatten spendenden Wald verläuft. Ich beginne die einzelnen Bäume, ihre gewundenen Wurzeln und die teils knorrigen Stämme genauer zu betrachten.
Während ich immer noch überlege, wie die verschiedenen Baumarten wohl heissen und wie man sie auseinander halten kann, nähern wir uns bereits der Waldgrenze. Der Blick auf eine faszinierende Gipfelwelt tut sich auf. Das Gelände wird flacher, am Weg leuchtet ein Feld mit weissen, wolligen Blütenköpfen, und der Weg wird sumpfig. Erstaunlich, wie sich in dieser sonst trockenen Gegend Moore bilden können.
Es ist Zeit für eine Rast und eine kleine Stärkung. Beim Beerensammeln finde ich nebst Heidelbeeren auch andere bläuliche und sogar verschiedene rote Beeren – ob man die wohl auch essen kann? Frisch gestärkt geht es weiter. Das Grün wird langsam spärlicher, das Grau

nimmt Überhand; umso leuchtender wirken die Farben der einzelnen Blüten. Die Pflänzchen werden immer kleiner, auffällig sind die Blütenpolster und auch die dichte Behaarung einzelner Pflanzen.

Auf einem Stein am Wegrand liegt violettfarbener Kot – meine Frage, von welchem Tier er stammen könnte, löst angeregte Diskussionen aus.

Das letzte Wegstück führt über eine Schutthalde. Mir fallen die ganz unterschiedlichen Gesteinsarten auf. Besonders faszinierend finde ich die kleinen Falten im Gestein. Gerne würde ich wissen, wie sie dort reingekommen sind ...

Von der Hütten-Terrasse bietet sich eine spektakuläre Aussicht auf den Gletscher. Das Rauschen des Gletscherbachs ist bis hier zu hören – bei seinem Anblick frage ich mich einmal mehr, weshalb seine Farbe milchig weiss ist.

Ich lasse das Panorama und die Geräuschkulisse auf mich wirken und möchte nirgends sonst auf der Welt sein als hier. Darauf stosse ich mit meinen Begleiterinnen und Begleitern an und sehne mich nach einem Buch, welches mir diesen faszinierenden Lebensraum näher bringt.

... und Antworten

Viele Fragen, die während einer Bergtour immer wieder auftauchen, können mit Hilfe des vorliegenden Buches beantwortet werden. Es will aber auch zum genauen Hinsehen und Nachdenken anregen und wird neue Fragen aufwerfen. Die Lebenswelt Alpen mit ihrer Vielfalt an Landschaften und Lebensräumen wird immer ein Stück weit Geheimnis bleiben – genau das macht einen Teil ihrer Faszination aus. Mit diesem Buch im Rucksack, etwas Musse und einer Portion Neugier kann die Entdeckungsreise beginnen. Viel Spass!

Zum Gebrauch des Buches

Der Idealfall

Sie haben ein Wochenende Zeit, packen Ihren Rucksack, stecken die «Lebenswelt Alpen» griffbereit hinein und machen sich auf in die Berge. Egal, ob Ihr Ziel nun eine Hütte ist oder ob Sie Zelt und Schlafsack dabei haben, Hauptsache, die geplante Route ist nicht allzu anstrengend und lässt Zeit für Musse. Unterwegs finden sich bestimmt lauschige Plätzchen, die zum Sitzen und Lesen einladen. Wenn Sie Lust haben, beginnen Sie vorne und tasten sich kontinuierlich zum Ende durch. Eine andere Möglichkeit besteht darin, die Kapitel nach dem jeweiligen Aufenthaltsort zu wählen: das Waldkapitel im Wald, das Rasenkapitel weiter oben, die Entstehung der Alpen vielleicht auf einem Aussichtspunkt. Nach dieser Tour werden Sie die Alpen mit anderen Augen anschauen als zuvor.

Die Ausweichvariante

Sie wollten schon immer ein bisschen mehr über die Menschen, Tiere und Pflanzen in den Alpen wissen. Immer wieder haben Sie sich unterwegs Fragen gestellt, auf die Sie keine Antworten gefunden haben. Mit Hilfe des Stichwortverzeichnisses könen Sie gezielt nach Inhalten suchen, die Sie interessieren. Es ist nicht nötig, das Buch von A-Z zu lesen, da die Kapitel unabhängig voneinander verständlich sind. Das erlaubt Ihnen, möglichst rasch zu den gewünschten Inhalten vorzustossen, sei es zuhause oder unterwegs – auch wenn Sie sich nicht ein ganzes Wochenende Zeit nehmen wollen.

Als Gruppenleiterin oder Gruppenleiter

Sie sind Bergführerin, Tourenleiter, Wanderleiterin oder mit einer Jugendgruppe, einer Schulklasse unterwegs. Sie möchten die gemeinsame Wanderung mit Naturbeobachtungen bereichern, und dabei neben neuem Wissen auch neue Erlebnisse weitergeben. Mit «Lebenswelt Alpen» können Sie sich innert kurzer Zeit einen kleinen Vorrat an Wissen anlegen, den Sie dann situationsgerecht in Ihre Touren einbauen können. Zusammen mit dem Begleitband «Alpen aktiv» besitzen Sie ein Repertoire an Ideen, das Ihre Touren zu ganz besonderen Naturerlebnissen macht.

Exemplarische, praxisbezogene Themenwahl

Die Auswahl der Themen in «Lebenswelt Alpen» geschah unter praxisbezogenen Gesichtspunkten. Die häufigsten, auf fast jeder Tour sicht- und erlebbaren Phänomene standen dabei im Zentrum. Bewusst haben wir uns für eine breite, dafür exemplarische Darstellung der Elemente des alpinen Lebensraums entschieden. Die Beispiele stammen schwergewichtig aus dem Schweizer Alpenraum. Der besonders interessierten Leserschaft bietet das Literaturverzeichnis eine Auswahl spezifischer Bücher zum Vertiefen einzelner Aspekte.

Themengerechte Aufarbeitung

Die Teile «Alpine Landschaft», «Klima und Wetter» sowie «Alpine Lebensräume» unterscheiden sich in Struktur und Stil vom Teil «Mensch in den Alpen». Dies liegt einerseits in der unterschiedlichen Autorschaft begründet, andererseits aber auch in der grundverschiedenen Natur der behandelten Themen. Es schien uns nötig, soziokulturelle und sozioökonomische Aspekte, die das Schwergewicht des letzten Teils bilden, anders anzugehen als die naturwissenschaftlichen Themen. Im Teil «Mensch in den Alpen» werden deshalb neben Fakten vermehrt auch Gedankenanstösse geliefert. Zitate und Fragen sollen zum Nachdenken und zum Überdenken ganz persönlicher Einstellungen und Handlungsmuster anregen.

Porträts und Brennpunkte

Die einzelnen Kapitel enthalten jeweils einen informativen Hauptteil als Lauftext sowie Porträts und Brennpunkte. Beide Kapitelelemente sind an ihrem spezifischen Layout erkennbar:

❖ Porträts stellen häufige Tier- und Pflanzenarten, Gesteine, Wetterlagen sowie Menschen oder Organisationen vor.

✤ Brennpunkte behandeln aktuelle, kontroverse Themenbereiche.

Wie du dich zurechtfindest

Inhaltsverzeichnis

Das Inhaltsverzeichnis auf Seite 5 gibt einen Überblick über die behandelten Themen und erlaubt das rasche Auffinden ganzer Themenbereiche.

Stichwortverzeichnis

Das Stichwortverzeichnis im Anhang enthält alle Porträt-Titel und Brennpunkt-Themen sowie weitere zentrale Begriffe und verweist auf die entsprechenden Textstellen. Die Begriffe sind im Text schnell auffindbar, da sie jeweils im Titel oder in der Randspalte stehen.

Verweise

Verweise auf inhaltlich ähnliche Abschnitte sind wie folgt erkennbar:

- Verweise auf Porträts: (❖ S. xy)
- Verweise auf Brennpunkte: (✤ S. xy)
- Verweise auf verwandte Themen in anderen Kapiteln: (S. xy)
- Verweise auf Abbildungen: (Abb. S. xy)

Lust auf mehr

Glossar

Die *kursiv* gedruckten Fachbegriffe werden im Glossar näher erklärt.

Weiterführende Literatur

Eine kommentierte Liste mit vertiefender Literatur zu einzelnen Themenbereichen findet sich im Anhang.

Eine Linkliste mit nützlichen Links zu alpenspezifischen Themen findet sich unter folgenden Internet-Adressen: www.sac-cas.ch
www. naturfreunde.ch

Tipps für die umweltgerechte Tourengestaltung

Willkommen als Gast in der Natur

Du hast als Gast in der alpinen Natur die Freiheit, deinen eigenen Weg, dein Tempo und deinen Rhythmus zu bestimmen. Diese Freiheit ist ein kostbares Gut und als solches nicht grenzenlos. Denn Freiheit setzt Verantwortung gegenüber Natur und Mitmenschen voraus. Der Lebensraum Alpen ist reichhaltig und vielfältig, viele Pflanzen und Tiere sind auf einen engen Bereich spezialisiert und reagieren sensibel auf Störungen. Mit deiner Rücksicht hilfst du, diesen Lebensraum intakt zu halten.

Vor der Tour

Informiere dich über Naturschutz- oder Schongebiete und berücksichtige dies bei deiner Routenwahl.

Schon bei der Tourenplanung sollte man folgende Punkte beachten: Die durchschnittliche Anreise zu einer Bergtour braucht rund 35-mal mehr Energie als eine Hüttenübernachtung. Bergsteiger und Kletterer legen pro Jahr zwischen 2000 und 3000 km für ihr Hobby zurück. Zu einer umweltverträglichen Tourengestaltung gehört also auf alle Fälle das Berücksichtigen des öffentlichen Verkehrs. Vielleicht lohnt es sich, schon am Vorabend mit dem öffentlichen Verkehr anzureisen, im Talort einzukaufen, dort zu übernachten und am nächsten Morgen früh ein Alpentaxi bis zum Ausgangspunkt der Tour zu nehmen.

Unterwegs im abgelegenen Steinental (VS)

(Alpentaxibroschüre zu beziehen bei: Mountain Wilderness, Postfach 148, 8037 Zürich)

Aufstieg zur Pointe Isabelle, im Hintergrund der Mont Blanc

Auf der Tour

«Lass nichts zurück als deine Fussspuren, nimm nichts mit als deine Eindrücke.»

Nimm diese Regel zum Nennwert! Nur so können wir unseren Nachfolgern das gleiche Naturerlebnis ermöglichen, wie wir es schätzen.
Beispiele:

- Trage stets einen Plastiksack für die Abfälle mit – auch für diejenigen, die du entlang des Weges findest.
- Neben dem WC-Papier ist ein kleines Feuerzeug bereit, mit dem du das Papier verbrennen kannst, wenn keine Waldbrandgefahr herrscht.
- Als Raucher hast du eine kleine Büchse dabei, in die du deine Kippen entsorgen kannst.

Regeln und Tipps für unterwegs

1. Halte dich wenn immer möglich an die markierten Routen. Gämsen stehen nicht auf Streicheleinheiten, und Schutthalden-Pflanzen sind besonders empfindlich.
2. Pflanzen atmen lieber Alpenluft, als in Rucksack oder Blumenvase zu welken. Geschützte Arten sind sowieso tabu.

3. Bist du Grossist oder Einzelverbraucher? Stelle diese Frage, bevor du Beeren und Pilze sammelst, nicht nachher. Auch Tiere essen sie gerne.
4. Eine Hütte ist bis heute noch kein Fünf-Sterne-Hotel. Für dich gibt's aber fünf Sterne, wenn du mithilfst, Wasser, Energie und Rohstoffe zu sparen, und deinen Müll wieder ins Tal trägst.
5. Der Geschmack lokaler Produkte übertrifft alle anderen, und vielleicht hilft dein Besuch dem Dorfladen zu überleben.
6. Wildes Campieren ist etwas vom Schönsten – bist du sicher, dass es hier gestattet ist? Hast du den Grundbesitzer gefragt? Die Abfallgrundregel gilt hier erst recht!
7. Fido soll die Berge auch geniessen dürfen – hingegen gehört das Jagen von Rehen und Gämsen nicht zu seinem Wanderprogramm. Im Zweifelsfall gehören Hunde immer an die Leine.
8. Betrachte das Hochgebirge als das, was es ist: die letzte Wildnis in Europa. Bewege dich deshalb mit Respekt und Verantwortungsbewusstsein darin! Geniesse die Stille in den Bergen und störe sie selbst nicht unnötig.

Gasterntal mit Kanderfirn (BE) – wilde Naturlandschaft

Die Alpen im Vergleich

Insgesamt sind etwa 5 % der Landfläche von Gebirgszügen bedeckt. Die Alpen machen davon nur einen sehr kleinen Teil aus, denn ihre Ausdehnung ist im Vergleich zu anderen Gebirgen der Welt sehr gering.

Die Gebirgsregionen der Welt

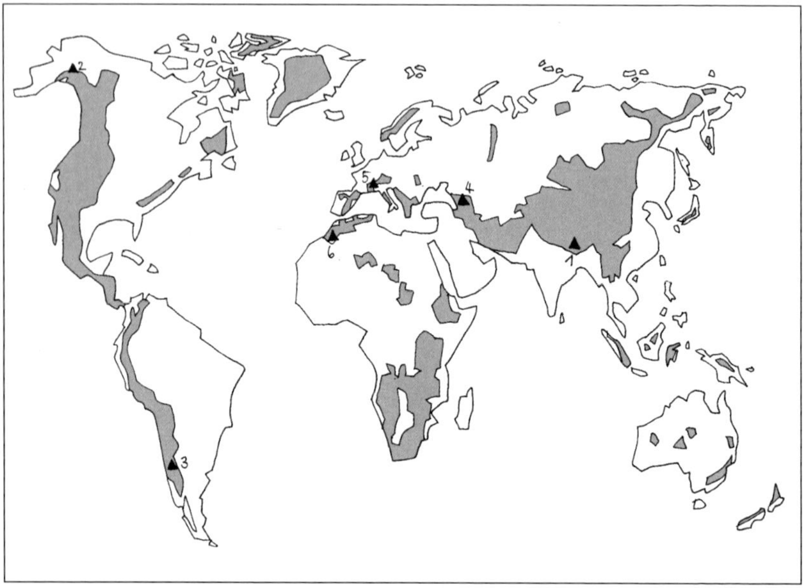

Die wichtigsten Gebirgszüge der Erde

1. Himalaya
Höchster Gipfel:
Mount Everest (8850 m)

2. Rocky Mountains
Höchster Gipfel:
Mount Mc Kinley (6194 m)

3. Anden
Höchster Gipfel:
Aconcagua (6959 m)

4. Kaukasus
Höchster Gipfel:
Elbrus (5640 m)

5. Alpen
Höchster Gipfel:
Mont Blanc (4807 m)

6. Atlas
Höchster Gipfel:
Jebel Toubkal (4186 m)

Die Alpen in Kürze

Der Alpenbogen erstreckt sich von Südfrankreich über die Schweiz und Italien bis nach Österreich und Slowenien. Die Alpen sind trotz einheitlicher Entstehung ein komplexes Gefüge von unterschiedlichsten Naturräumen. Aber auch verschiedenste Kulturen treffen aufeinander. Mit ein paar Zahlen und Kartenüberblicken (alle nach Prof. W. Bätzing) soll hier die Vielfältigkeit des Lebensraums Alpen angedeutet werden, ohne dabei Vollständigkeit anzustreben.

Geographie und Geologie

- Entstanden in den letzten rund 100 Mio. Jahren in einem komplizierten, bis heute andauernden Kollisionsprozess zwischen afrikanischer und eurasischer Erdplatte
- Fläche (Messung gemäss Alpenkonvention) 181 500 km^2, davon CH ca. 15 %
- Grobeinteilung in West- und Ostalpen, Trennlinie Bodensee-Como
- Die Zentralalpen heben sich momentan um ca. 1mm/Jahr

Die Alpenregion erstreckt sich von Nizza bis Wien und von Mailand bis München.

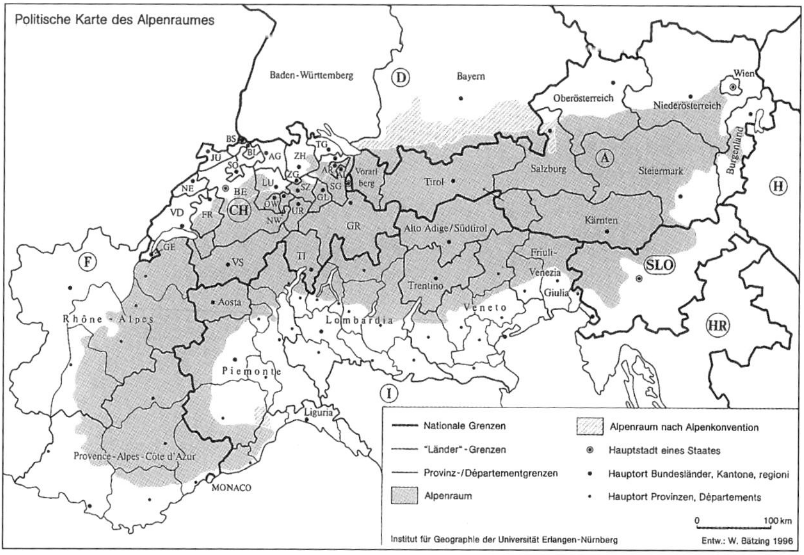

Siedlungsgeschichte

- Erste Besiedlung in der Altsteinzeit (Paläolithikum, ca. 100 000 Jahre alte Stein- und Felszeichnungen)
- Zur Römerzeit schätzungsweise 2 Mio. Einwohner, dann Rückgang
- Im Mittelalter dichte agrarische Besiedlung, Bevölkerungs-Hochstand (ca. 3 Mio.)
- Ab dem 18. Jh. starkes Bevölkerungswachstum als Folge der Industrialisierung
- Ab der 2. Hälfte 19 Jh. teilweise dramatischer Bevölkerungsrückgang im ländlichen Raum
- Heute 11 Mio. Einwohner (davon CH 1,7 Mio = 16 %) in ca. 6000 Gemeinden, verteilt auf 7 Alpenstaaten (SLO, A, D, FL, I, CH, F), davon gesamthaft ca. 65 % in Städten

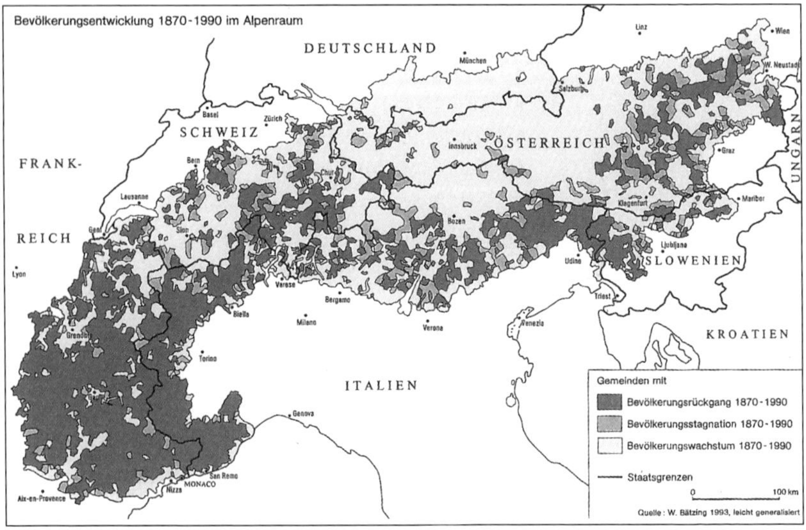

Bevölkerungsentwicklung 1870-1990 im Alpenraum

Abwanderung im Süden – Wachstum im Norden

Natur und Naturschutz

- Die Alpen sind ein wichtiges Reservoir der europäischen Biodiversität. Schätzungsweise 30 000 Tierarten; 2500 Alpenpflanzen im engeren Sinne, davon 15 % endemisch (d.h., nur in den Alpen vorkommend)
- 12 Nationalparks (CH: 1), 41 Natur- oder Regionalparks (CH: 0, dafür ca. 230 Naturschutzgebiete); insgesamt 26 000 km² unter Schutz (14 % der Gesamtfläche)

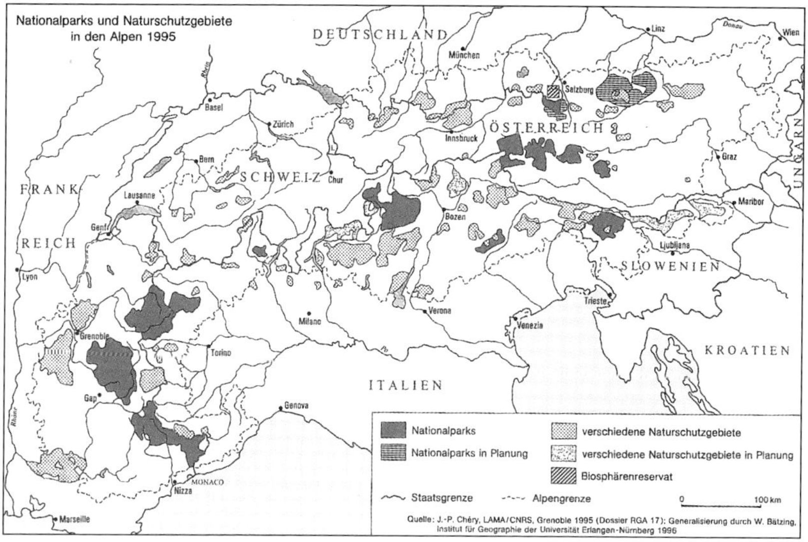

14 % der Alpenfläche stehen unter Schutz, wobei der Schutzstatus der einzelnen Gebiete sehr unterschiedlich ist.

Die Alpenflüsse entwässern in alle Meere rund um Europa.

Wasserschloss

- Wichtigstes Trinkwasserreservoir Mitteleuropas («Wasserschloss Europas»)
- Heute ca. 4200 Gletscher mit einer Gesamtfläche von 2800 km² (=1,5 % der Alpenfläche; seit 1850 um einen Drittel reduziert)
- Rund 4000 Seen, praktisch alle glazial entstanden
- Alpenweit wird ca. 40 000 MW Strom aus Hydroenergie erzeugt (Schweiz 10 000 MW)

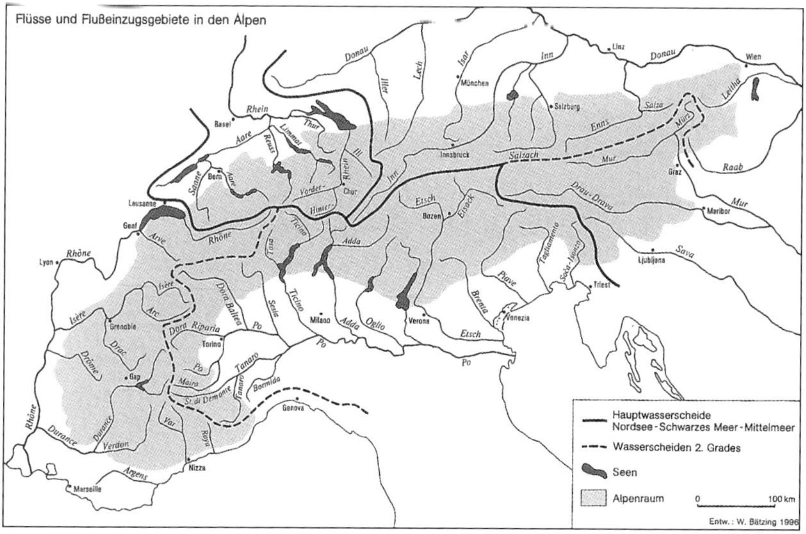

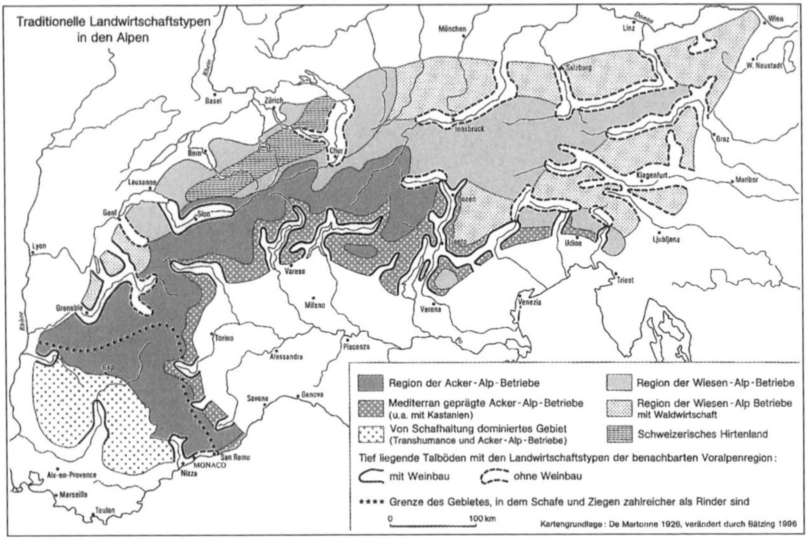

Traditionelle Landwirtschaftstypen in den Alpen

Berglandwirtschaft

- Heute noch rund 500 000 Landwirtschaftsbetriebe, in ständigem Rückgang begriffen
- Rund 50 % der gesamten Alpenfläche wird von Almen (Alpen) eingenommen.
- Regionale Unterschiede bezüglich Bewirtschaftungsform. In den Nordalpen alemannisch geprägt (vorwiegend Viehzucht), in den Südalpen romanisch (Rebbau, Getreide und Vieh).

Verkehr

- Die Alpen waren lange Zeit ein grosses Hindernis für den Nord-Süd-Handel. Erst der moderne Strassen- und Tunnelbau ermöglichte den Personen- und Güterverkehr der heutigen Zeit.
- Der inneralpine Verkehr ist bedeutender als der Transitverkehr.
- Gesamter Alpentransit 1998: 81 Mio. t in ca. 6 Mio. LKWs, Strasse 66 %, Schiene 34 %

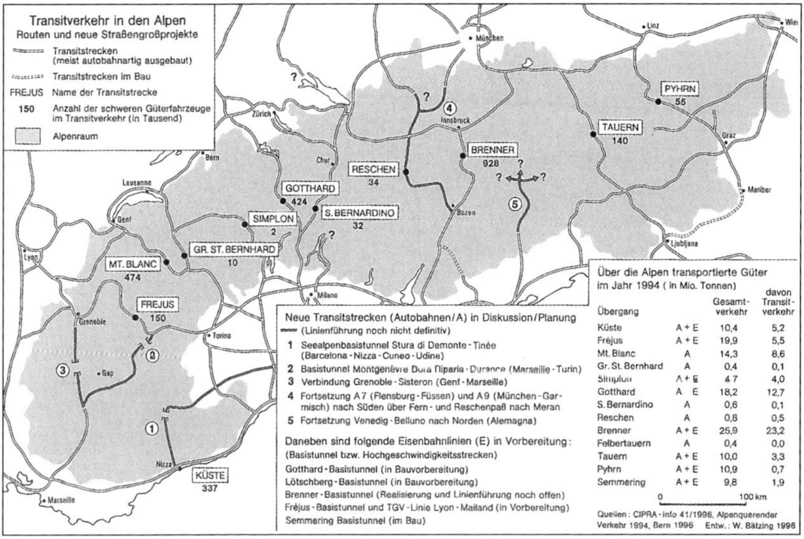

Übergang		Gesamt-verkehr	davon Transit-verkehr
Küste	A + E	10,4	5,2
Fréjus	A + E	19,9	5,5
Mt. Blanc	A	14,3	8,6
Gr. St. Bernhard	A	0,4	0,1
Simplon	A + E	4,7	4,0
Gotthard	A E	18,2	12,7
S. Bernardino	A	0,6	0,1
Reschen	A	0,8	0,5
Brenner	A + E	25,9	23,2
Felbertauern	A	0,4	0,0
Tauern	A + E	10,0	3,3
Pyhrn	A + E	10,9	0,7
Semmering	A + E	9,8	1,9

50 % des gesamten Alpentransits erfolgen über Brenner, Gotthard und Fréjus. Vom reinen LKW-Transit gehen 70 % über Brenner, Gotthard und Mont Blanc.

Tourismus

- 5 Mio. Ferienbetten, 120 Mio. Feriengäste resp. 500 Mio. Gästeübernachtungen pro Jahr: Dies macht ca. 25 % des weltweiten Tourismus aus!
- Ungleiche Verteilung: Nur knapp 10 % aller Alpengemeinden haben grosse touristische Infrastrukturen, 40 % der Gemeinden haben praktisch keinen Tourismus.
- Total ca. 13 500 mechanische Aufstiegshilfen: Dies entspricht 60 % des Welttotals aller mechanischen Aufstiegshilfen!
- Alpenweit gibt es rund 1600 Alpenvereinshütten, mit 90 000 Schlafplätzen, die jährlich rund 12 Mio. Besuche und 4 Mio. Nächtigungen aufweisen und Arbeit für rund 5000 Einheimische bieten.

Schafherde im Täschtal (VS)

Die Alpen – ein etwas anderes Porträt

Alter:	geboren vor rund 100 Mio. Jahren, erwachsen seit 20 Mio. Jahren
Aussehen:	von oben bogenförmig, Spitzen mit Zuckerguss
Ausdehnung:	181 500 km^2
Höhe:	maximal 4807 m
Gewicht:	ca. 1 Trillion Tonnen, Genaueres unbekannt
Heimatort(e):	6187 verschiedene Gemeinden
Nationalität:	multinational (CH, F, I, FL, D, A, SL)
Einwohner:	ca. 11 Millionen, dazu pro Jahr ca. 100 Mio. Besucher
Kulturzugehörigkeit:	im Norden alemannische Ursprünge, im Süden römisch geprägt, im Osten slawisch, in hoch gelegenen Gebieten Walser-Kultur
Vermögen:	grosse Wasserreserven für Trinkwasser (~0,2 Rp./Liter) und Stromerzeugung (~20 Rp./kWh), Holz (~40 Fr./m^3), saftige Weiden (1.70 Fr./l Milch, 20 Fr./kg Käse), landschaftliche Schönheit (unbezahlbar)
Bekleidung:	weisser Hut, graues Oberteil, grüne Beinkleider mit farbigen Tupfen, tannengrüne Schuhe, im Winter Vorliebe für Weiss
Besondere Kennzeichen:	sehr vielfältig und gegensätzlich, steile Berggipfel und saftige Weiden, abgelegene Dörfer und moderne Städte, faszinierend und Furcht erregend
Vorsicht:	Es wird gebeten, sich mit dem nötigen Respekt und einer Portion Neugier zu nähern und sich Zeit zu nehmen für gegenseitiges Kennenlernen.

Die alpine Landschaft

Achtung Kollision

Bergwanderer, Bergsteiger und Kletterer werden sich immer wieder fragen, wie diese hohen Berge, diese gewaltigen Wände, die Schluchten und Täler überhaupt entstanden sind. Welche Kräfte und Prozesse stecken dahinter? Wachsen die Alpen heute noch? Waren sie einmal viel höher, oder könnten sie noch höher werden? Wie sollen wir die verwirrende Vielfalt von Gesteinen deuten und einordnen?
Der geologische Bau und die Gesteine prägen die alpinen Landschaften und die Vegetation entscheidend. Etwas Grundwissen über die Alpengeologie ist deshalb Voraussetzung für das Verständnis vieler Phänomene, denen wir auf unseren Wanderungen begegnen. Dazu wiederum sollte man verstehen, wie die «Erdmaschine» funktioniert.

Ein eleganter Bogen

Die Alpen von oben

Von oben betrachtet, sei es auf Satellitenbildern oder topographischen Karten, ist die Form der Alpen besonders eindrücklich: ein schmaler Gebirgszug, der sich in der Gegend um Nizza aus dem Apennin löst und sich in elegantem Bogen auf die Schweiz zu schwingt, sich dabei ständig verbreiternd, und dann langsam auffächernd bei Wien ausläuft (Abb. links). Zudem ist leicht zu erkennen, dass die Alpen offensichtlich nur Teil eines ganzen Gebirgssystems sind, das sich vom Apennin bis zum Himalaya und weiter nach Südostasien erstreckt.

Falschfarben-Satellitenbild Mitteleuropas

Wenn wir aus der Vogelschau wieder landen und die Alpen durchstreifen, fallen uns immer wieder zwei geologische Wesensmerkmale auf:

Wie die Alpen gebaut sind

Überschiebungen und Falten

Erstens sehen wir oft völlig unterschiedlich aussehende Gesteinseinheiten, die über- oder nebeneinander liegen (Abb S. 28, 29). Dies ist die Folge von weiträumigen *Überschiebungen* von Gesteinspaketen, die der Alpengeologe *Decken* nennt. Solche Gesteinseinheiten können klein sein (wenige 10er-Meter dick, wenige km^2 in der Ausdehnung), oder aber riesige Dimensionen annehmen (mehrere km dick, Tausende von km^2 in der Ausdehnung).
Zweitens fallen uns immer wieder *Gesteinsfalten* aller Grössenordnungen auf (mm bis km, Abb. S. 28/29 unten). Diese Falten erwecken oft den Eindruck, als seien die Gesteine plastisch oder gar halb fliessend verformt worden – was auch der Realität entspricht. Die Verfaltungen erfolgten nämlich in grösserer Tiefe unter vielen Kilometern Gesteinsüberdeckung. Dort herrschen hohe Temperaturen (bis über 600 °C) und Drücke (bis über 20000 bar) – Bedingungen, unter denen sich auch scheinbar härteste Gesteine plastisch verformen lassen.

Afrika und Europa verbeissen sich ineinander

Kollisionsgebirge

Überschiebungen und Falten sind charakteristisch für Gebirge, die als Resultat einer *Kollision* von zwei Kontinenten entstanden sind. Die Alpen sind das Produkt einer Kollision der afrikanischen mit der eurasischen Platte, die vor rund 100 Millionen Jahren begonnen hat und heute noch andauert (eine Folge davon ist, dass sich die Zentralalpen immer noch um rund 1mm/Jahr heben). Im Verlaufe dieser Kollision wurde ein ganzes Ozeanbecken zwischen Afrika und Eurasien, der so genannte *Tethys-Ozean*, zum Verschwinden gebracht (das heutige Mittelmeer ist eine geologisch gesehen jüngere Bildung). Nur vereinzelte Reste dieses Ozeans mit seinen speziellen Gesteinen wurden in die «Knautschzone» der Alpen eingebaut (Abb. S. 33, 34).

Überschiebungen und Falten, die Bauelemente der Alpen

Die vier Abbildungen stellen die beiden wichtigsten geologischen Bauelemente der Alpen an konkreten Beispielen und in verschiedenen Dimensionen vor – so wie sie dem Bergwanderer unterwegs begegnen können.

Deckenbau am Walliser Weisshorn, von Osten gesehen

Graugrünlich verwitternde Gneise (❖ S. 45) der Dent-Blanche-Decke bauen das Weisshorn selbst auf. Sie stammen aus dem *Grundgebirge* des afrikanischen Kontinents (Dent-Blanche-Decke). Darunter liegt ein gut sichtbares helles Band, mit hellen Kalksteinen (❖ S. 44) aus dem Tethys-Ozean. Das Ganze liegt wiederum auf einer Gneisdecke (Mischabel-Siviez-Decke), die vom Grundgebirge des eurasischen Kontinents stammt.

Das Doldenhorn wird von einer mächtigen Serie aus Kalkgesteinen mit dazwischen liegenden Bändern von *Mergel* und *Tonschiefer* aufgebaut (abgelagert vor ca. 200–100 Mio. Jahren im Tethys-Ozean). Diese Gesteine wurden im Verlaufe der Deckenbildungen in riesige Falten gelegt.

Grossfalten an der Südseite des Doldenhorns, vom Gasterntal aus gesehen (BE)

Deckenbau in den Klosterser Bergen (GR), an der Madrisa von NW

Die weichen *Flyschgesteine* des von der Erosion eingetieften Prättigautales werden überlagert von einer nur wenige hundert Meter dicken Decke aus Kalkgesteinen, welche die Rätikonwände aufbauen (Falknis-Sulzfluh-Decke). Sie stammen von Ablagerungen im Tethys-Ozean. Darüber liegt eine mächtige Decke aus braungrün anwitternden Gneisen, die, ähnlich zu Abb. S. 28 oben, vom afrikanischen Kontinent stammen (Silvretta-Decke) und über mindestens 100 km von Süden her überschoben wurden.

Die Gneise des Tessins stammen alle aus Gesteinsdecken, die in grösserer Tiefe (ca. 15–25 km) bei erhöhten Temperaturen (bis etwa 700 °C) verformt wurden (=*Metamorphose*, S. 41 f.). Bei so hohen Temperaturen können Gesteine fast fliessend deformiert werden.

Kleinfalten in Tessiner Gneis, Maggiatal

Die Erdmaschine

Motor der Gebirgsbildung

Warum entstanden und entstehen überhaupt Kollisionsgebirge? Die Erde ist ein Himmelskörper, der noch nicht völlig erstarrt ist wie etwa der Mond. Nach ihrer Entstehung vor rund 4600 Millionen Jahren als glühender und rotierender Materieball haben sich die chemischen Elemente in Abhängigkeit ihrer Dichte sortiert, die schweren innen, die leichten aussen. Daraus resultiert der heutige schalige Bau der Erde: aussen die Atmosphäre mit ihren leichten Gaselementen, zuinnerst der Kern mit seinen schweren Metallen (vor allem Eisen und Nickel, Abb. unten). Zudem kühlte die Erde laufend von aussen nach innen ab, ein Prozess, der noch heute im Gange ist, weist doch der innerste Kern immer noch Temperaturen um 4300 °C auf. Die Abkühlung erfolgt sehr langsam, da durch radioaktiven Zerfall bestimmter Elemente im Erdinnern ständig neue Wärme produziert wird.

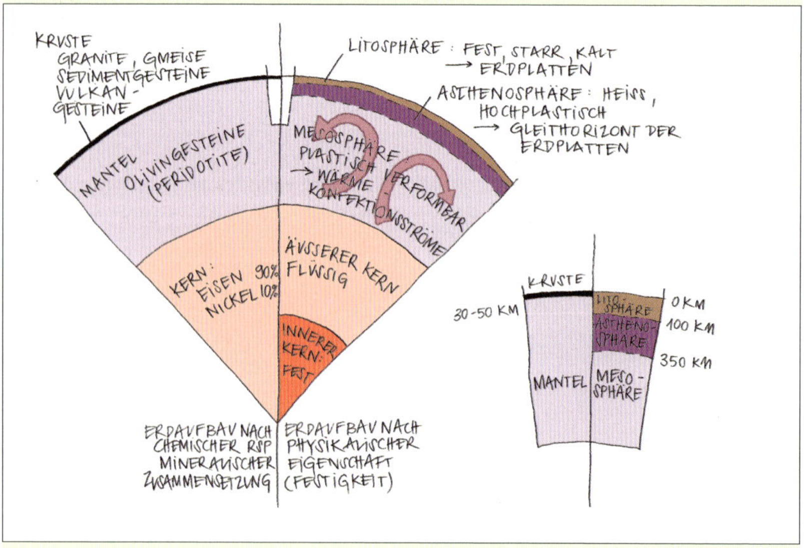

Aufbau der Erde: Wärmeströmungen im halbfesten Mantel (Pfeile) halten die festen *Erdplatten* der äussersten Hülle (*Lithosphäre*) in ständiger Bewegung (*Plattentektonik*).

Die globale Dimension der Geologie

Plattentektonik

Diese laufende Abkühlung ist der eigentliche Motor der «Erdmaschine», der unter anderem bewirkt, dass es Vulkanismus, Erdbeben und Gebirgsbildung gibt. Im zähflüssigen Erdmantel fliesst die Wärme, wie in einer dicken Suppe, in Form von Konvektionsströmen (Pfeile in Abb. S.30) gegen aussen. Auf diese Weise werden die darüber-

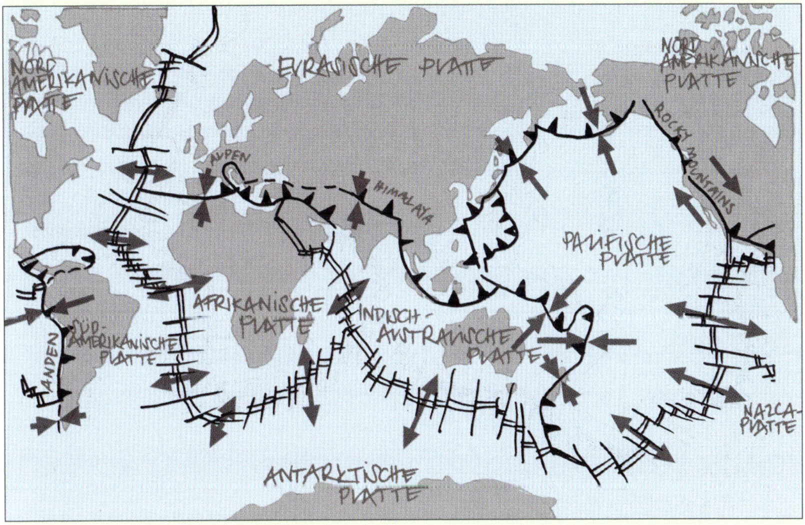

Die heutige Verteilung der Erdplatten und ihre Driftrichtungen und -geschwindigkeiten in cm pro Jahr (1 mm entspricht ca. 1 cm/Jahr). Vor rund 200 Millionen Jahren gab es nur einen einzigen Superkontinent («Pangäa», vgl. Abb S. 33 oben rechts), und in einigen 10 Millionen Jahren wird sich das Bild wiederum völlig verändert haben.

liegenden, vergleichsweise kühlen und starren äussersten Schichten, die so genannten *Erdplatten*, bewegt. Die Erdoberfläche besteht aus rund sieben grossen und einer Anzahl von mittleren bis kleinen Platten (Abb. oben). Diese sind ständig in Bewegung, mit Geschwindigkeiten von einigen cm pro Jahr. So verändert sich im Verlauf der Jahrmillionen die Kontinent-Meer-Verteilung sowie Form und Lage der Kontinente ständig, wie ein unfertiges Puzzle! Dort, wo zwei kontinentale Platten aufeinander zu driften, entsteht ein Gebirgszug wie die Alpen. Wo eine *ozeanische Platte* auf eine *kontinentale Platte* trifft, wird die dünnere Ozeanplatte unter die Kontinentalplatte ver-

senkt (*Subduktion*); dabei entsteht ein Tiefseegraben und ein vulkanisches Gebirge, wie etwa entlang der Andenküste Südamerikas.
Wo sich zwei Platten voneinander entfernen, entsteht ein Ozean mit einem Tiefseerücken-Gebirge wie etwa der Atlantik, und dort, wo sie aneinander vorbeigleiten, eine Bruchzone mit sehr vielen Erdbeben (Beispiele: Anatolische Bruchzone in der Türkei, San-Andreas-Bruchzone in Kalifornien).
Dieses globale Modell der geologischen Prozesse, kurz als Plattentektonik bezeichnet, ist erst erstaunlich spät – gegen Ende der 60er-Jahre – allgemein erkannt und anerkannt worden. Bis dahin wurden Forscher, die in diese Richtung dachten, nicht ernst genommen. Heute gibt es keine Zweifel mehr an der Richtigkeit der Plattentektonik – man kann sogar die Driftgeschwindigkeit der grossen Erdplatten via Satelliten direkt messen (einige cm pro Jahr).

Ein Naturschauspiel in vier Akten

Die Bildungsgeschichte

Die Alpen sind geologisch ausserordentlich kompliziert aufgebaut. Für den Laien ist es deshalb anspruchsvoll, sich darin einigermassen zurecht zu finden. Die Komplexität hat drei Hauptgründe:

1) Die gebogene Form und das Auffächern gegen Osten hin ist die Folge davon, dass die Kollision Eurasien-Afrika nicht frontal, sondern mit rotierender Bewegung Afrikas erfolgte.
2) Zwischen den beiden riesigen Kontinenten Afrika und Eurasien sind noch Mikroplatten eingeklemmt.
3) Im Bereich der heutigen Alpen sind früher schon Gebirgszüge entstanden und wieder abgetragen worden. Deren Gesteine und Strukturen wurden ins bestehende Gebirge eingebaut und komplizieren dessen Aufbau zusätzlich.

Das nachfolgende «Natur-Schauspiel in vier Akten» skizziert die wichtigsten Abschnitte der Alpenentstehung, um einen Eindruck der räumlichen und zeitlichen Dimension sowie der abgelaufenen Prozesse zu geben.

Zeitalter	Was ging vor?	Weltkarten-Ansicht

330–190 Mio. Jahre

Es gibt nur einen einzigen «Superkontinent», Pangäa genannt, zusammengeschweisst während älteren Plattenkollisionen (sog. kaledonische und variszische Gebirgsbildungen). In der Triaszeit ist das ganze Gebiet der zukünftigen Alpen von einem seichten Meer bedeckt, der Ur-*Tethys*, die sich gegen Osten zu einem riesigen Ozean öffnet.

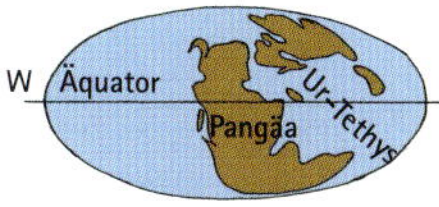

ca. vor 220 Mio. J.

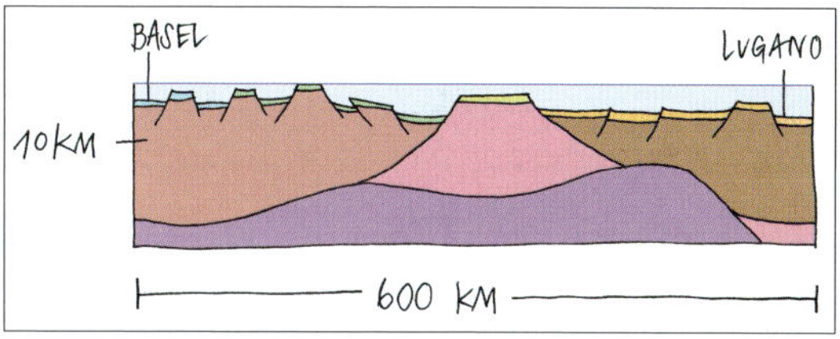

Legende zu den farbigen Baueinheiten siehe S. 38

190–130 Mio. Jahre

Pangäa zerbricht, der Nordatlantik beginnt zu entstehen. Bald reisst auch der Zentralatlantik auf. Dadurch driftet Afrika von Eurasien gegen SE ab und ein neues Ozeanbecken, der Tethys-Ozean, öffnet sich. Darin werden vielfältigste *Sedimentgesteine* abgelagert, die heute einen wesentlichen Teil der Alpen aufbauen.

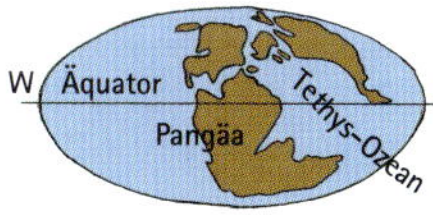

ca. vor 155 Mio. J.

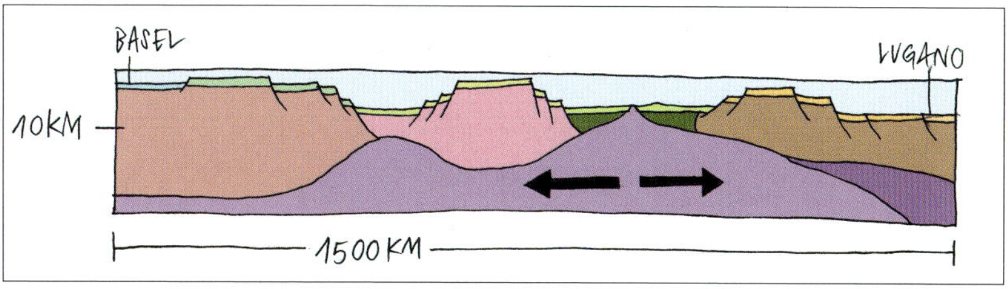

130–20 Mio. Jahre

Durch ein schnelles Aufreissen des Südatlantik driftet die afrikanische Platte wieder gegen die eurasische: Der Tethys-Ozean wird unter Afrika geschoben, bis es zur Kollision der beiden Kontinentalblöcke kommt:

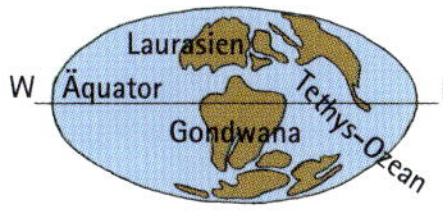

ca. vor 125 Mio. J.

Riesige Späne von eurasischer und afrikanischer Kruste, sowohl von altem Sockelmaterial (Gneise und Granite ❖ S. 45 f.) als auch von *Sediment*gesteinen des Tethys-Ozeans, werden als Decken übereinander geschoben. Manche Decken bilden starre Platten, andere, vor allem tiefer gelegene, werden während der *Überschiebung* verfaltet.

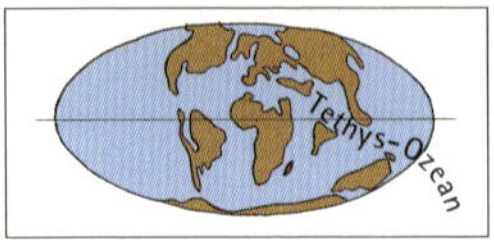

ca. vor 70 Mio. J.

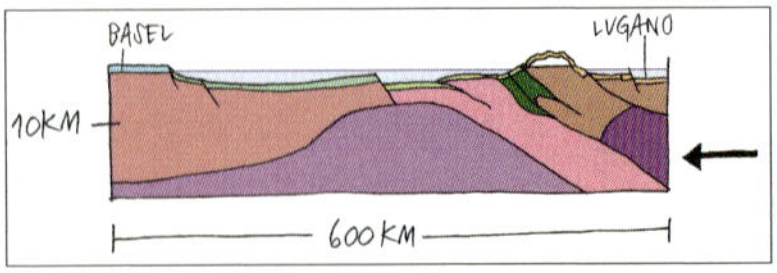

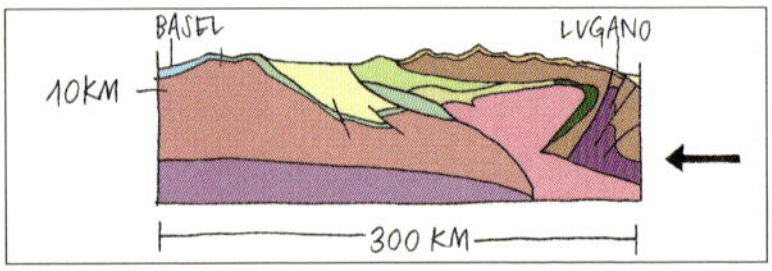

20 Mio. Jahre bis heute

Da Afrika und Eurasien weiterhin gegeneinander gepresst werden, wird der Deckenstapel verbogen und verfaltet. Durch die Verdickung der *Lithosphäre* infolge der Deckenstapelung hebt sich die ganze Kollisionszone nach dem Prinzip des archimedischen Auftriebes (da die «leichte» Lithosphäre auf dem «schweren» Mantel schwimmt): Das eigentliche Alpengebirge entsteht. An der Oberfläche beginnt gleichzeitig die Abtragung – denn auch Berge wachsen nicht in den Himmel (ohne Abtragung wären die Alpen mindestens 20 km hoch ...). Dadurch entstehen die *Molasse-Ablagerungen* am Nord- und Südrand der Alpen. Diese sind also nichts anderes als alter, schon wieder zu Gestein verfestigter Abtragungsschutt der «Ur-Alpen».

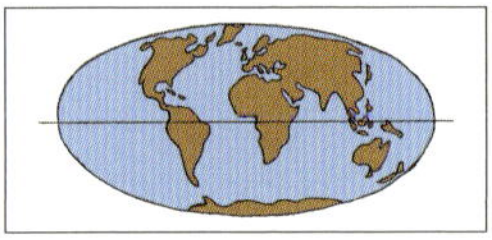

heute

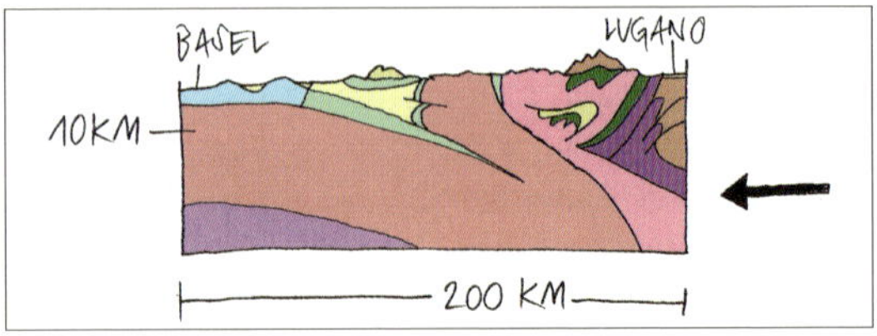

Eine verwirrende Komplexität

Der heutige äusserst komplexe geologische Aufbau der Alpen ist also durch folgende Eigenheiten geprägt:

- Gebogene Form und das Auffächern gegen Osten – eine Folge von Mikroplatten zwischen Eurasien und Afrika und der rotierenden *Kollisions*bewegung von Afrika gegen Eurasien
- Kombination von grossräumigen Decken*überschiebungen* und Verfaltungen in allen Grössenordnungen
- Einbezug alter Gesteinseinheiten aus den Kontinentalsockeln von Afrika und Eurasien, die ihre Entstehung früheren Gebirgsbildungen verdanken (variszische und kaledonische). Solche alten «Sockelgesteine» bauen zusammen mit jüngeren Ablagerungsgesteinen des *Tethys-Ozeans* die Alpen auf.
- Die Deckenüberschiebungen erfolgten in der Regel von Afrika in Richtung Eurasien (d.h. von SE gegen NW). Dadurch liegen Einheiten der afrikanischen Platten heute zuoberst und eher im südlichen Teil der Alpen, solche der eurasischen eher tiefer und im nördlichen Teil der Alpen (Abb. S. 37, 38).
- Die Hebung der Alpen erfolgte nicht überall gleich stark, es gibt geologische «Hochs» und «Tiefs» – die nicht unbedingt mit heutigen höheren oder tieferen Gipfeln korrespondieren. In den Zonen starker Hebung gewährt die ebenso starke Abtragung Einblick in tiefer gelegene Decken des Alpengebäudes – wie wenn man eine Zwiebel flach anschneidet. Die bekannteste derartige Zone sind die Tessiner Berge.
- Die Gesteinsinhalte der einzelnen Decken sind sehr variabel: Es gibt solche, die nur aus Sedimentgesteinen bestehen, solche nur aus alten Gneisen, Schiefern und Graniten (❖ S. 45 f.), und solche mit Spänen der *ozeanischen Erdkruste* aus der verschwundenen Tethys. Erschwerend kommt dazu, dass infolge der «Über-Deckung» die tiefer gelegenen Decken stärker unter erhöhte Temperaturen und Drücke gerieten und deshalb metamorph umgewandelt wurden (S. 41).

Geologische Karten und Profile

Entsprechend kompliziert sind deshalb geologische Karten und Profile der Alpen. Ein erster Schritt der Vereinfachung ist, auf derartigen Darstellungen nicht einzelne Gesteinsarten, sondern Baueinheiten darzustellen, die eine gleichartige Entstehungsgeschichte haben. Man nennt eine solche Darstellung eine tektonische Karte. Sie ist vergleichbar mit dem Übersichts-Bauplan eines Hauses, während die geologische Karte die Baumaterialien darstellt. Man kann noch weiter gehen und tektonische Einheiten mit ähnlicher Geschichte und Herkunft zusammenfassen. Die Abbildung S. 37 zeigt eine derartige, stark vereinfachte tektonische Kartenskizze der Zentralalpen und die Abbildung S. 38 ein grossmassstäbliches tektonisches Profil vom Alpstein bis zum Comersee quer durch die östlichen Zentralalpen. Um trotz dieser geologischen Komplexität der Alpen auf unseren Bergtouren die Gesteine und Strukturen grob einordnen zu können, lohnt es sich, eine tektonische und geologische Übersichtskarte (1:250 000) dabei zu haben, oder diese vor der Tour zu konsultieren. Noch wesentlich hilfreicher ist es natürlich, eine geologische Detailkarte im Massstab 1:25 000 mit den dazugehörenden Erläuterungen mitzunehmen (erhältlich im Buchhandel oder bei der Landestopografie in Wabern).

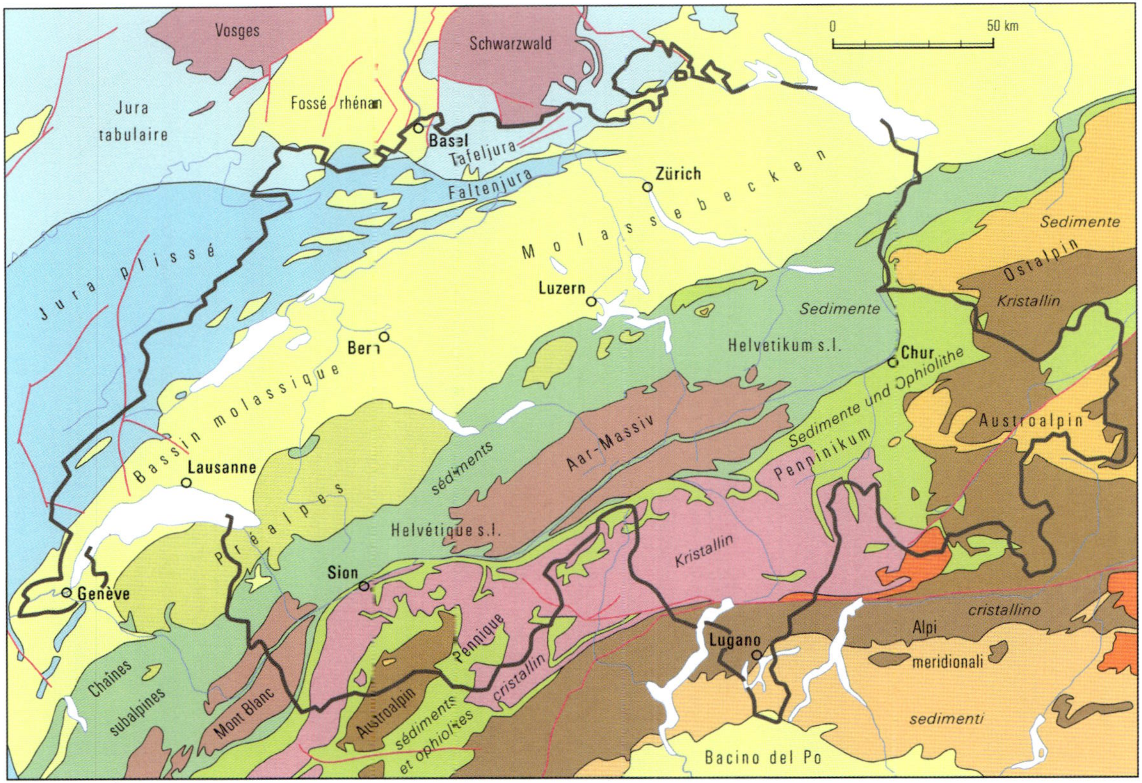

Tektonische Übersichtskarte der Schweiz, Legende S. 38, © Bundesamt für Umwelt, Wald und Landschaft BUWAL

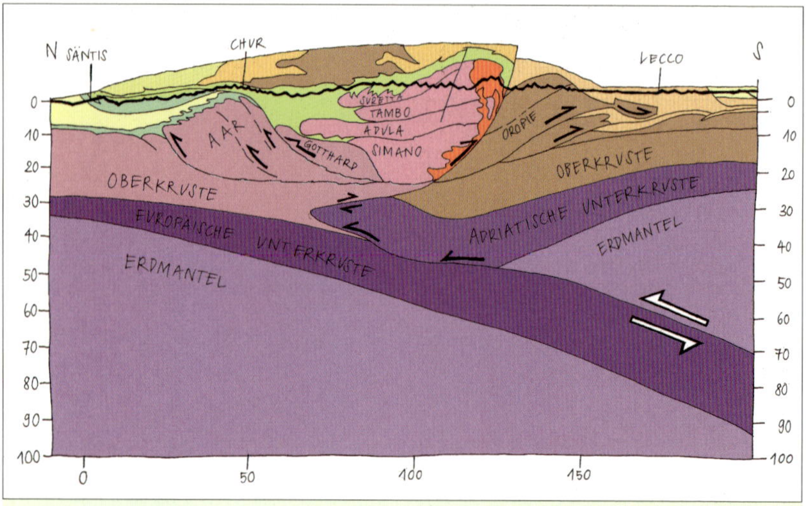

Geologisch-tektonisches Tiefenprofil durch die Alpen nach den neuesten geophysikalischen Forschungen der neunziger Jahre. Die Verkeilung der europäischen und afrikanischen Kruste mit Deckenüberschiebungen nach Norden und Süden ist offensichtlich.

Legende zu den geologisch-tektonischen Farbeinheiten der Abb. Seite 33–38:

- Europäisches Grundgebirge, nördlicher Teil (sog. helvetischer Ablagerungsbereich). Vorwiegend alte Gneise und Granite
- Europäisches Grundgebirge, südlicher Teil (sog. Briançonnais- oder zentralpenninischer Ablagerungsbereich). Vorwiegend alte Gneise und Granite
- Afrikanisches Grundgebirge. Vorwiegend alte Gneise und Granite
- Ozeanische Kruste des Tethys-Ozeans
- Europäische Unterkruste (vorwiegend basische plutonische Gesteine)
- Afrikanische Unterkruste (vorwiegend basische plutonische Gesteine)
- Erdmantel (Peridotit-Gestein)
- Granitkörper, vor ca. 30–40 Mio. Jahren während der Alpenbildung eingedrungen (Bergell, Adamello)
- Mesozoische Sedimentgesteine des Tethys-Ozeans, Jura bis Vogesen (eurasische Platte)
- Mesozoische Sedimentgesteine des Tethys-Ozeans, sog. helvetischer Ablagerungsbereich (eurasische Platte)
- Mesozoische Sedimentgesteine des Tethys-Ozeans, sog. nord- und südpenninischer Ablagerungsbereich (eurasische Platte)
- Mesozoische penninische Sedimentgesteine, vom Grundgebirge abgeschert und nach Norden überschoben (sog. Klippendecken, eurasische Platte)
- Mesozoische Sedimentgesteine des Tethys-Ozeans (sog. ostalpiner Ablagerungsraum, afrikanische Platte)
- Mesozoische Sedimentgesteine des Tethys-Ozeans (sog. südalpiner Ablagerungsraum, afrikanische Platte)
- Tertiäre Sedimentgesteine der Molassebecken nördlich und südlich der Alpen

Steinmann aus Gneis auf verwitterndem Serpentinit (Geisspfad, Binntal, VS)

Eine verwirrende Vielfalt ...

Unterwegs in den Bergen sind Gesteine stets präsent: als Kulisse der Wände, als Treppenstufen des Pfades, im beweglichen Schutt anstrengender Schutthalden. Kletterer haben eine besonders intensive und handfeste Beziehung dazu. Für sie besteht die Gesteinswelt im Wesentlichen aus Kalk (❖ S. 44), Granit (❖ S. 45) und etwa noch Gneis (❖ S. 45), da diese in den Alpen häufigen Gesteine besonders hart sind und deshalb die steilen Wände und Grate bilden. Neben diesen drei «Klettergesteinen» gibt es jedoch noch eine grosse Vielzahl anderer Arten. Aber zuerst: Was ist eigentlich ein Gestein?

... trotz einfacher Definition

Gesteine sind ...?

Als Gestein wird jedes feste natürliche Material bezeichnet, das aus Körnern oder Bruchstücken von Mineralien oder andern Gesteinen zusammengesetzt ist. Es kann dabei aus nur einer Mineralsorte bestehen, wie beispielsweise der Kalkstein, der nur aus dem Mineral *Calcit* besteht, oder aus mehreren, wie etwa der Granit, der aus *Feldspat*, Quarz (❖ S. 49), *Glimmer* und einer Anzahl Spurenmineralien zusammengesetzt ist. Die Komponenten können auch in Form von versteinerten, d.h. mineralisierten Teilen von Lebewesen *(Fossilien)* vorliegen. Die Partikel können bis viele cm gross sein oder so klein, dass sie nicht einmal mit einem normalen Lichtmikroskop sichtbar sind (beispielsweise im *Tonstein*).

(a)

(b)

(c)

(d)

(e)

(f)

Alpine Berggestalten und ihre Gesteinsart

(a) Moor, Alpsteingebirge (AI). Diese Berge bestehen aus verfaltetem, hellem Kalk und dazwischen gelagerten Mergeln und Tonschichten – die infolge ihrer Weichheit gras- oder schuttbedeckte Bänder und Rinnen bilden.

(b) Die Wendenstöcke (BE) sind aus mächtigen, horizontal liegenden Kalksteinen aufgebaut, die am nördlichen Ufer des Tethys-Ozeans in der Jura- und Kreidezeit abgelagert wurden.

(c) Die Bergeller Berge sind aus einem geologisch gesehen jungen Granit aufgebaut, der während der Alpenbildung in das Deckengebäude eindrang. Die helle Farbe ist typisch für frischen, unverwitterten Granit.

(d) Gletschhorn (UR). Dieser Kletterberg besteht aus dem alten Aaregranit, mit seinen klotzigen bis plattigen Bergformen und turmgespickten Graten.

(e) Madàs, Valle Vegorness (TI). Ein Grossteil der Tessiner Berge ist aus Gneisen aufgebaut. Trotz granitähnlichem Aussehen verrät sich Gneis schon von weitem durch seine Struktur (Schieferung und stoffliche Bänderung).

(f) Piz Pian Grand (GR). Der Berg ist aufgebaut aus schräg liegenden Schiefern verschiedener Art. Infolge der ziemlich leichten Verwitterbarkeit entstehen kaum markante Bergformen.

Ordnung ins Chaos bringen

Vereinfacht lassen sich aufgrund ihrer Entstehungsart drei Gesteinsgruppen unterscheiden:

Sedimentgesteine

Sedimentgesteine entstehen durch Ablagerung von lockerem Material an der Erdoberfläche, das nachträglich langsam verfestigt wird. Die meisten Sedimentgesteine entstehen durch Ablagerungen im Meer, etwa durch abgesunkene Skelette von Meereslebewesen und eingeschwemmte Schwebstoffe aus grossen Flüssen.
Beispiele: Kalkstein (❖ S. 44), *Dolomit, Tonstein, Mergel, Sandstein*

Magmatische Gesteine

Magmatische Gesteine entstehen durch Auskristallisieren von Mineralien aus einer Schmelze (*Magma*) bei Temperaturen von rund 1400 bis 600 °C. Wenn das Magma in der *Erdkruste*, in Tiefen von etwa 2–40 km stecken bleibt und demzufolge eher langsam abkühlt, können die Mineralkörner in aller Ruhe zu beträchtlicher, mit blossem Auge sichtbarer Grösse anwachsen. Die daraus resultierenden körnigen Gesteine werden Plutonite genannt – nach Pluto, dem Gott der Unterwelt.
Beispiele: Das bekannteste und weitaus häufigste Beispiel ist der Granit (❖ S. 45). Weitere wichtige Vertreter: *Gabbro, Peridotit*
Kann das Magma bis nahe an die Erdoberfläche oder gar darüber hinaus gelangen und einen Vulkan aufbauen, so kühlt es infolge der gewaltigen Temperaturdifferenz zur Umgebung rasch ab. Das hat zur Folge, dass sich kaum Kristalle von sichtbarer Grösse bilden können. Es entstehen dabei äusserst feinkörnige, dichte Gesteine, sogenannte Vulkanite.
Beispiele: *Basalt, Rhyolith*

Metamorphe Gesteine

Metamorphe Gesteine entstehen durch Umkristallisation in festem Zustand (also ohne Aufschmelzung) von bestehenden Gesteinen, wenn diese in der Erdkruste erhöhten Temperaturen und Drücken als bei ihrer Entstehung ausgesetzt sind. Die Gesteine verändern dabei ihre mineralische Zusammensetzung und ihre Struktur, nicht jedoch ihre chemische Zusammensetzung. Häufig erhalten sie dabei eine

Schieferung durch gleichgerichtete plättchenförmige *Glimmer*-Kristalle.
Ein Beispiel für Metamorphose kennen Bergfreunde aus eigener Anschauung: die Metamorphose von Neuschnee mit seinen filigranen Kristallen und dem hohen Luftanteil zu praktisch luftfreiem Gletschereis, das aus grossen, körnigen Kristallen von mehreren cm Grösse besteht (S. 64). Taut man beides auf, ist es chemisch genau dasselbe, nämlich Wasser (H_2O).
Beispiele: Glimmerschiefer (= metamorphes toniges Sedimentgestein, ❖ S. 46), Gneis (= metamorpher Granit, ❖ S. 45), *Marmor* (= metamorpher Kalkstein).

Gesteine werden und vergehen

Gesteinszyklen

Diese drei Gesteinsgruppen sind im Kreislauf von Werden und Vergehen miteinander verknüpft, weil ja die Erde nach wie vor ein unruhiger Planet ist, der sich langsam von aussen nach innen abkühlt. Demzufolge befindet sich sein Baumaterial in ständiger Bewegung (S. 30 f.).
So kann etwa ein Granit, der in einem Gebirge wie den Alpen langsam verwittert, zu einer lockeren Fracht von mikroskopisch feinen Tonteilchen (Tontrübe) und Sandkörnern im Fluss führen, der vom Gebirge ins Meer fliesst. Die Sandkörner werden im Flussdelta abgelagert, daraus entsteht *Sandstein*. Die Tontrübe wird viel weiter ins Meer hinaus transportiert und lagert sich als feine Tonschicht ab, die schliesslich zu Tonstein wird. Mischt sich das Tonmaterial mit Kalkteilchen abgestorbenen Planktons, entsteht *Mergel*. Alle diese *Sedimentgesteine* können Millionen Jahre später in eine Kontinentalkollision gelangen und dabei metamorphosiert werden. Aus dem Sandstein entsteht dabei *Quarzit* und aus dem Tonstein *Glimmerschiefer*. Werden die Gesteine dabei sehr stark aufgeheizt (über rund 650–700 °C), können sie zu schmelzen beginnen, und es kann sich ein plutonisches Gestein wie etwa Granit bilden, das in der Tiefe in die Umgebung eindringt, erstarrt und später in einem Gebirgsbildungsprozess an die Erdoberfläche gehoben wird – ein Zyklus ist beendet (Abb. S. 43).

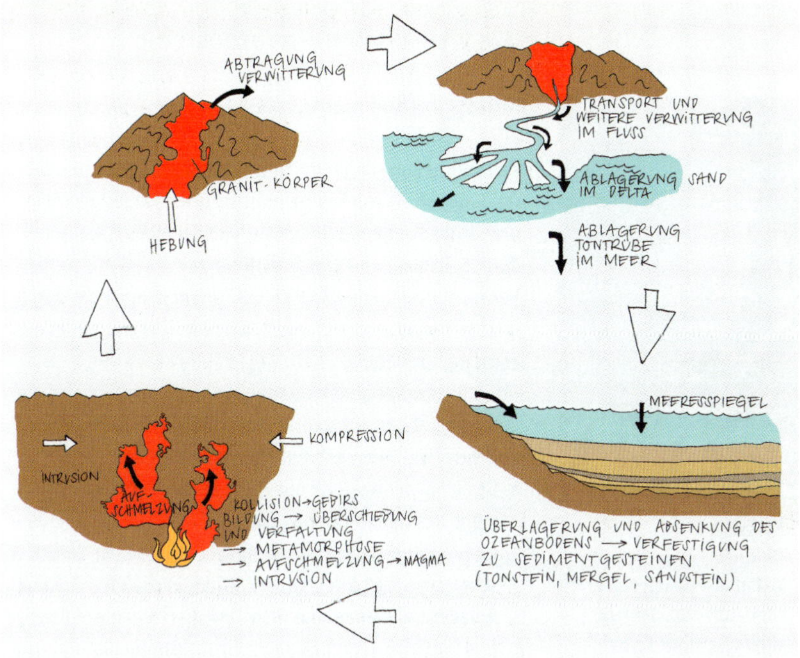

Beispiel eines Gesteinszyklus: Von Granit zu Granit

Alpengesteine

Eine reichhaltige Gesteinssammlung!

In den Alpen findet sich eine Spannweite von Gesteinen, die ihre Entstehung uralten Gebirgsbildungen vor über 2000 Millionen Jahren verdanken, bis zu geologisch gesehen jüngsten Ablagerungsgesteinen, nur wenige Millionen Jahre alt.

Jedoch: Wer die vier allerwichtigsten alpinen Gesteinsarten kennt, hat damit einen Grossteil seiner Begegnungen mit Gesteinen in den Alpen abgedeckt (❖ S. 44 bis 46). Dies, weil die andern Gesteine entweder selten oder infolge ihrer Weichheit stark erodiert und meist von Vegetation oder Schutt überdeckt sind.

Die Verteilung dieser Hauptgesteinsarten ist eng mit der Entstehungsgeschichte der Alpen verbunden (S. 32–34). Grob gesagt repräsentieren die Granite Gesteinsteile des alten Superkontinents Pangäa, die Kalksteine entstammen aus den Ablagerungen des Tethys-Ozeans, und die metamorphen Gesteine entstanden bei der Kontinentalkollision zwischen Afrika und Europa. Eine grobe Übersicht über die Verteilung findet sich in der tektonischen Übersichtskarte von Seite 37.

Die vier alpinen Hauptgesteine

Kalkstein (Sedimentgestein)

Kalkstein (Bildhöhe = ca. 50 cm). Hellgrau verwitternder, vor rund 100 Mio. Jahren (Kreidezeit) im Tethys-Ozean abgelagerter Schrattenkalk aus dem Alpstein mit rinnenartigen Oberflächenformen infolge chemischer Verwitterung (S. 55).

Kalksteine kommen den Alpen in einer grossen, verwirrenden Vielfalt von Erscheinungsformen vor. Es gibt fein- und grobkörnige, geschichtete und kompakte, helle und dunkle, fossilreiche und fossilfreie, reine und mit andern Komponenten gemischte Kalke. Zudem können sie durch feinste Fremdbeimischungen beinahe jegliche denkbare Färbung aufweisen.

Doch wiederum sind es ganz wenige Typen, welche die Schweizer Alpen prägen. Sie begegnen uns immer wieder, und sie bilden die besten Kalkkletterberge:

- Der *Hochgebirgskalk* bildet die markanten hohen Kalkberge des Berner Oberlandes (z.B. Eiger), des Gadmentales (Wendenstöcke-Titlis, Abb. b, S. 40) und der Zentralschweiz (Spannörter, Grosse Windgälle). Die mächtige Ablagerung stammt aus dem *Tethys-Ozean* der Jurazeit (um 150 Mio. Jahre). Das Gestein ist sehr feinkörnig, arm an Makrofossilien und wenig geschichtet. Frisch gebrochen ist es dunkelgrau. Beim Zerschlagen ist ein markanter Geruch nach faulen Eiern (H_2S) feststellbar, der von eingelagertem organischem Material stammt.
- Der *Schrattenkalk* bildet einen Grossteil der hellen Kalkberge der Voralpen vom Berner Oberland bis zum Alpstein (Abb. a, S. 40). Er wurde in der mittleren Kreidezeit abgelagert (um 100 Mio. Jahre). Er ist stärker geschichtet als Hochgebirgskalk, jedoch wie dieser feinkörnig bis dicht. Öfter sind in ihm Fossilreste erkennbar, vor allem Bruchstücke dicker Austernschalen.
- Der *Dolomit* ist ein Verwandter des Kalksteins, der jedoch nicht aus dem Mineral *Calcit* besteht, sondern aus dem magnesiumhaltigen *Dolomit*. Dolomitgesteine wurden meist in der Triaszeit gebildet (um 220 Mio. Jahre), und zwar vor allem an der afrikanischen Küste der Tethys. Demzufolge findet man sie heute in Gesteinsdecken dieses Bereiches, die vor allem im Unterengadin (sog. Aroser und Engadiner Dolomiten) und im Tessin (z.B. Denti della Vecchia) erhalten sind.

Granit (plutonisches Gestein)

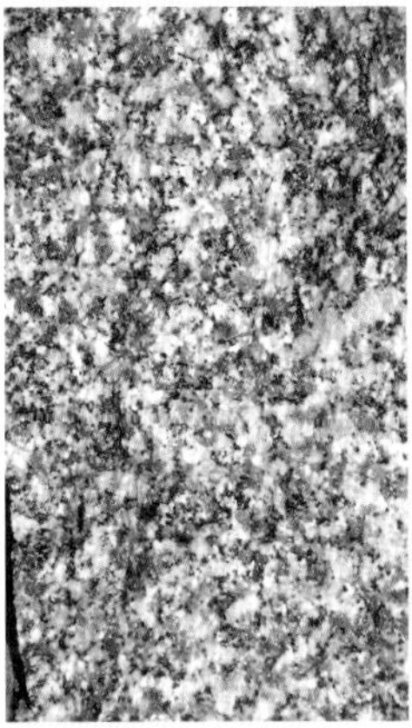

Granit (Bildbreite = ca. 10 cm). Dieser rund 300 Mio. Jahre alte Granit aus dem Mont-Blanc-Massiv zeigt die typische körnige Struktur. Zu erkennen sind Quarz (graubraun, glasig), Feldspat (weiss) und Häufchen von dunklem Glimmer (Biotit).

Granite sind leicht erkennbar. Sie verwittern in der Regel recht hell, können aber auch einen rostbraunen Oxidations-Überzug (Patina, Abb. S. 54) aufweisen. Die von Auge erkennbaren Mineralkörner (Grösse 1–10 mm) lassen keine bevorzugte Ausrichtung erkennen. Als Mineralien erkennt man leicht den Quarz (grau bis bräunlich, ❖ S. 49) sowie die weisslichen Feldspäte und silbrig-hellen Hellglimmer (Muskowit) oder schwärzlich-grünen Dunkelglimmer (Biotit). Feldspäte können auch in Form von bis über 5 cm grossen, quaderförmigen Einsprenglingen vorkommen, welche die Kletterer als kleine, aber zahlreiche Trittchen zu schätzen wissen (z.B. Mont Blanc, Zinalrothorn, Bergell, Abb. c, S. 40).
Granitkörper können gigantische Ausmasse annehmen. So bildet der Mont-Blanc-Granit ein linsenfömiges Massiv von etwa 55 x 15 km Oberfläche und mindestens 5 km Tiefe, der Zentrale Aaregranit erstreckt sich gar über 120 km, vom Lötschental bis ins Tödigebiet.
In viele Granitkörper drang in der Endphase der Erstarrung Restmagma in Spalten und Brüche ein und erstarrte dort als so genannte *Ganggesteine*. Diese bilden häufig mehr oder weniger parallel verlaufende Systeme. Sie sind heller als Granit und meist auch beständiger gegen Verwitterung – als Vorsprünge für Kletterer willkommene Haltemöglichkeiten.
Es gibt in den Alpen zwei Hauptsorten von Graniten, die sich in ihrem Entstehungsalter unterscheiden. Die weitaus häufigeren entstanden bei der so genannt varsizischen Gebirgsbildung vor der Alpenbildung und sind damit um 300–330 Mio. Jahre alt (Beispiel: Mont-Blanc-Granit, Aaregranit, Granite der Dent-Blanche-Decke). Die zweite Sorte entstand während der Alpenbildung selbst, vor etwa 30 Mio. Jahren. Das wichtigste Vorkommen bilden die Granite des Bergeller Massivs und der Adamello-Gruppe.

Gneis (metamorphes Gestein)

Gneise sind körnige Gesteine wie der Granit, weisen aber im Gegensatz zu diesem eine planare und lagige Struktur auf.

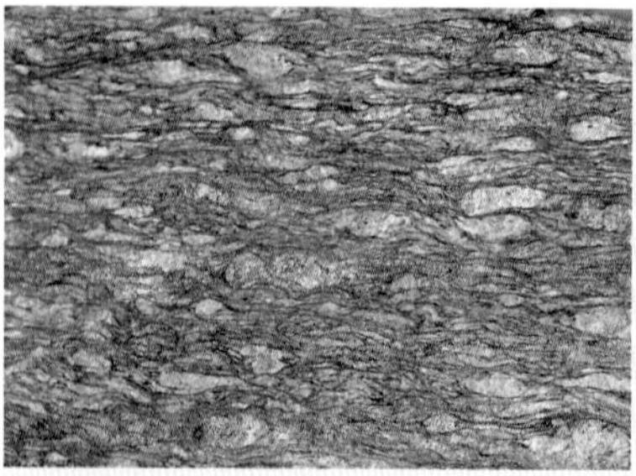

Gneis (Bildbreite = ca. 20 cm), aus der «Simano-Decke» im Tessin. Man erkennt unschwer die Herkunft aus einem Granit mit grossen Feldspat-Einsprenglingen, welche bei der Gneisbildung zu Linsen verformt wurden.

Die Planarstruktur oder Schieferung wird durch eingeregelte Glimmerplättchen bewirkt. Gneise können zudem in allen Grössendimensionen verfaltet sein – so kennen etwa alle Tessin-Liebhaber die wunderbaren Faltenbilder in den Bachläufen der Tessiner Bäche (Abb. S. 29 unten).

Die weitaus meisten alpinen Gneise sind durch Metamorphose aus Graniten entstanden. Dabei wurde der Mineralbestand des Granits oft kaum verändert, sodass sich diese Gesteine nur durch ihre Struktur vom Granit unterscheiden. Dies ist eine häufige Ursache der Konfusion bei Laien – zumal es auch alle möglichen Übergangsstadien zwischen Granit und Gneis gibt, und dies in ein und demselben Gesteinskörper. Wichtige Gebiete mit Gneisbergen sind die Walliser Alpen, die Berner Hochalpen, die Tessiner Berge und Teile des Engadins (Silvretta).

Glimmerschiefer (metamorphes Gestein)

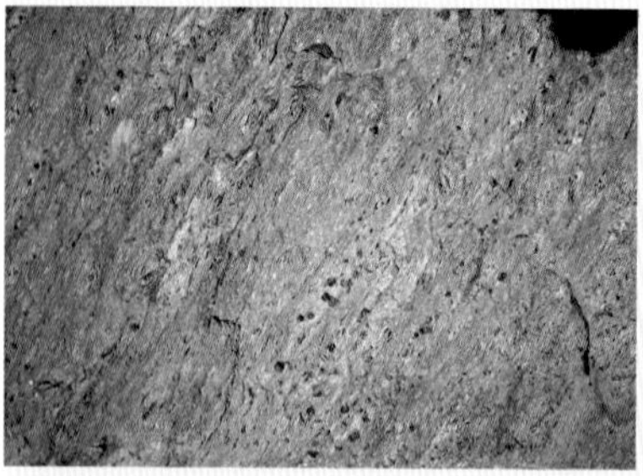

Glimmerschiefer (Bildbreite = ca. 10 cm), aus den Tessiner Bergen. Das Ursprungsgestein war ein tonig-kalkiges Sedimentgestein, das in der Jurazeit im Tethys-Ozean abgelagert wurde. Die Umwandlung zu Glimmerschiefer erfolgte vor rund 30 Mio. Jahren bei Temperaturen um 550 °C.

Glimmerschiefer sind feinkörnige, feinlagige, stark geschieferte Gesteine, die beim Spalten in mm- bis cm-dünne Platten zerbrechen. Von den Gneisen unterscheiden sie sich durch stärkere, engständigere Schieferung und höheren Anteil an Glimmermineralien (wobei es auch da alle möglichen Übergänge gibt!). Falten in Schiefern sind häufig kleiner und engständiger als in Gneisen.

Im Gegensatz zu den granitischen Gneisen enthalten Glimmerschiefer häufig noch andere Mineralien. Man kennt vor allem den rotbraunen, rundlichen Granat oder den blauen, stengeligen Disthen.

Glimmerschiefer bilden sich als Produkt einer Metamorphose von tonigen Sedimentgesteinen, deren Zusammensetzung naturgemäss von der Ausgangszusammensetzung des Sedimentgesteins abhängt.

Glimmerschiefer kommen vor allem im Wallis, in den Tessiner und Bündner Bergen vor.

Vielfältige Bruchmuster und Aderwerke

Adern, Klüfte und Kristalle

Gletscher fliessen zu Tale, indem sich das Eis plastisch verformt. Aber der fliessende Gletscher bricht auch spröde – Gletscherspalten und *Sérac*brüche zeugen davon. Ob Gletschereis plastisch fliesst oder spröde bricht, hängt vor allem von der Verformungsgeschwindigkeit ab: Langsame Verformung führt zu Fliessen, schnelle zu Bruch (S. 64).
Ähnlich verhält es sich mit Gesteinen, die verformt werden, etwa in einer Kontinental-*Kollision*. Sie können plastisch oder spröde reagieren. Neben der Verformungsgeschwindigkeit kommt dabei noch die Temperatur als bestimmender Faktor hinzu: je heisser, desto plastischer reagiert ein Gestein.
Plastische Verformung in Gesteinen führt zu Verschieferung und Faltenbildung (Abb. S. 29 unten, 40f., 46 oben). Spröde Verformung hat Brüche, Adern und Klüfte zur Folge – alles sehr häufige Phänomene in den Alpen, denen wir auf Schritt und Tritt begegnen (Abb. S. 39; Abb. d, S. 40 unten).

Wo der Gesteinssaft fliesst

Adern

Adern sind spröde Spaltenöffnungen und Brüche im Gestein, die vollständig mit Mineralien gefüllt sind. Meist kommen Adern nicht einzeln, sondern in Systemen vor, die zuweilen ganze Adernetze bilden und wie verzweigte Blitze aussehen können (Abb. unten). Als Faustregel für die Art der Füllmineralien gilt, dass diese den Hauptmineralien des umgebenden Gesteins entsprechen. So bestehen Adern in Granit und Gneis

Durchadertes Gestein. Netzwerk von Calcit-gefüllten Adern im Hochgebirgskalk am Schreckhornhüttenweg oberhalb Grindelwald (Bildhöhe = ca. 3 m).

meist aus Quarz (❖ S. 49) und/oder Feldspat, solche in Kalk aus Kalkspat (Calcit). In speziellen Fällen können Adern auch seltene Mineralien oder wertvolle Erze enthalten. In den Alpen wurden erzführende Adern an manchen Orten abgebaut.

Intensiv durchaderte Gesteine sind meist nicht sehr solide, da sie entlang den Adern relativ leicht auseinander brechen.

Faszination der Kristallwelten

Alpine Klüfte

Offene Klüfte sind eine etwas spezielle Form von spröden, mineralgefüllten Adern in Gesteinen. Man spricht bei uns von «alpinen Zerrklüften». Durch den seitlichen Druck bei der Kontinentalkollision Afrika-Eurasien verformten sich harte, feste Gesteine wie etwa Granit und Gneis, indem sie entlang von Verschieferungszonen (Scherzonen) plastisch verformt wurden, dazwischen aber spröde zerrissen (Abb. unten). So entstanden Scharen von horizontal liegenden, linsenförmigen Spaltenöffnungen im Gestein (Abb. S. 49). Auch diese «Zerrklüfte» wurden während des Aufreissens laufend durch kristallisierende Mineralien gefüllt. In manchen blieben jedoch noch Hohlräume offen, in welche die kristallisierenden Mineralien frei hineinwachsen konnten. So entstanden die allseits

Schema der Entstehung von alpinen Zerrklüften

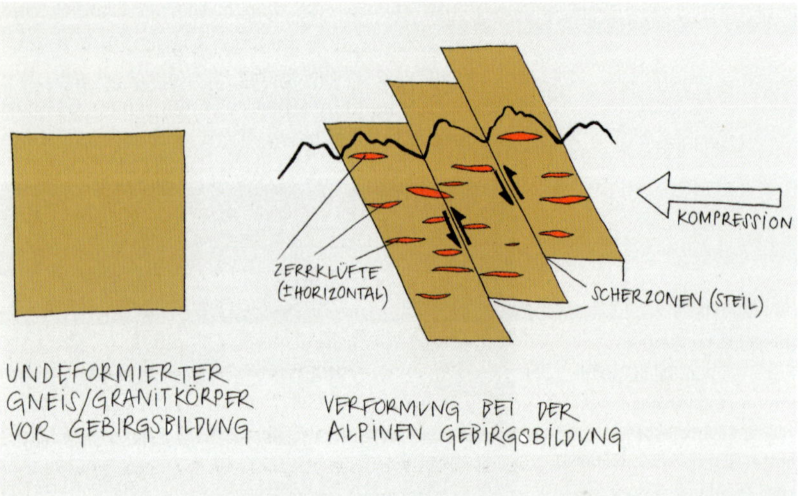

bekannten, berühmten und gesuchten Kristallstufen der Alpen (Abb. S. 50).
Seit alters her bildet die Suche nach Kristallklüften – das «Strahlen» – für Einheimische einen wichtigen Neben- oder Haupterwerb. Früher waren Bergkristalle und Rauchquarze aus den Alpen begehrt für die Herstellung von Schmuck- und Dekorationsobjekten. Heute gibt es kaum mehr hauptberufliche Strahler, jedoch wird es nach wie vor als Nebenerwerb und Hobby betrieben. Das Kristallsuchen ist gesetzlich reglementiert und man braucht wie für die Jagd ein gültiges Patent dazu (✤ S. 51).

Schar von horizontal liegenden alpinen Zerrklüften im Furkagebiet. Dieses Gebiet ist reich an Rauchquarzklüften.

Quarz SiO_2

Das bekannteste Alpenmineral

Quarz und seine Varietäten

Als häufigstes Mineral der Kristallstufen aus alpinen Zerrklüften findet man Quarz, bekannt vor allem als glasklarer Bergkristall (Abb. S. 50) oder braun gefärbt als Rauchquarz oder Morion (sehr dunkel). Aber Quarz ist zugleich auch ein sehr wichtiges gesteinsbildendes Mineral, dem der Bergwanderer ständig in der einen oder andern Form begegnet.
Quarz ist nach Feldspat das zweithäufigste Mineral in der Erdkruste. Dies erstaunt nicht weiter, sind doch die beiden Elemente Silicium (Si) und Sauerstoff (O), aus denen Quarz besteht, die beiden häufigsten Elemente der Erdkruste, die zusammen rund 75 % ausmachen.
Im Quarz verbinden sich die Elemente Si und O in dreidimensionaler Anordnung so miteinander, dass auf ein Si-

Bergkristall in einer alpinen Zerrkluft aus dem Grimselgebiet (BE)

Atom je zwei Sauerstoffatome kommen. Deshalb lautet seine chemische Formel SiO_2. Dieses Si-O-Gitterwerk ist sehr stabil und der Quarz somit ein sehr hartes Mineral, das sich kaum spalten lässt und zugleich chemisch sehr beständig ist.

In Graniten und Gneisen liegt der Anteil an Quarz meist zwischen 20–40 Prozent. Die Quarzkörner kann man oft von blossem Auge erkennen. Sie zeichnen sich durch eine graue bis bräunliche Färbung, einen fettig-glasigen Glanz und gewellte («muschelige») Bruchflächen aus. In diesen Gesteinen bestehen Adern sehr häufig aus Quarz, in der Form einer weissen, grobkristallinen, harten Masse .

Bei der Verwitterung von quarzhaltigen Gesteinen zersetzen sich die meisten Mineralien chemisch recht schnell oder werden aufgrund ihrer Weichheit zerstört. Quarz jedoch bleibt lange erhalten. In Form mehr oder weniger gerundeter Körner wird er durch die Flüsse ins Meer gespült. Dort lagert er sich in den Deltas und an den Küsten als Sand ab und verfestigt sich später zu Sandstein. Ein grosser Teil der so genannten *Molasseablagerungen* im Vorland der Alpen besteht aus quarzreichen Sandsteinen aus der Abtragung der Alpen (Beispiel: Berner Sandstein).

Weisser Quarz aus Adern und Klüften wird beim Transport in Gletschern und Flüssen zu weissen Kieselsteinen gerundet, die allen wohl bekannt sind.

Strahlerkodex und Geotope

Schutz vor wildem Abbau und Zerstörung

Auch die unbelebte Natur ist vor übermässiger Nutzung oder Schädigung nicht gefeit. Das Suchen nach Kristallklüften muss rücksichtsvoll geschehen, erstens, weil nur dadurch filigrane Kristallstufen unverletzt geborgen werden können, zweitens, um die Eingriffe in die Umgebung klein zu halten. Übermässiges Sprengen hat schon manche hässliche Wunde in die Landschaft gerissen.
Überall in den Schweizer Alpen ist das Strahlen bewilligungspflichtig. Besonders streng ist in dieser Hinscht der Kanton Tessin – da braucht schon der Geologe mit seinem einfachen Hammer eine Bewilligung, um diesen im Gelände herumzutragen. Das Suchen nach Kristallen ohne Ausrüstung ist jedoch erlaubt.

Strahlerkodex

Die schweizerische Vereinigung der Strahler, Mineralien- und Fossiliensammler (SVSMF) hat einen Kodex verabschiedet, dem alle Sammler und Strahler verpflichtet sind. Dieser Kodex fordert unter anderem das Vermeiden von Schäden an Kulturland und Wald sowie die Respektierung von örtlichen gesetzlichen Bestimmungen und von Eigentum, Natur und Landschaft. Er regelt ferner die Markierung von Fundstellen (Bearbeitung markierter Fundstellen wird als Diebstahl qualifiziert), die Verwendung von Sprengstoff sowie den Umgang und den Handel mit Fundstücken.

Geotope

Vor einigen Jahren hat man realisiert, dass auch geologische Aufschlüsse und Vorkommen, die wissenschaftlich sehr wichtig, besonders spektakulär oder informativ sind, ein wichtiges Naturerbe der Schweiz darstellen. Diese «geologischen Schlüsselstellen» nennt man in Anlehnung an die Biologie «Geotope». Sie wurden für die gesamte Schweiz erfasst und sollen in ein nationales Inventar mit gesetzlichem Schutz, analog zu anderen Inventaren (Auen, Gletschervorfelder, Moorlandschaften, Ortsbilder, etc., vgl. S. 259 f.), übergeführt werden. Für Bergwanderer wird es sich lohnen, solche Geotope in das Wanderprogramm mit einzubeziehen. Bisher gibt es noch kein allgemein zugängliches Verzeichnis mit Beschreibungen für Nicht-Fachleute.

Piz Plauna Dadaint (GR)

Verwitterung und Abtragung

Wechselspiel

Die heute sichtbaren Täler und Schluchten, Felswände und Gipfelgrate sind das Ergebnis eines seit Jahrmillionen andauernden Wechselspiels zwischen hebenden und abtragenden Kräften. Ohne Verwitterungs- und Abtragungsprozesse wären die Alpengipfel heute vermutlich doppelt so hoch. Der Gipfel des Mont Blanc würde also weit über 9000 m hinaufreichen!

Der Zahn der Zeit

Verwitterung

Unter Verwitterung versteht man die Gesamtheit aller physikalischen, chemischen und biologischen Prozesse, die zur Lockerung und Zerstörung von Gesteinen führen. Einzelne Steinbrocken brechen durch *Frostsprengung* oder mechanischen Einfluss aus der Wand, *Mineralien* werden vom Regenwasser gelöst. Damit können die langsamen und stetigen Abtragungsprozesse beginnen.

Langsam abwärts

Abtragung

Das von der Verwitterung gelockerte Material rutscht oder fliesst zu Tal und wird von den Flüssen ins Alpenvorland geführt. Bei Bergstürzen, Murgängen oder Hochwasser-Ereignissen (S. 73 f.) erfolgt die sonst langsame, aber stete Abtragung plötzlich und in grossen Mengen. Das Endprodukt der Verwitterung und Abtragung sind verschiedene Bodentypen (S. 57 f.) und Landschaftsformen, welche sich je nach geologischem Untergrund, Relief und Intensität der Klimaeinflüsse mehr oder weniger deutlich voneinander unterscheiden.

Schwachstellen

Physikalische Verwitterung

Durch die Vorgänge der physikalischen Verwitterung werden Gesteinskörper zerkleinert, bleiben aber in ihrer chemischen Zusammensetzung gleich. Sie greift stets an natürlichen Schwachstellen wie Spalten und Klüften an (S. 48).

An solchen Klüften kann die physikalische Verwitterung besonders gut angreifen.

Temperaturschwankungen als Steinhauer

Temperaturdifferenzen haben Volumenänderungen der Gesteinskörper zur Folge. Wärmebedingte Ausdehnung führt zu grossem Druck, und da nicht alle Mineralien dieselben Wärmeausdehnungskoeffizienten besitzen, entstehen zudem Spannungskräfte im Gestein. Zum Beispiel an den Schwachstellen kann es so zur Bildung von Spalten und zum Abbröckeln einzelner Steine kommen. An sonnigen Südhängen mit starken Temperaturschwankungen ist dieser Prozess besonders intensiv. Temperaturschwankungen sind auch für die Frostsprengung mitverantwortlich. Eis hat ein um 10 % grösseres Volumen als die gleiche Menge Wasser. Wenn nun Regen- oder Schmelzwasser in Spalten und Ritzen eindringt und dort gefriert, können ganze Felsbrocken gesprengt werden. Somit wirkt der Gefrierprozess wie eine kleine Ladung Dynamit.

Val dal Botsch, Nationalpark (CH). Indiz für den Vorgang der Frostsprengung sind spitze Felsformen und grosse Schutthalden mit kantigem Schutt.

Wasser als Gesteinsumwandler

Chemische Verwitterung

Wenn sich die Gesteine durch äusseren Einfluss in ihrer Zusammensetzung verändern, spricht man von chemischer Verwitterung. Dabei spielt Wasser eine entscheidende Rolle. Da Regen stets ein wenig Säure enthält, kann er gewisse *Mineralien* langsam aus dem Gesteinsverband herauslösen. Die einzelnen Mineralien unterscheiden sich sehr stark bezüglich ihrer Anfälligkeit für chemische Verwitterung. Zu den besonders empfindlichen gehört Calcit, Hauptbestandteil des Kalksteins. Als Folge der *Calcit*verwitterung entstehen typische Karstlandschaften (❖ S. 55).

Ton in Ton

Mit dem Abbau von bestimmten Mineralien geht ein Aufbau neuer Verbindungen einher. Sehr bedeutungsvolle Neubildungen sind die mikroskopisch kleinen Tonminerale, da sie die Fähigkeit haben, Wasser und Nährstoffe zu speichern. Sie leisten dadurch einen entscheidenden Beitrag zur Fruchtbarkeit des entstehenden Bodens.
Tonminerale entstehen u.a. aus der chemischen Verwitterung von Feldspat.

«Rost»

Viele Gesteine enthalten eisenhaltige Mineralien. Wenn diese mit dem im Wasser gelösten Sauerstoff reagieren, wird das Eisen chemisch umgewandelt zu so genannten Eisen-Hydroxyden. Äusserlich zeigt sich dies in einer auffälligen Farbänderung: Das Gestein «rostet». Wenn man ein Gestein bestimmen will, ist es deshalb wichtig, dass man dies anhand einer frischen Bruchfläche tut, um sich nicht von der oberflächlichen Verwitterung und der damit verbundenen Farbänderung täuschen zu lassen.

Die rostrote Färbung von Gesteinsoberflächen deutet auf eisenhaltige Bestandteile hin (im Bild Mont-Blanc-Granit).

Pflanzen als Bodenlockerer

Biologische Verwitterung

Wenn Lebewesen am Angriff auf die Gesteine beteiligt sind, spricht man von biologischer Verwitterung. Pflanzen dringen mit ihren Wurzeln in Felsritzen und dehnen diese durch ihr Wachstum aus; Pflanzenwurzeln und Flechten scheiden Säuren aus, um damit Mineralsalze aus dem Gestein zu lösen. Gleichzeitig treibt die aggressive Wirkung der Säure den Verwitterungsprozess voran.

Die Rolle der Sonne

Die Sonne trägt zwar nicht direkt zur Verwitterung bei, aber sie ist für die Temperatur von Gesteinsoberflächen verantwortlich. Der Unterschied zwischen heisser Oberfläche und kühler Tiefe erzeugt durch die verschiedene Ausdehnung Spannungen. Die Sonne lässt Eis schmelzen und ermoglicht das Wachsen von Flechten, Moosen und Blütenpflanzen. Dadurch wird sie zu einem wichtigen Akteur der Verwitterung.

Kalkverwitterung

Die skurrilen Formen der Schrattenfelder entstehen, wenn Wasser über lange Zeiträume auf Kalkgestein (❖ S. 44) einwirkt. Regenwasser enthält stets geringe Mengen an Kohlensäure (H_2CO_3), welche die Eigenschaft hat, sich mit Kalk ($CaCO_3$) zum wasserlöslichen Kalziumbikarbonat zu verbinden. Wenn nun Regentropfen auf Kalkgestein treffen, vermögen sie dieses ganz langsam aufzulösen – «steter Tropfen höhlt den Stein». In vereinfachter chemischer Schreibweise lässt sich die Karstbildung wie folgt erklären:

H_2O	+	CO_2	→	H_2CO_3
Wasser	+	Kohlendioxid	→	Kohlensäure
$CaCO_3$	+	H_2CO_3	→	$Ca^{2+} + 2HCO^{3-}$
Kalk (fest)	+	Kohlensäure	→	gelöster Kalk

Der gelöste Kalk fliesst dann mit dem Wasser unter- oder oberirdisch ab. Zurück bleiben eigenartige, u-förmige Rillen in den Gesteinsplatten.

Skurrile Karstformen an Kletterfelsen bei Arco, Gardasee (I)

Trichterlandschaften

Wo die beschriebene Auflösung von Kalkgestein unterirdisch abläuft, kann es durch Unterhöhlung zum Einsturz der Geländeoberfläche kommen. Solche trichterförmigen Vertiefungen nennt man Dolinen.

Ewige Nacht

Ein grosser Teil der Auswirkungen des Karstphänomens läuft unsichtbar ab. Versickerndes Wasser löst unter der Erdoberfläche Kalkgestein und formt so im Verlauf der Jahrhunderte weit verzweigte Höhlensysteme. Das Hölloch im Muotatal und das Höhlensystem Hohgant-Sieben Hengste nordöstlich des Thunersees sind die beiden grössten Höhlensysteme der Schweiz.

In den Rillen der Karrenfelder haben sich Pflanzen angesiedelt. Glattalp (SZ)

Lebensgrundlage

Böden sind das Endresultat der Gesteinsverwitterung (S. 52 f.). Je nach Klima und *Muttergestein* entstehen unterschiedliche Bodentypen mit spezifischen Eigenschaften. Diese wiederum haben grossen Einfluss auf die Vegetationszusammensetzung (S. 60).

Auf den ersten Blick ist Boden eine braune, tote Masse. Unter dem Mikroskop entpuppt sich diese Masse aber als eine Mischung aus *Mineralien*, abgestorbenen Pflanzenresten, Wasser, Luft und Bodenlebenwesen. Erst das Zusammenspiel all dieser Bestandteile verleiht dem Boden die Fähigkeit, Nährstoffe und Wasser zu speichern und somit ein Pflanzenwachstum zu ermöglichen.

Unterwegs ist der Boden oft durch die Vegetation verdeckt. Am Wegrand, in Anrisszonen kleiner Erdrutsche oder in *Erosion*sgebieten bieten sich aber vielfältige Erkundungsgelegenheiten.

Bei Grindelwald (BE). Alpine Böden sind steinreich.

Vielfalt

Bodenbildung

Da Grundgestein und Klima auch über kurze Strecken selten konstant bleiben, trifft man im Verlauf einer Bergtour auf sehr unterschiedliche Bodentypen. Böden auf Kalk unterscheiden sich beispielsweise grundsätzlich von Böden auf *Silikat* (S. 60).

In tieferen Höhenlagen kann die durchwurzelte Bodenschicht sehr mächtig sein, bevor in mehreren Dezimetern Tiefe das unverwitterte Muttergestein folgt. Dementsprechend üppig ist dann die Vegetation. Weiter bergwärts ist die Humusschicht oft nur wenige Zentimeter dick, was das Pflanzenwachstum natürlich erschwert.

Klimaeinfluss

Allgemein verzögert sich mit abnehmender Temperatur die Reifung des Bodens, denn tiefe Temperaturen hemmen die Aktivität von Bodenorganismen, die entscheidend zur Bodenbildung beitragen. Die Kälte der Hochregionen behindert also nicht nur das Pflanzenwachstum, sondern auch die Bodenbildung.

Das Bodenwasser ist Grundlage für fast alle chemischen Vorgänge wie Mineral-Umwandlung, Humusbildung und Aufnahme von Nährstoffen durch die Pflanze. Deshalb tragen hohe Niederschlagsmengen zum Reifeprozess des Bodens bei. Kann aber das Wasser nicht abfliessen, behindert der Sauerstoffmangel die Entwicklung.

Lage und Form der Geländeoberfläche beeinflussen die Erosion, das Mikroklima, die Vegetation und damit auch das Tempo der Bodenentwicklung. An steilen Hängen und auf Kuppen entstehen kaum je mächtige Bodenhorizonte, da die oberste Bodenschicht durch Wind und Wasser fortlaufend abgetragen wird (✤ S. 62). In Mulden hingegen sammelt sich Bodenmaterial an.

Böden mit Profil

Bodenprofile

Bis in der alpinen Stufe (oberhalb 2000 m) ein reifer Boden entsteht, kann es gut und gerne 4000 Jahre dauern. Durch Verwitterung bilden sich zunächst flachgründige, fast humusfreie Böden. Sie bestehen im Prinzip nur aus kaum zersetztem organischem Material (O-Horizont) und dem darunter liegenden Ausgangsgestein (C-Horizont). Solche O-C-Böden nennt man Rohböden. Im Verlauf von Jahrhunderten entwickelt sich zwischen O-Horizont und Muttergestein durch chemische und biologische Verwitterung ein humushaltiger Horizont (A-Horizont). Auf Silikat spricht man bei solchen O-A-C-Böden von Ranker (Abb. a), auf Kalk von Rendzina (Abb. b). In den Alpen bleiben viele Böden lange im Rohboden- resp. Ranker/Rendzina-Stadium stehen. Die weitere Bodenbildung führt dann über Braunerde-Böden hin zu einem so genannten Podsol (Abb. c). Diese beiden Bodentypen besitzen zwischen dem A- und dem C-Horizont einen B-Horizont. Podsole sind in niederschlagsreichen Regionen der subalpinen Stufe verbreitet. Sie sind sehr *sauer* und nährstoffarm.

a) Ranker
b) Rendzina
c) Podsol

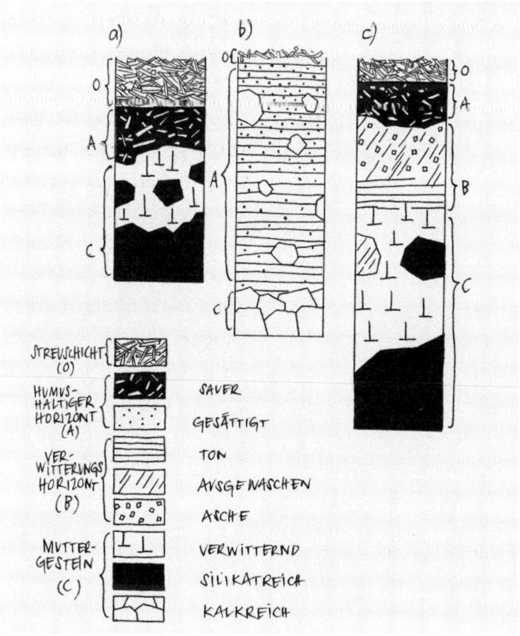

Kalk wirkt basisch ...

Boden-pH

Wenn das Muttergestein kalkhaltig ist, entstehen darüber meistens *basische* Böden mit hohem *pH-Wert* (ca. 7). In solchen Böden sind die mineralischen Nährstoffe stark an Bodenpartikel gebunden und deshalb für die Pflanzen nur schwer verfügbar.

... Silikat wirkt sauer

Anders sieht es bei silikatreichem Muttergestein aus. Die darauf entstehenden Böden reagieren *sauer* (pH 4–6), was zur Folge hat, dass viele Nährstoffe frei verfügbar sind. Die Pflanzen können davon profitieren, aber es besteht auch die Gefahr, dass Nährstoffe ausgewaschen werden und die Böden dann sehr nährstoffarm werden.

To be or not to be – der Boden entscheidet

Zeigerpflanzen

Um etwas über die Bodeneigenschaften heraus zu finden, muss man nicht unbedingt tief graben oder chemische Analysen durchführen. Die Pflanzen verraten bereits einiges über den Chemismus und den Wasserhaushalt des Bodens. So gibt es beispielsweise typische Kalkpflanzen, und andere, die nur auf sauren, silikatreichen Böden gedeihen. Einzelne Pflanzen vertragen Staunässe, andere sind auf trockene Verhältnisse spezialisiert. Je spezifischer die Lebensraum-Ansprüche einer Pflanze sind, desto besser eignet sie sich als *Zeigerpflanze* für bestimmte Klima- und Bodenverhältnisse. In der Botanik nutzt man häufig solche Zeigerpflanzen, um daraus neue Erkenntnisse zu gewinnen.

Ein paar Beispiele:

Blaugras (Sesleria coerulea)	→ Rendzina (trocken, basisch)
Krummsegge (Carex curvula)	→ Ranker (eher trocken, sauer)
Behaarte Alpenrose (Rh. hirsutum)	→ basische Böden
Rostblättrige Alpenrose (Rh. ferrugineum)	→ saure Böden

Frostige Muster

Frostmusterböden

Oberhalb von ungefähr 3000 m findet man keine eigentlichen Böden mehr, sondern allenfalls Vorstufen davon, zum Beispiel die so genannten Frostmusterböden aus steinigem Material. Ihr Vorkommen hängt vom Vorhandensein von Bodeneis ab. Der Wechsel von Auftauen und Frost und die daraus folgenden Druck- und Schubwirkungen erzeugen eine Sortierung des Schuttes nach dessen Grösse. Während des Sommers kommt es schon auf wenig geneigten Flächen zu Fliessbewegungen des Bodens infolge von Wasserstau (Solifluktion). Je nach Dauer der Frost- und Schmelzperioden und der Art des Reliefs treten sehr verschiedene Materialbewegungen und Strukturen auf, zum Beispiel Girlanden, Steinnetz- oder Steinstreifenböden (Abb. unten).

Val Dal Botsch, Nationalpark
Girlanden – Beispiel eines Frostmusterbodens

Bodenerosion

Alpine Böden sind infolge hoher Niederschlagsmengen, des starken Windes und der Steilheit besonders anfällig für *Erosion*. Vor allem an Orten mit spärlichem Bewuchs werden Bodenpartikel aus ihrem Verband gerissen und mit dem Regenwasser abtransportiert. Bei Trockenheit kann auch der Wind kleinste Teilchen aufwirbeln und weit entfernt vom Ursprungsort ablagern.

Erosionsspuren lassen sich unterwegs auf Schritt und Tritt finden. Vor allem auf dem Wanderweg bilden sich manchmal tiefe Rinnen als Folge heftiger Sommergewitter. Erdrutsche und Muren (S. 74 f.) sind als grossflächige Ereignisse von weitem sichtbar. Noch unbewachsene Moränen sind der Erosionskraft des Wasser besonders stark ausgeliefert: Es bilden sich tiefe Rillen (Orgelpfeifen) oder Erdpyramiden von grossem Ausmass (Abb. unten). Aber auch im kleinen Massstab ist Erosion wirksam. Dies zeigt sich beispielsweise an kleinen Bodensäulen, die durch einen Stein oder sogar eine Kastanie vor der Abtragung durch Regentropfen geschützt wurden.

Die Erdpyramiden von Euseigne (VS) verdanken ihr Dasein schützenden Steinen.

Der Mensch kann die natürliche Bodenerosion ungewollt verstärken. Überall dort, wo er die schützende Pflanzendecke schädigt oder zerstört, entfalten Wasser und Wind ihre volle Erosionskraft. So wird nach Rodungen und Waldbränden erhöhter Abtrag gemessen. Wird bei der Skipisten-Präparation die Grasnarbe zerstört, kann im Sommer die ohnehin schon dünne Humusschicht schneller erodieren. Bauliche Eingriffe (Strassen, Transportanlagen usw.) können die Bodenschichten destabilisieren und damit ein erhöhtes Risiko für Rutschungen bewirken. Vieh-, Wild- oder Touristentritt kann Löcher in den Bewuchs reissen und so der Erosion erhöhte Angriffsfläche bieten.

Landschaftsgestalter

Gletscherwelt im Jungfrau-Finsteraarhorn-Gebiet

Gletscher gehören zu den Alpen wie die Wellen zum Meer. Wie Zipfelmützen bedecken sie die hohen Bergflanken und winden sich dann, der Schwerkraft und dem Relief folgend, talwärts. Der weisse Firnschnee und das blaugraue Gletschereis leuchten von weitem. Im Verlaufe der Jahrtausende sind die Gletscher mehrmals bis weit ins Mittelland vorgestossen und haben dabei das heutige Landschaftsbild entscheidend geprägt. In den letzten Jahrzehnten sind Gletscher zu einem beliebten Objekt für Klimaforscher geworden, da sie unter anderem Informationen über vergangene Temperaturschwankungen enthalten (✤ S. 69 f.).

Vom Schnee genährt

Ein Gletscher im Überblick mit wichtigen Begriffen

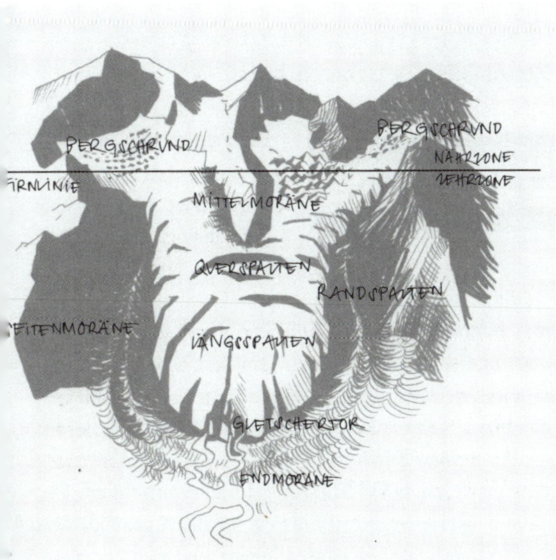

Jeder Gletscher besteht aus einer Nahr- und einer Zehrzone (Abb. links). In der Nährzone ist der Zuwachs grösser als der Verlust durch Abschmelzen, in der Zehrzone der unteren Regionen ist es umgekehrt. Zwischen den beiden Zonen liegt die Firnlinie, die Grenze des ewigen Schnees, die nur im Herbst direkt im Gelände sichtbar ist.

Wie Spalten entstehen

Die Schwerkraft lässt die Eismassen talwärts strömen. Die Fliessgeschwindigkeit beträgt dabei in den Alpen zwischen 20 m und 200 m pro Jahr. In der Mitte des Gletschers fliesst das Eis am schnellsten, randwärts aufgrund der kleineren Eisdicke und der zunehmenden Reibungskräfte langsamer. Durch die unterschiedliche Geschwindigkeit entstehen Spannungen im Eis, die zur Bildung von Spalten führen. Auch Geländeveränderungen (Steilstufen, Buckel, Verengungen) führen zu Spaltenbildung. Diese sind selten tiefer als 30 m, da das Eis in der Tiefe durch die hohe Druckeinwirkung plastischer und damit besser formbar ist.

Gletscher-Tachometer

Das Prinzip einer Gletscherfluss-Messung ist einfach und anschaulich: Quer über den Gletscher wird eine Reihe gefärbter Steine gelegt. Diese werden dann über Jahre hinweg beobachtet und ihre Bewegungen aufgezeichnet. Ihr Bewegungsmuster entspricht dem Fliessmuster des Gletschers an der Oberfläche. Unterhalb von *Sérac*zonen erscheint dieses Fliessmuster zuweilen natürlich in Form von Ogiven (Abb. S. 66 Mitte).

Weshalb ist Gletschereis blau?

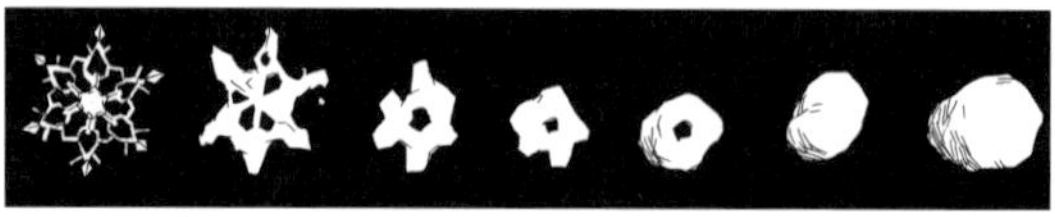

Aus einer Schneeflocke entsteht durch Umwandlungsprozesse ein Eiskorn (= Schneemetamorphose).

Betrachtet man Schneeflocken mit der Lupe, entdeckt man sechszackige Sternformen. Infolge von Schmelz- und Gefriervorgängen werden die Zacken stumpf, bis schliesslich rundliche Eiskügelchen entstehen. Unter dem Einfluss von Sonne und Druck nehmen die Kügelchen an Grösse zu und verwachsen zum Teil miteinander. Im Gletschereis können die einzelnen Eiskörner mehrere Zentimeter gross sein. Mit der daraus resultierenden Dichtezunahme ist eine Farbänderung von weiss zu bläulich oder grünlich verbunden. Der physikalische Grund dafür liegt in der Tatsache, dass das Sonnenlicht anders gebrochen und reflektiert wird.

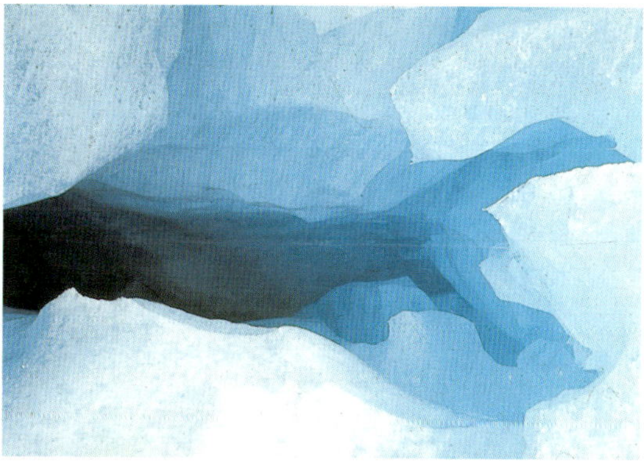

Gletschereis enthält kaum mehr Luftbläschen – deshalb erscheint es uns bläulich.

Gletscherphänomene

Gletschertische

Gletschertisch auf dem Oberaargletscher

Viele Phänomene auf dem Gletscher stehen mit der Sonne im Zusammenhang. Grosse Steine schützen das darunter liegende Eis vor der direkten Sonneneinstrahlung, während die Umgebung wegschmilzt. Es bleibt ein Sockel aus Eis mit dem darauf liegenden Stein – ein so genannter Gletschertisch.
Auch grössere Sandansammlungen wirken isolierend und führen zu pyramidenförmigen, sandbedeckten Eiskegeln.

Mittaglöcher

Mittaglöcher auf dem Gornergletscher; Norden liegt auf dem Bild rechts.

Kleine Steine und Kiesel heizen sich aufgrund ihrer dunklen Farbe auf und schmelzen ins Eis hinein, wobei sie sich in kleinen Gruppen sammeln. Dadurch entstehen halbkreisförmige Mittaglöcher, die als Kompassersatz benutzt werden können. Die Grundlinie des Halbkreises liegt nämlich stets im Süden.

Jahresschichtung

Jahresschichtung auf dem Grenzgletscher

Kommt man an einer senkrechten Wand aus Eis vorbei, sind dort sehr schön die «Jahrringe» des Gletschers sichtbar. Die gräulichen Schichten markieren die Sommer. Sie entstehen, wenn längere Zeit kaum Schnee fällt und sich Staub und Russpartikel ansammeln.

Ogiven

Ogiven auf der Gletscherzunge des Mer de Glace (F) im Jahr 2000

Auf dem gleichen Phänomen beruhen die Ogiven, jahreszeitliche Verfärbungen unterhalb von *Séraczonen*, die sich gegen die Gletscherzunge hin infolge der Fliessbewegung immer stärker parabelförmig krümmen.

Gletscherschliff

Als Gletscherschliff bezeichnet man vom Gletscher abgeschliffene Felspartien. Oft entdeckt man auf ihrer Oberfläche Kratzspuren, verursacht von im Gletschereis mitgeführten Steinen. Die Richtung der Kratzer zeigt die Fliessrichtung des Gletschers an. Die Grenze zwischen Gletscherschliff und rau gebliebener Felsflanke verrät das Ausmass früherer Vergletscherungen (Abb. S. 67 oben).

Rundhöcker-Landschaft beim Grünsee (Aletsch, VS) mit deutlich sichtbarer «Fliessrichtung»

Grimselgebiet (BE): Blick auf Räterichsbodensee und Alplistock. Der Höchststand vor ca. 20 000 Jahren des Bächligletschers ist an der Schliffgrenze auf ca. 2400 m (→ vgl. Bild).

Findlinge

Wenn sich Gletscher zurückziehen, hinterlassen sie vielfältige Spuren, welche ganze Landschaften oder einzelne Landschaftselemente prägen können. Schroffe V-Täler wurden während der Eiszeiten zu weiten U-Tälern ausgehobelt. Bis weit ins Alpenvorland findet man Moränenlandschaften mit eingebetteten Toteis-Seen. Gletscher transportierten Felsbrocken bis über 10 m Durchmesser bis ins Mittelland, wo sie heute als Findlinge herumliegen.

Gletschernutzung

Gletscher als Düngerlieferanten

Beim langsamen Vorwärtskriechen übt der Gletscher mit seiner riesigen Masse einen hohen Druck auf das Untergrundgestein aus. Zusammen mit den eingeschlossenen Steinen wirkt er wie Schleifpapier auf die Gesteinsoberfläche. So entsteht einerseits der Gletscherschliff, andererseits feinstes «Gesteinsmehl», welches das abfliessende Wasser trüb färbt. Wegen seiner weisslichen Farbe nennt man dieses Wasser auch Gletschermilch. Es enthält viele wertvolle Mineralien und hatte vor dem Zeitalter des Kunstdüngers grosse Bedeutung für die Berglandwirtschaft. Im Wallis wird auch heute noch Gletscherwasser mit Hilfe spezieller Hangleitungen (Suonen oder Bisen) aus den Tobeln abgeleitet und zur Bewässerung trockener Südhänge benutzt. Dabei werden Nährstoffe gratis mitgeliefert.

Restaurierte Wasserleitung «Riederi», Aletschgebiet (VS)

Gletschereis als Exportprodukt

Kaum zu glauben, aber wahr: Vor der Erfindung der Kältemaschine wurde Eis aus den Alpen zu Kühlzwecken in warme Länder, z.B. nach Ägypten transportiert. Zu Spitzenzeiten baute man am Grindelwaldgletscher täglich 100 Tonnen Eis ab und brachte sie mit einer Rollbahn ins Tal.
Diese Zeiten sind vorbei, ihre wirtschaftliche Bedeutung haben die Gletscher aber nicht verloren. Sie sind wichtige Trinkwasserreservoirs, und ihr Schmelzwasser wird in Wasserkraftwerken zur Erzeugung von Elektrizität gebraucht.

Export von Gletschereis aus dem Klöntal (um 1875)

Gämsjäger und Wissenschafter

Eiszeiten

Der Walliser Gämsjäger Pierre Perraudin soll als erster seine Vermutungen über vergangene Eiszeiten öffentlich geäussert haben. Die meisten Zeitgenossen des beginnenden 19. Jahrhunderts hielten ihn für einen Spinner. Die Wissenschaft, angeführt von den Schweizern Ignaz Venetz und Louis Agassiz, begann sich aber für die Eiszeiten-Theorie zu interessieren. Mit Hilfe detaillierter Beobachtungen am Rhonegletscher und durch Analyse von Landschaftsformen und Findlingen konnten sie nachweisen, dass es eine Eiszeit gab.
Erst zu Beginn unseres Jahrhunderts setzte sich dann die Vorstellung durch, dass es nicht nur eine, sondern mehrere grosse Eiszeiten gegeben hat. Für die letzten zwei Mio. Jahre unterscheidet man grob deren sechs, wobei die letzte Eiszeit vor ca. 10 000 Jahren zu Ende ging.

Die Alpen als Fluchtburg

Baumlose Steppenlandschaften waren während den Eiszeiten weit verbreitet. Als die Wälder in der nacheiszeitlichen Erwärmung weite Gebiete zurückgewannen, wurden die Steppentiere nach Norden oder nach oben in die Höhenlagen der Alpen verdrängt.

Auch für kälteliebende Pflanzen boten die Alpen einen Zufluchtsort. So findet man heute noch viele enge Verwandtschaften zwischen Tieren und Pflanzen der Alpen und des Tundragürtels. Allerdings haben sich die Arten im Laufe der Jahrtausende weiterentwickelt. 15 % der heutigen Alpen-Blütenpflanzen sind endemisch, das heisst, sie kommen ausschliesslich in den Alpen vor.

Klimaforschung

Junge Wissenschaft

Im 19. Jahrhundert stiess die Zunge des Rhonegletschers noch bis an den Rand des Dorfes Gletsch (VS) vor (unten links). Heute ist er fast völlig aus dem Blickfeld verschwunden (Mitte oben).

Die Wissenschaft begann sich erst in der Mitte des 19. Jahrhunderts richtig für die Gletscherforschung (Glaziologie) zu interessieren. Seit 1874 werden die Bewegungen des Rhonegletschers jährlich aufgezeichnet, 1880 dehnte man die Untersuchungen auf weitere Gletscher aus. Auch heute werden die Bewegungen bestimmter Gletscherzungen jährlich gemessen und publiziert. Die über mehrere Jahrzehnte führenden Datenreihen liefern wichtige Grundlagen für die heutige Klimaforschung. Für die Rekonstruktion von weiter zurückliegenden Gletscherschwankungen muss man auf alte Moränenstände oder Informationen aus Gemälden oder schriftlichen Dokumenten zurückgreifen.

Gletscher als Klimaarchiv

Im Zusammenhang mit der Klimaerwärmung der letzten Jahrzehnte hat die Gletscherforschung an Bedeutung gewonnen. Das Gletschereis enthält kleine Bläschen, deren Luftzusammensetzung die Verhältnisse in der Atmosphäre zum Zeitpunkt der Eisbildung widerspiegelt. Da man im Kern grosser Gletscher mehrere Jahrhunderte altes Eis findet, kann man heute nachträgliche Konzentrationsmessungen für verschiedene Stoffe durchführen. Im Eis der Polarkappen reichen die Daten sogar bis gegen 200 000 Jahre zurück.

Peinlich genau wurden menschliche «Umweltsünden» gespeichert:

- In der Zeit des kalten Krieges durchgeführte Kernwaffentests haben zu einem Anstieg der Radioaktivität in der Atmosphäre geführt, mit einem Maximum 1963. Dieses Maximum dient den Glaziologen als Datierungshilfe bei der Altersbestimmung der Eisschichten.
- Die steigenden Stickoxid- und Schwefeldioxidemissionen seit dem 2. Weltkrieg haben zu einer Versauerung der Niederschläge beigetragen.
- Auch die erhöhte Radioaktivität nach Tschernobyl 1986 findet sich in Eis-Bohrkernen.

Aus den Luftbläschen im Eis lassen sich vielfältige Informationen gewinnen.

Anhand von tiefgefrorenen Pollenkörnern lassen sich zudem Rückschlüsse auf die Vegetation und damit auf das Klima vergangener Zeiten ziehen (S. 156). All diese Informationen sind wichtig, wenn man Prognosen über zukünftige Klimaveränderungen, wie sie im Zusammenhang mit dem Treibhauseffekt erwartet werden (✤ S. 160), machen will.

Kleine Differenz mit grossem Effekt

Schon kleine Klimaschwankungen haben Auswirkungen auf die Gletscher. Die grossen Moränenwälle, die überall in den Alpen sichtbar sind, stammen grösstenteils aus der so genannten *«Kleinen Eiszeit»* um

Tschierva-Gletscher (GR)
Ein klassischer, alpiner Talgletscher mit einer *Sérac*-Bruchzone und den charakteristischen Moränenwällen der «Kleinen Eiszeit»

1850. Damals lag die Durchschnittstemperatur 0,6–1°C unter der heutigen. Schon diese scheinbar kleine Differenz hat grosse Auswirkungen: Die Gletscherzunge befindet sich heute meist mehrere hundert Meter weiter bergwärts.

Weshalb es überhaupt zu natürlichen Klimaschwankungen kommt, ist nicht völlig geklärt. Periodische Schwankungen der Erdumlaufbahn und der Neigung der Erdachse dürften dabei eine wichtige Rolle spielen. Daneben deutet vieles darauf hin, dass auch Kontinentverschiebungen, Aufstieg von Gebirgsmassiven oder Verlagerung von Meeresströmungen auf das globale Klima einwirken.

Sustengebiet im September 1999: Überreste vom Februar mit seinen «Jahrhundertlawinen»

On the move

Bergstürze, Hochwasser, Lawinen und Murgänge sind Extremereignisse, welche die Landschaft massgeblich mitgestalten. Ereignisse der letzten Jahre und Jahrzehnte sind vielerorts bis heute sichtbar geblieben (Abb. links). Liegt ein Ereignis jedoch Jahrhunderte zurück, erkennt der Laie die Spuren im Gelände kaum noch. Mit Hilfe historischer Zeugenberichte und naturwissenschaftlicher Methoden lassen sich Katastrophen rekonstruieren. Findet man zum Beispiel auf dem Talboden identische Gesteine gleichen Alters wie an einer darüber liegenden Bergflanke, lässt dies auf einen Bergsturz schliessen. In den Alpen, wo das Gelände steil und die klimatischen Gegensätze ausgeprägt sind, kommt es besonders häufig zu Naturkatastrophen.

Vom Umgang mit dem Risiko

In den Augen der Menschen werden solche natürliche Ereignisse zum Unglück, weil sie kaum vorhersehbar sind. Menschenleben, jahrelange Arbeit und materielle Güter können in wenigen Minuten zerstört werden. Naturkatastrophen wurden oft in Sagen aufgegriffen und als Strafe Gottes für lasterhaftes Benehmen gedeutet. Zu dieser Zeit bedeutete Katastrophenvorsorge, regelmässig zu beten und ein sündenfreies Leben zu führen.
Seit Besiedlungbeginn der Alpen haben die Menschen aber auch mit handfesten Massnahmen versucht, das Risiko von Katastrophen zu verringern. Häuser wurden nur an besonders geschützten Stellen gebaut, der Bannwald geschont. Später begann man, in die Natur einzugreifen, um Katastrophen vorzubeugen – mit Lawinenverbauungen, Stauwehren und Bachkanalisierungen.

Der Wunsch nach Prävention

Heute wird modernste Technik eingesetzt, mit dem Ziel, Katastrophen vorhersagen zu können. Labile Hänge und Bergflanken werden auf Erschütterungen hin überwacht. Registriert man auffällige Bewegungen, können Strassen und Wege vorsorglich gesperrt und wenn nötig Personen evakuiert werden. Dennoch sind viele Ereignisse bis heute unberechenbar geblieben.

Der Hang oberhalb der Grimselpassstrasse wird wegen Felssturzgefahr konstant überwacht. Werden Besorgnis erregende Bewegungen registriert, wird die Strasse gesperrt.

Aus Sicht der Natur

Kurzfristig können Bergstürze, Hochwasser, Lawinen oder Murgänge auch für die Natur einschneidende Folgen haben. Ganze Lebensgemeinschaften werden unter Gesteinsbrocken oder Schlamm begraben: Langfristig hingegen entsteht neues Leben. Im Schlamm gibt es zum Beispiel Pflanzensamen, so dass bald schon eine bunte Vegetation von *Pionierpflanzen* aufkommt.

Wenn das Eisgerüst fehlt

Bergstürze

Am häufigsten treten Bergstürze in Kalk- und Dolomitgestein auf. Als auslösende Ursachen kommen nebst den vorhandenen Bruchflächen im Gestein vorwiegend zwei Faktoren in Frage:

1. Gesteinspakete gleiten auf einer wassergesättigten Schicht im Untergrund
2. Das Auftauen von Permafrost (✤ S. 136) führt zu instabilen Hängen und Bergflanken.

Bergsturz von Randa (VS) im Jahr 1991

In der Schweiz datieren die grössten Bergstürze aus der Zeit der zurückweichenden Gletscher der letzten grossen Eiszeit, als plötzlich stellenweise das stabilisierende Eis fehlte. Auch heute weichen die Gletscher zurück, und vormals durch Eismassen gestützte Hänge drohen instabil zu werden. Deshalb rechnen Experten mit einer Zunahme der Bergstürze in naher Zukunft (✤ S.77).

Sturzrekorde

Der Grösste:	Flims (GR) um 6000 v. Chr.	12 km³ Gesteinsmaterial
Der Vernichtendste:	Rossberg (SZ) 1806	457 Tote
Der Schnellste:	Elm (GL) 1881	620 Höhenmeter in wenigen Sekunden

Risikofaktor Mensch

Erdrutsche

Erdrutsche sind viel häufiger als Bergstürze. Starke Niederschläge und spärlicher Bewuchs bei mittlerer Steilheit erhöhen das Risiko. Oft ist heute der Mensch Mitverursacher von Rutschungen, indem er durch unangepasste Weidenutzung (S. 139) oder Strassenbau die Stabilität von steilen Hängen gefährdet.

Kleiner Erdrutsch auf dem Wanderweg zur Chelenalphütte (UR)

Flutwellen

Hochwasser

Ein heftiges Sommergewitter kann ein ausgetrocknetes Bachbett in einen reissenden Fluss verwandeln. Die spärliche Vegetation der Steilhänge vermag nur einen kleinen Teil des Niederschlags zurückzuhalten. Etwa zwei Drittel des Wassers fliessen fast ungehindert zu Tal.

Wildbach unterhalb der Griesalp (BE) während eines Gewitters

Hochwasser mit Auswirkungen bis ins Flachland sind vor allem im Frühling zu erwarten, wenn die Schneeschmelze mit einer Niederschlagsperiode zusammentrifft. Seen, Stauseen und Schleusen als natürliche und vom Menschen gebaute Rückhaltebecken wirken ausgleichend auf den Wasserstand. Erst wenn auch deren Kapazität erschöpft ist, kann es im Unterland zu Überschwemmungen kommen.

Muren im Val dal Botsch (GR)

Wasser, Erde und Geröll

Muren

Eine Mure, auch Murgang genannt, ist ein Strom aus Wasser, Erde und Geröll. Menschliche Eingriffe wie Strassen und planierte Skipisten verletzen die schützende Vegetationsschicht. An solchen Narben bieten sich ideale Angriffsflächen für das Eindringen von Wasser in untere Bodenschichten, wodurch sich das Risiko einer Mure erhöht. Auch das Auftauen von Permafrostböden führt zu zusätzlichem Risiko. Muren in kleinem Massstab können auch an Wegböschungen oder auf Wanderwegen beobachtet werden.

Wenn Gletschereis bricht

Gletscherabbrüche

Dass Gletscher dynamische Gebilde sind, zeigt sich manchmal auf brutale Weise. Gletschervorstösse können zu Eislawinen und Gletscherstürzen mit katastrophalen Folgen führen. 1965 forderte ein Gletscherabbruch am Allalingletscher 88 Todesopfer.

Die weisse Gefahr

Lawinen und Schneebretter

Bergstürze, Hochwasser und Murgänge ereignen sich meistens in der warmen Jahreszeit. Im Winter bilden Schnee-Lawinen eine stets wiederkehrende Bedrohung für Tourengänger und menschliche Siedlungen. Vielerorts donnern Lawinen jährlich an denselben Orten herab. Viele Flurnamen wie Sundlauenen, Grosslaui etc. (Laui, Loui, Laue = Dialektausdrücke für Lawine) deuten auf besonders exponierte Orte hin. Heute schützen Bannwälder und Lawinenverbauungen die Siedlungen und Verkehrswege – allerdings ist der Schutz nie vollständig gewährleistet, insbesondere wenn in Gefahrenzonen gebaut wurde.

Lawinenprävention am Niesen (BE)

Nehmen Katastrophenereignisse zu?

Achtung Steinschlag – immer öfter?

Es wird heute kaum mehr bestritten, dass sich die Erdatmosphäre durch den Einfluss des Menschen langsam erwärmt (✤ S. 160). In der Diskussion über die Auswirkungen gehen die Ansichten aber weit auseinander. Eine wichtige Frage lautet: Werden Katastrophen wie Bergstürze, Murgänge, Wirbelstürme usw. zunehmen? Im Rahmen des Nationalen Forschungsprogramms 31 mit dem Titel «Klimaänderung und Naturkatastrophen» wurde dieser Frage in den Jahren 1992 bis 1998 nachgegangen. Im Schlussbericht hielt die Expertengruppe für die Schweiz unter anderem folgende Erkenntnisse fest:

* Bei zunehmender Erwärmung muss mit erhöhten Hanginstabilitäten (Auftauen von Permafrost ✤ S. 136) und folglich mit mehr Murgängen und Bergstürzen gerechnet werden. Im Winter kommt es vermehrt zu extremen Niederschlägen und demzufolge zu Hochwasserspitzen im Winter oder Frühling.
* Der erhöhte CO_2-Gehalt der Atmosphäre bewirkt eine Veränderung des Pflanzenwachstums, was sich negativ auf die Stabilität von alpinen Ökosystemen auswirken kann. Insbesondere wird das Aufkommen von Baumjungwuchs erschwert, was gravierende Folgen für die Bannwälder haben kann.
* Heute werden Gefahrengebiete häufiger touristisch genutzt als früher, weshalb die Schäden bei Ausnahmeereignissen grösser ausfallen.

Insgesamt sind Klimaprozesse sehr komplex, weshalb alle Prognosen mit grossen Unsicherheiten verbunden sind. Die Tendenz der Entwicklung drängt aber zu weitsichtiger Vorsorge. Deshalb sind die Bemühungen um eine Begrenzung der Treibhausgas-Emissionen im Sinne von Risikoprävention sowohl lokal als auch global fortzusetzen.

Klima und Wetter

Zeugen des harten Alpenklimas

Die feinen Unterschiede

Wer in den Bergen unterwegs ist, spürt die Besonderheiten der alpinen Umwelt am eigenen Körper. Je höher man steigt, desto kühler wird es, wobei auch die Temperaturunterschiede zwischen Tag und Nacht sehr gross sein können. Die Luft wird dünner, und die Strahlungsintensität nimmt zu. Für die Rast muss man oft zuerst ein windstilles Plätzchen suchen. Niederschläge sind häufiger und heftiger als im Flachland. Die Schleimhäute trocknen infolge der geringen Luftfeuchtigkeit aus, und zur Freude der Hüttenwarte ist der Durst selbst dann gross, wenn man wenig geschwitzt hat: Der Körper verliert allein durch das Atmen viel Feuchtigkeit.

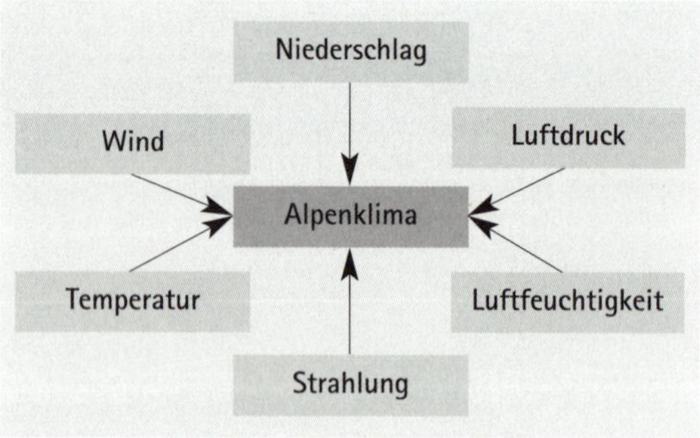

Das alpine Klima wird von verschiedenen Faktoren beeinflusst.

Anpassung braucht Zeit oder Material

Der Mensch wendet auf Bergtouren unterschiedliche Tricks an, um mit den extremen Klimaeinflüssen zurecht zu kommen. Wasserabstossende, windundurchlässige Kleidung, Thermosflaschen und Sonnenschutzmittel gehören zur Standardausrüstung.

Und wenn es ganz schlimm kommt, können wir immer noch in der Hütte sitzen bleiben. Pflanzen und Tiere haben diese Möglichkeit nicht. Die Arten im Gebirge haben sich aber im Verlauf der Jahrtausende auf erstaunliche Art und Weise an die harten Lebensbedingungen angepasst.

Eisige Höhen

Temperatur

Pro 100 Höhenmeter sinkt der durchschnittliche Jahresmittelwert um 0,6 °C. Je höher man steigt, desto grösser werden auch die Temperaturgegensätze zwischen Orten unterschiedlicher Exposition. Auf 3000 m gibt es südseitige Stellen, die mehrere Monate schneefrei bleiben, während sich der Schnee an Nordhängen das ganze Jahr über behauptet.
Auch die nächtliche Abstrahlung des Bodens nimmt mit der Höhe zu, was zur Folge hat, dass nachts die bodennahe Luft stark abkühlt.

Pflanzen mit Frostschutz

Viele Alpenpflanzen besitzen als Frostschutz einen sehr zuckerhaltigen Zellsaft. Besonders ausgeprägt ist diese Eigenschaft bei immergrünen Nadelbäumen wie Föhre und Fichte. Der hohe Zuckergehalt senkt den Gefrierpunkt der Zellflüssigkeit und verhindert so Frostschäden. Analog wirken Frostschutzmittel im Kühlwasser von Autos.

Zwergwuchs

Die intensive Strahlung führt tagsüber zu einer kräftigen Erwärmung des Bodens. Diese Bodenwärme kann durch kleinwüchsige Pflanzen besonders gut genutzt werden. Das ist neben den heftigen Winden einer der Gründe, weshalb die meisten Alpenpflanzen kleiner sind als ihre Verwandten in tieferen Lagen.

Ein paar Beispiele:

Tiefe Lagen	Hohe Lagen
Gewöhnliche Schafgarbe bis 60 cm (Achillea millefolium)	Moschus-Schafgarbe 5 bis 20 cm (Achillea atrata)
Gemeine Margerite bis 80 cm (Chrysanthemum leucanthemum)	Alpen-Margerite bis 15 cm (Chrysanthemum alpinum)
Frühlings-Schlüsselblume bis 30 cm (Primula veris)	Rote Felsen-Primel bis 10 cm (Primula hirsuta)

Die Moschus-Schafgarbe (links) wächst in der alpinen Stufe. Sie ist viel kleiner (5–25 cm) als ihre Verwandte, die gewöhnliche Schafgarbe (rechts, 15–60 cm).

Dickes Fell und kurze Ohren

Viele Alpentiere haben gegenüber Pflanzen den Vorteil, dass sie der Kälte entfliehen können, indem sie geschützte Verstecke aufsuchen. Eine wirksame Taktik gegen die Kälte ist das Ausnützen des Iglu-Effekts in

Schneehase im Sommerkleid. Auffällig sind die im Vergleich zum Feldhasen kurzen Ohren.

Schneehöhlen, wie es beispielsweise die Schnee- und Birkhühner tun (❖ S. 115 und S. 152). Andere weichen im Winter nach Süden (Zugvögel) oder in tiefere Lagen (Schalenwild) aus.

Auch bei den Tieren findet man aber spezifische Anpassungen an die Kälte:

- Füchse, die in den Alpen leben, haben ein dickeres Fell als ihre Artgenossen im Flachland.
- Gliedmassen, Schwanz und Ohren sind der Kälte besonders stark ausgesetzt. Deshalb besitzt der Schneehase kürzere Ohren als der Feldhase.
- Gämsen haben im Winter ein dunkleres Kleid als im Sommer und nützen so die Sonnenstrahlung besser aus. Auch die Bergdohle oder wechselwarme Tiere wie der Alpensalamander profitieren von der hohen *Absorption* ihres schwarzen Kleides.

Kurze Sommer

Vegetationszeit

Infolge der höhenbedingten Temperaturabnahme verkürzt sich die Vegetationszeit pro 100 Höhenmeter um rund eine Woche. Dies bedeutet, dass auf 2000 m nur durchschnittlich fünf Monate, auf Südhängen in 3000 m bestenfalls noch zwei Monate für Wachstum und Fortpflanzung der Pflanzen zur Verfügung stehen.

Bunt und ausgefallen

Durch eine auffällige Färbung versuchen die Alpenpflanzen möglichst schnell viele Insekten zur Bestäubung anzulocken. Dazu gehören Schmetterlinge, Fliegen und Hummeln. Wie alle Insekten nehmen diese Tiere auch Farben im Ultraviolett-Bereich wahr. Neben den auch für unsere Augen sichtbaren, intensiven Farbmustern besitzen viele Alpenpflanzen zusätzliche Ultraviolett-Muster, welche den Bestäubern den richtigen Weg zu den Blütenpollen weisen. Als zusätzliche Steigerung ihrer Attraktivität verströmen viele Pflanzen einen starken Duft.

Alpenleinkraut:
Leuchtende Farbtupfer in Steinwüste

Blutströpfchen auf Rapunzel:
Leuchtende Farben ziehen Insekten an.

Entwicklungsstopp

Auch für die Tiere stellt der kurze Sommer eine besondere Herausforderung dar. Die Paarungszeit der Steinböcke (❖ S. 133) fällt in den Winter, wenn die Vorräte knapp werden. Die Männchen beginnen deshalb schon im Sommer mit Rangkämpfen, so dass die Hierarchie-Positionen zur Paarungszeit bereits grösstenteils klar sind und energiezehrende Machtkämpfe wegfallen.
Noch raffinierter geht die Anpassung beim Reh vor sich. Die Paarung findet bereits im Juli statt, wenn Nahrung im Überfluss zur Verfügung steht. Der Embryo ruht dann während mehrerer Monate im Mutterleib und entwickelt sich erst ab Januar weiter. Die Jungen kommen dann pünktlich zum Frühlingsbeginn zur Welt, wenn die frischen Kräuter spriessen.

Lange Winter

Winterschlaf

In den langen Wintern wird oft die Nahrung knapp. Energiesparen gilt deshalb als oberstes Gebot für Alpentiere. Dazu kommen unterschiedliche Taktiken zur Anwendung. Murmeltiere (❖ S. 144) beispielsweise halten einen langen Winterschlaf, während dem sie von im Sommer angelegten Fettreserven zehren. Um den Energieverbrauch zu senken, werden Herzschlag und Atemfrequenz sehr stark gedrosselt.

Lebendig erstarrt

Winterstarre

Amphibien und Reptilien passen als wechselwarme Tiere ihre Körpertemperatur derjenigen der Umgebung an. Als logische Folge davon fallen Vertreter dieser Tiergruppen (z.B. Alpensalamander, Grasfrosch, Bergeidechse und Kreuzotter) in eine Winterstarre, sobald es im Herbst kühler wird. Sie überwintern sozusagen «tiefgefroren» und können sich erst wieder bewegen, wenn die Frühlingssonne wärmt.

Die giftige Kreuzotter fällt bei kühlen Temperaturen in Kältestarre.

Vorräte in Hülle und Fülle

Winterruhe

Eichhörnchen und Tannenhäher haben eine andere Taktik. Sie verbringen einen Grossteil des Sommers damit, Samen als Vorräte zu sammeln und zu verstecken. Während der Winterruhe schränken sie ihre

Tannenhäher aus dem Aletschwald. Im Winter ernährt er sich von seinen Arvennüsschen-Vorräten.

Aktivität zwar möglichst stark ein, um nicht unnötig Energie zu verschwenden, verlassen aber ihr Nest regelmässig, um sich hinter ihre Vorräte zu machen. Dass sie nur die Hälfte wieder finden, hilft den Pflanzen bei der Verbreitung.

Regenfänger

Niederschlag

In Bern liegt die durchschnittliche jährliche Niederschlagsmenge bei einem Meter. Auf 3000 m, am Rand des Alpenhauptkammes, verdreifacht sich diese Menge. Wenn feuchte Luftmassen gegen die Alpen geführt werden, müssen sie aufsteigen – die Berge werden zu Regenfängern. Dagegen erhalten die zentralalpinen Täler (Wallis, Unterengadin), die sowohl von Norden als auch von Süden im Windschatten von Bergketten liegen, ausgesprochen wenig Niederschlag.

Vertrocknungsgefahr

Viel Niederschlag garantiert noch nicht, dass kein Wassermangel herrscht. Stark geneigte Hänge lassen das Wasser rasch abfliessen, und die oft dünne Humusschicht (S. 58 f.) kann nur wenig Wasser speichern. Zudem fördern trockene Luft und Wind die Verdunstung, und tiefe Temperaturen lassen das Wasser gefrieren, womit es für die Vegetation nicht mehr nutzbar ist. Alpenpflanzen brauchen also einen effizienten Schutz vor dem Austrocknen. Wachsüberzogene oder ledrige Blätter, dichte Behaarung und *Sukkulenz* sind die wichtigsten Erfindungen im Kampf gegen das Welken.

Dicht behaarte Frühlings- oder Pelz-Anemone im Morgenlicht

Perfekt geschützt: Rosetten, Behaarung und Sukkulenz bei der Spinnweb-Hauswurz

Schweizer Mannsschild: Auch Polsterwuchs schützt vor Austrocknung.

Manche lieben's nass

Wenn es regnet, finden die «Wasserscheuen» unter den Tieren meistens ein trockenes Plätzchen, sei es unter Felsvorsprüngen oder im Unterholz. Vögel sind dank ihres wasserabstossenden Federkleides besonders gut gegen Nässe geschutzt. Andere Tiere wiederum fühlen sich im Regen besonders wohl und sind dementsprechend bei nassem Wetter aktiver und deshalb häufiger als sonst anzutreffen. Dazu gehören die Amphibien wie Grasfrosch und Alpensalamander (❖ S. 167 f.).

Dünne Luft

Luftdruck

Wenn man sagt, dass die Luft mit der Höhe «dünner» wird, meint man damit eigentlich zwei Dinge: Der Luftdruck sinkt und, damit zusammenhängend, erniedrigt sich auch die Menge an Sauerstoff und Kohlendioxid, die zum Atmen resp. zur Fotosynthese zur Verfügung steht. Dies hat Folgen sowohl für die körperliche Leistungsfähigkeit des Menschen als auch für die Energiegewinnung von Pflanzen und Tieren.

CO_2-Mangel

Die Effizienz des *Fotosynthese*-Systems von Alpenpflanzen liegt bis zu 40 % über dem Durchschnitt. Dadurch können sie die Nachteile des niedrigeren CO_2-Gehalts in der Umgebungsluft wett machen. Eine

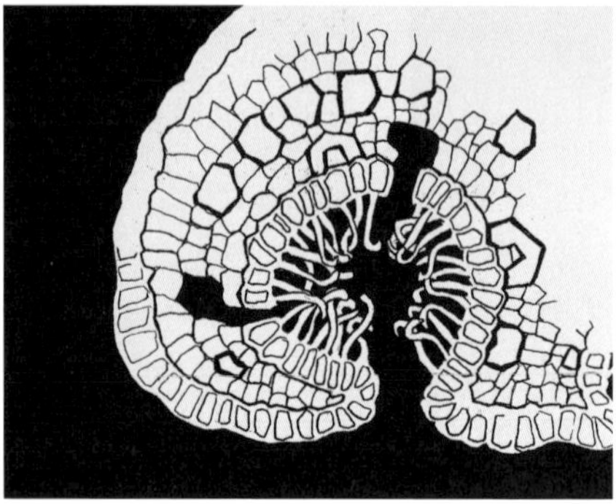

Querschnitt durch das Blatt einer Alpenazalee mit Spaltöffnung Masstab: ca. 1:8

andere Möglichkeit ist, dass die Pflanze ihre *Spaltöffnungen* (Abb. oben), durch welche sie das CO_2 aufnimmt, länger offen hält, wodurch ihr aber wertvolle Feuchtigkeit entweicht.

Leistungsfähig trotz Sauerstoffmangel

Die Antwort auf die abnehmende Sauerstoffkonzentration in der Höhe ist bei Tier und Mensch gleich: Es werden vermehrt rote Blutkörperchen gebildet. Da diese für den Sauerstofftransport im Körper zuständig sind, kann so die Sauerstoffversorgung des Gewebes verbessert werden. Weil die Bildung neuer Blutkörperchen Zeit braucht, dauert die Akklimatisation mehrere Tage. Alpentiere, die sich langfristig in ähnlichen Höhenlagen aufhalten, sind deshalb optimal angepasst. Zudem sind bei ihnen Herz und Lunge überdurchschnittlich gross, wodurch die Sauerstoffversorgung zusätzlich verbessert wird. Denselben Effekt findet man übrigens bei durchtrainierten Menschen.

Dauer-Solarium

Strahlung

Die oberen Atmosphärenschichten enthalten nur wenig Staub- und Wasserteilchen, welche die Strahlung reflektieren oder streuen könnten. Auf 1800 m ist daher die Sonneneinstrahlung etwa doppelt so gross wie auf Meereshöhe. Besonders die energiereiche UV-Strahlung ist in den Bergen enorm; sie nimmt pro 100 Höhenmeter um etwa 1,5 % zu.

Bunter Sonnenschutz

Die erhöhte Strahlungsintensität hat für Pflanzen Vor- und Nachteile. Einerseits steht ihnen mehr Energie für die Fotosynthese zur Verfügung als im Tal, andererseits können *UV-Strahlen* nicht nur Zellen der

Heidelbeerblätter: Die rötlichen Farbpigmente schützen vor intensiver Strahlung.

menschlichen Haut, sondern auch pflanzliche Zellen schädigen. Während sich der Mensch mit Kleidung und Sonnencreme schützt, haben Alpenpflanzen andere Methoden. Dichte Behaarung wirkt nicht nur gegen Kälte, sondern auch als UV-Schutz. Zusätzlich kann das Einlagern rötlicher Farbpigmente oder eine wachshaltige Gewebeschicht UV-Strahlen am Eindringen in die Pflanzenzellen hindern.

Sonnenbrille für Gämse und Steinbock?

Je dünner die Ozonschicht, desto stärker die UV-Strahlung. Im Süden von Chile, wo das Ozonloch (✤ S. 113) am grössten ist, haben Schafzüchter vermehrt Augenschäden bei ihren Tieren festgestellt.

Windige Angelegenheit

In der Höhe weht der Wind öfter und stärker – auf dem Säntis durchschnittlich dreimal so stark wie in Zürich. Dies wird von Mensch, Tier und Pflanze als zusätzliche Kälte empfunden. Zudem wirkt der Wind wie ein Schwamm und saugt die ohnehin knappe Feuchtigkeit auf. Im Winter verursacht er Schnee-Umlagerungen: Entstehen in Mulden dicke Schneeschichten, so bleiben die Kuppen schneefrei (S. 127). Die Auswirkungen des Windes sind aber auch rein mechanischer Art. Um bei 150 km/h nicht umzuknicken, muss sich eine Pflanze schon gut verankern!

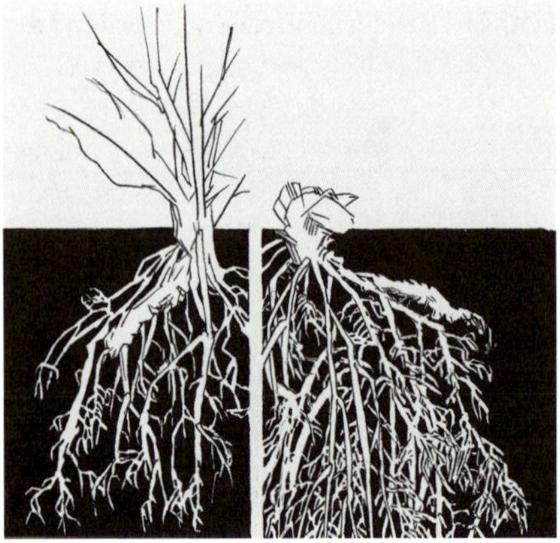

Viele Alpenpflanzen (rechts) besitzen ein vergleichsweise grosses Wurzelsystem.

Windschutz

Um dem Wind zu trotzen, braucht es eine gute Standfestigkeit. Tiefe Wurzelstöcke gehören deshalb zur Grundausstattung von Pflanzen an windexponierten Stellen. Die oberiridischen Teile müssen dagegen möglichst kompakt und robust sein. Da der Wind den Pflanzen Feuchtigkeit entnimmt, ist auch ein guter Verdunstungsschutz nötig (Abb. S. 86/87).

Es lebe die Mobilität

Tiere haben es einfacher als Pflanzen, sich vor starken Winden zu schützen. Dank ihrer Fähigkeit zur Fortbewegung können sie windgeschützte Stellen aufsuchen und dort das Ende eines Sturmes abwarten.

Wetterwechsel

Wolkentheater über dem Konkordiaplatz, Jungfraugebiet (BE/VS)

Wetterschauspiele gehören zu den eindrücklichsten und faszinierendsten Naturerlebnissen auf den Touren in den Bergen – Quelle der Freude und Gefahr gleichermassen. Sehr charakteristisch für das Alpenwetter sind die raschen Wetterwechsel, die den Alpinisten auch immer wieder bange Momente bescheren. Wer die Wolken und andere optische Erscheinungen am Himmel aufmerksam beobachtet und zu deuten weiss, findet Hinweise auf die kurz- und mittelfristige Wetterentwicklung.

Die grossräumige Wetterlage über Europa bestimmt auch das Wettergeschehen in den Alpen massgeblich mit. Je nach Lage der Hoch- und Tiefdruckgebiete treffen kalte Winde aus Nordosten, feuchte Winde aus Westen oder warme Luftströme aus Süden auf die Alpenregion und machen das Wettergeschehen abwechslungsreich.

Wolken

Wolkensprache

Zu den alltäglichsten Wettererscheinungen gehören die Wolken, die je nach Form und Höhenlage verschiedene Namen tragen. Die Übersetzung der lateinischen Namen verrät bereits, wie die einzelnen Wolkentypen aussehen:

- Cirrus = Haarlocke, Franse
- Stratus = Decke, Schicht
- Cumulus = Haufen

In der Natur gibt es, ausgehend von diesen drei Grundtypen, beliebige Übergangsformen. Vereinfacht lassen sich sieben verschiedene Typen unterscheiden (Abb. S. 92).

Wetterprophet Höhenmesser

Luftdruck

Der Höhenmesser ist ein guter Wetterprophet. Er misst den aktuellen Luftdruck und rechnet diese Angabe auf Höhenmeter um. Dies funktioniert, weil der Luftdruck mit zunehmender Höhe abnimmt. Steigt die Anzeige des Höhenmessers über Nacht, obwohl man auf gleicher Höhe in der Hütte geblieben ist, bedeutet dies eine wetterbedingte Druckabnahme, was auf ein Tiefdruckgebiet und damit auf eine Wetterverschlechterung hinweist. Wenn man tagsüber höher steigt und der Druckmesser dabei wiederholt zu tiefe Werte anzeigt, bedeutet dies verstärkten Hochdruckeinfluss und damit Schönwettertendenz.

Kurz:
Anzeige des Höhenmessers zu hoch
→ Schlechtwettertendenz
Anzeige des Höhenmessers zu tief
→ Schönwettertendenz

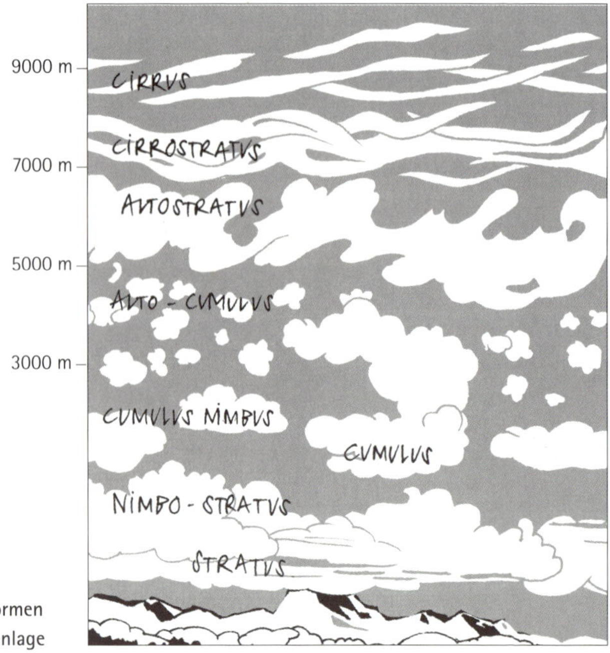

Verschiedene Wolkenformen und ihre typische Höhenlage

Feucht und trüb

Luftfeuchtigkeit

Der Feuchtigkeitsgehalt wirkt sich auf die Klarheit der Luft aus. Bei trockenem Wetter herrscht gute Fernsicht, feuchte Luft bringt Dunst und Nebel sowie erhöhte Gewittergefahr.

Sonnenschein macht froh

Wetterempfindlichkeit

Dass das Sonnenlicht positiven Einfluss auf unsere Befindlichkeit hat, ist wissenschaftlich erwiesen. Mangel an Sonnenlicht schwächt die Abwehrkräfte und kann bei empfindlichen Menschen zu depressiven Verstimmungen führen. Die intensive Strahlung in den Bergen bringt demzufolge nicht nur einen Bräunungseffekt, sondern hebt auch unsere Stimmung. Nicht alle Menschen reagieren allerdings gleich stark auf Wettereinflüsse. Bei Atemwegserkrankungen bringt ein Aufenthalt in der staubarmen Luft des Gebirges Erleichterung, eine Tatsache, der die Luftkurorte ihre Berühmtheit verdanken. Heute ist aber die gute Luftqualität in den Alpen vielerorts durch erhöhtes Verkehrsaufkommen beeinträchtigt.

Die stärksten negativen Auswirkungen auf das menschliche Wohlbefinden haben Warmfronten (❖ S. 97). Vor oder in einer Warmfront nehmen Abgeschlagenheit, Nervosität, Kopfschmerzen und Kreislaufprobleme zu. Ebenfalls treten Konzentrations- und Reaktionsschwächen gehäuft auf, was zu erhöhter Unfallgefahr, auch beim Bergsteigen, führt.

Wetterkartenlegenden für nachfolgende Seiten

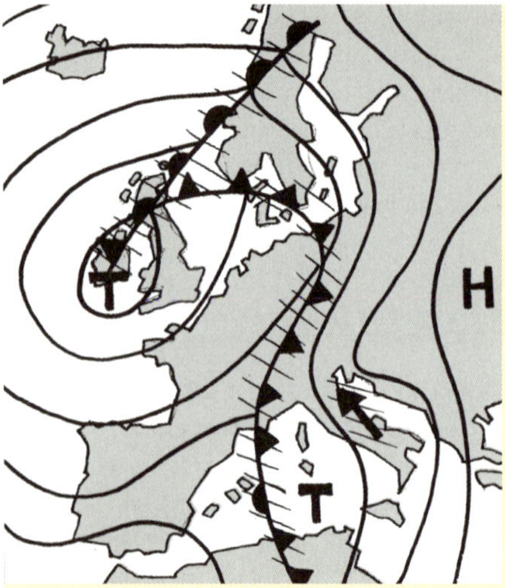

Föhn

Walzen und Fische

Die Berge erscheinen zum Anfassen nah, und über den Gipfeln steht eine Wolkenmauer, die Föhnwalze genannt wird. Davor schweben linsenartige Wölkchen, so genannte «Föhnfische» – unverkennbare Zeichen einer Föhnlage. Feuchte Luft aus dem Mittelmeerraum gelangt zum Alpensüdrand und muss aufsteigen, um die Alpen zu überwinden. Sie kühlt dabei um etwa 0,5 °C pro 100 Höhenmeter ab. Weil kühle Luft weniger Feuchtigkeit aufnehmen kann, bilden sich ab einer bestimmten Höhe Wolken. Die wassergesättigte Luft kann auf ihrem weiteren Aufstieg die Feuchtigkeit nicht halten und es kommt zu teils heftigen Niederschlägen am Alpensüdhang.

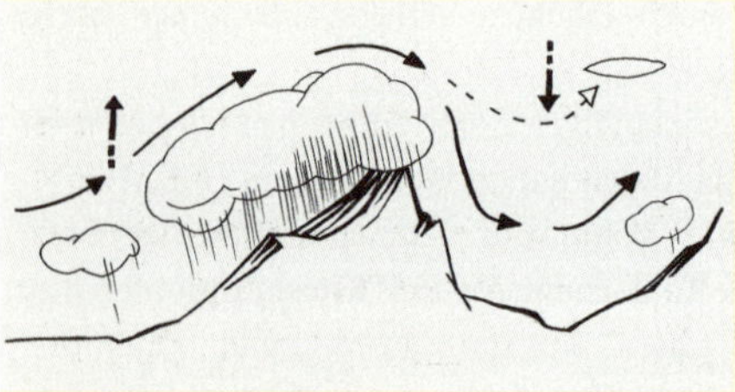

Schematische Darstellung der Föhnentstehung

Auf der Nordseite geht es wieder abwärts. Die ausgeregnete und darum trockene Luft erwärmt sich um 1 °C pro 100 Meter, also stärker als sie beim Aufstieg abkühlt. Die Differenz erklärt sich dadurch, dass bei der Wolkenbildung während des Aufstiegs Kondensationsenergie frei wird, beim Absteigen hingegen

Föhnwalze über dem Walliser Breithorn

keine Verdunstungsenergie gebraucht wird, da die Luft inzwischen kaum mehr Feuchtigkeit enthält. Deshalb ist der Südföhn ein warmer Wind, welcher als Schneefresser bekannt ist. In nord-süd gerichteten Tälern können Föhnstürme Windgeschwindigkeiten von weit über 100 km/h erreichen.

Nordföhn

Wenn eine Kaltfront aus NW auf die Alpen trifft, setzt eine nord-süd gerichtete Windströmung ein: der Nordföhn. Er bringt Kälte und Niederschlag auf der Alpennordseite, während auf der Alpensüdseite sonniges, jedoch kühles Wetter herrscht. Die Temperaturunterschiede sind weniger hoch, da die Ausgangsluft aus dem Norden weniger warm und feucht ist als die Mittelmeerluft. Der trockene Nordföhn verursacht auf der Alpensüdseite Waldbrandgefahr.

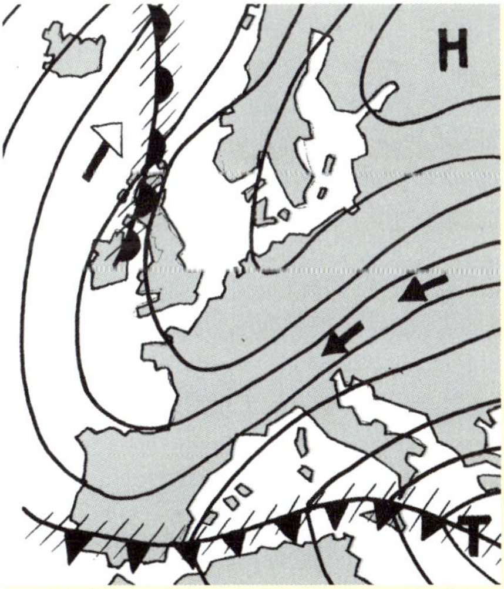

Bise

Trocken und kalt

Die Bise ist ein kalter Wind aus Nordosten. Je nach Jahreszeit hat eine Bisenlage unterschiedliche Folgen für das Alpenwetter.

Wenn im Winter die kalten, aus Russland stammenden Luftmassen bei uns ankommen, haben sie noch etwa eine Mächtigkeit von 1500 bis 2000 Meter. Diese Kaltluft schiebt sich auf Grund ihrer höheren Dichte dem Boden entlang vorwärts und drängt die warme Luft nach oben, was zu einer Temperaturumkehrung (Inversion) führt: Oben ist «T-Shirt-Wetter», unten braucht man einen dicken Pullover. Die kalte Luft in Bodennähe kann zudem kaum Feuchtigkeit aufnehmen, was zur Kondensation des Wasserdampfs und damit zur Nebelbildung führt. Der Hochnebel reflektiert die Sonnenstrahlung und verstärkt so die Inversion zusätzlich.

Im Sommer ist die kontinentale Luft warm und trocken. Eine Bisenlage bedeutet dann niederschlagsfreies, ziemlich warmes Wetter. Die Fernsicht lässt aber oft zu wünschen übrig, da die Luftmassen durch Staub und Rauch aus den osteuropäischen Ballungszentren getrübt sind.

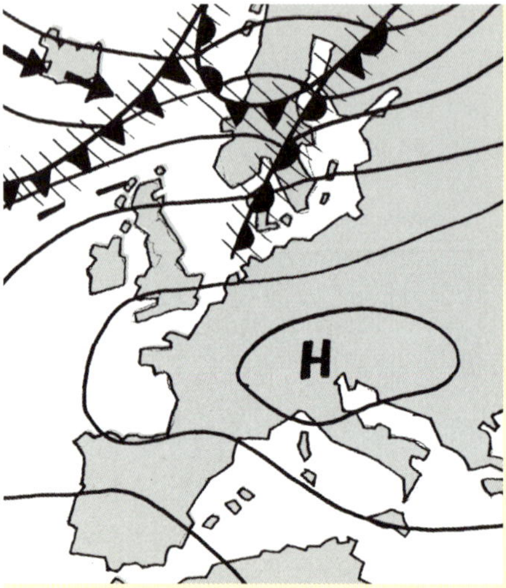

Hochdrucklage

Hochdruckgebiete bringen allgemein schönes Wetter. Wenn der Luftdruck im Sommer stark ansteigt, verhindert er Wärmegewitter und führt zu stabilem Schönwetter. Im Winter entsteht bei Hochdrucklagen oft ein Nebelmeer, welches sich von der Talsohle aus zu bilden beginnt. Die bodennahe Luft kühlt nachts besonders rasch ab und der darin enthaltene Wasserdampf beginnt bei Überschreitung der Sättigungsgrenze zu kondensieren. Da die Dichte der Luft mit abnehmender Temperatur zunimmt, bleibt die kühle Nebeldecke manchmal tagelang sitzen und teilt die Bevölkerung in zwei Klassen: die Glücklichen oberhalb der Nebelgrenze und die Sonnenhungrigen in der «grauen Suppe». Erst ein Abbau der Hochdrucklage und das Aufkommen von Wind lässt den Nebel weichen. Ein sich auflösendes Nebelmeer kündigt daher meistens schlechtes Wetter an. Bise allerdings führt nicht zum Auflösen des Nebels, sondern verschiebt die Nebelgrenze nach oben.

Nebelmeer unterhalb Bannalp. Der Pilatus ragt hinten aus den Wolken.

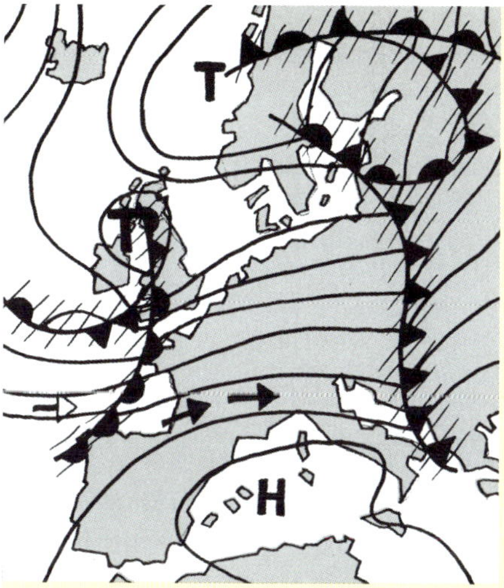

Westwindlage mit Warm- und Kaltfronten

Westwindlagen treten im Schweizer Alpenraum sehr häufig auf. Liegt ein kräftiges Zentraltief über Nordeuropa und ein Hoch über Südeuropa, ziehen dazwischen Tiefdruckwirbel rasch von West nach Ost. Diese kleinen Wirbel mit ihren Kalt- und Warmfronten bringen unstabiles Wetter mit schnellen Temperaturwechseln. In der Umgangssprache spricht man von Aprilwetter oder WWW - wechselhaftem Westwindwetter.

Sowohl Warm- als auch Kaltfronten werden von hoher Cirrusbewölkung angekündigt. Wegen ihrer hohen Geschwindigkeit tritt bei einer Kaltfront die Wetterverschlechterung, die zu Beginn oft von heftigen Gewittern begleitet ist, sehr schnell ein (S. 98).

Triftgebiet (BE): Cirren mit dahinter liegender Wolkenwand kündigen die Kaltfront an – höchste Zeit zur Umkehr.

Cirrostratus-Bewölkung einer Warmfront über dem Lötschental (VS)

Eine Warmfront kündigt sich hingegen meistens einen halben bis einen ganzen Tag im Voraus durch Cirren an, weshalb sie für Berggänger weniger tückisch ist als die Kaltfront. Gewitter bleiben meistens aus, vielmehr ist die Warmfront durch Schauer, manchmal durch lang anhaltende Niederschläge charakterisiert.

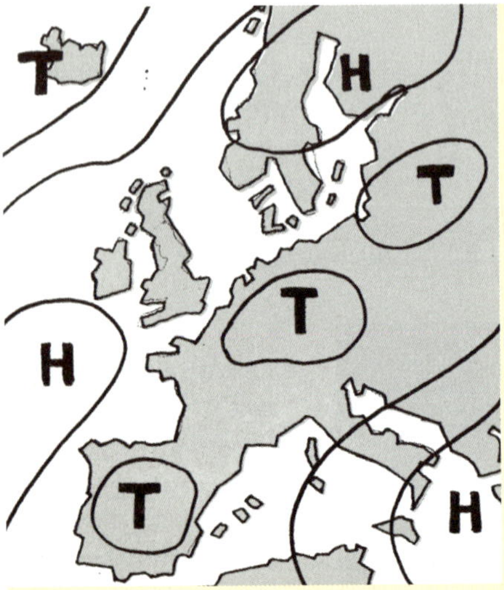

Gewitter

Wärmegewitter

Voraussetzung für sommerliche Wärmegewitter ist eine flache Druckverteilung über Europa und das Vorhandensein von feuchter Luft im Alpenraum. Die Erwärmung der bodennahen Luftschichten im Verlaufe des Tages bewirkt das Aufsteigen von Luftmassen. Zuerst bilden sich kleine Cumuluswolken, die sich mit zunehmender Höhe in Cumulonimbuswolken verwandeln. Wärmegewitter kündigen keinen Wetterumschwung an – am nächsten Morgen ist der Himmel meist wieder wolkenlos.

Frontgewitter

Im Gegensatz zu sommerlichen Wärmegewittern kündigen sich Frontgewitter erst kurz vor ihrem Beginn an und sind deshalb für Berggänger besonders gefährlich. Sie entstehen, wenn ein herannahendes Tiefdruckgebiet kalte Meeresluft gegen stark erwärmte kontinentale Luftmassen führt. Die Kaltfront schiebt sich mit einer Geschwindigkeit von bis zu 40 km/h bodennah vorwärts und zwingt die wärmere Luft zum raschen Aufsteigen. Als Folge davon bilden sich in kurzer Zeit Gewitterwolken, die zu heftigen Niederschlägen führen, begleitet von böenartigen Winden und einem Temperatursturz. Nach dem Gewitter kann der Regen längere Zeit anhalten und infolge des Temperatursturzes in Schnee übergehen, was unterwegs zusätzliche Gefahr bedeutet. Zuverlässigstes

Vorzeichen für ein Kaltfrontgewitter ist der starke und rasche Anstieg des Höhenmessers infolge des Druckabfalls. Der Wetterbericht kann heute vor einer herannahenden Kaltfront zuverlässig warnen, noch bevor sichtbare Zeichen am Himmel auftauchen.

Wärmegewitterwolke über dem Mont Durand (VS) im Abendlicht

Geheimnisvolle Wetterphänomene

Farbige oder leuchtende Gebilde am Himmel übten schon immer Faszination auf die Menschen aus. Oft erhielten die Himmelserscheinungen eine übersinnliche Deutung. Griechen und Römer kannten eine besondere Göttin der Morgenröte, und im Alten Testament dient der Regenbogen als Symbol des Bundes zwischen Gott und den Menschen.

Farbenspiel

Regenbogen

Wenn Sonnenstrahlen auf Regentröpfchen treffen, werden sie gebrochen und in die Spektralfarben zerlegt. Je grösser die Regentropfen sind, desto intensiver erscheinen die Farben des Regenbogens.

Entstehung eines Regenbogens

Damit ein Regenbogen für uns überhaupt sichtbar wird, muss der Einfallswinkel der Sonnenstrahlen flach sein. Vor uns muss eine Regenzone liegen, und die Sonne muss in unserem Rücken, nicht zu hoch über dem Horizont stehen. Dies ist im Sommer nur abends und morgens, im Winter aufgrund des tieferen Sonnenstands auch tagsüber der Fall.

Regenbogen bei Gewitter oberhalb Wiwannihütte (VS)

Alpenglühen

Abend- und Morgenrot

Je tiefer die Sonne über dem Horizont steht, desto länger wird der Weg der Sonnenstrahlen durch die Atmosphäre. Die blauviolette, kurzwellige Strahlung wird durch Streuung an Staubteilchen immer stärker herausgefiltert. Übrig bleibt der rot-orange Anteil des Sonnenlichts, welcher den Himmel manchmal romantisch, fast kitschig färbt und die Berge rot erglühen lässt. Abendrot gilt als Schönwetterzeichen, da herannahende feuchte Luftmassen und damit schlechtes Wetter durch die veränderte Streuung die rote Färbung ins Gräuliche verschieben.

Abendrot im Blüemlisalp-Gebiet (BE)

Kampf der Götter

Blitz und Donner

Die Kauerstellung mindert das Risiko eines tödlichen Blitzschlags.

Römer und Griechen hielten Blitz und Donner für Kampfwaffen der Götter. Heute kennt man die physikalischen Hintergründe recht genau. Blitze gleichen Ladungsunterschiede zwischen Wolke und Erde oder Wolke und Wolke aus. Die Ladungskonzentration ist an spitzen Gegenständen aus Metall oder auf Erhebungen in der Landschaft besonders hoch, was anziehend auf den Blitz wirkt. Deshalb ist es so gefährlich, während eines Gewitters auf offener Fläche oder gar auf einem Grat zu stehen oder metallene Gegenstände bei sich zu tragen. Gerät man in solchem Gelände in ein Unwetter, sollte man sich in Kauerstellung begeben, die Füsse eng beieinander und den Kopf geneigt.

Die physikalischen Vorgänge bei einem Blitz sind vergleichbar mit einer Explosion. Es werden starke Druckwellen erzeugt, welche wir als Donnergrollen wahrnehmen. Aus der Zeitspanne zwischen Blitz und Donner kann man die Entfernung des Gewitters berechnen: Drei Sekunden Differenz entsprechen etwa einem Kilometer.

Gewitter aus der Ferne

Wetterleuchten

Während der Dämmerung oder nachts kann man manchmal das Phänomen des Wetterleuchtens beobachten. Es handelt sich dabei um Gewitter, die sich in einer Entfernung bis zu 200 km befinden. Die einzelnen Blitzbahnen können auf diese Distanz nicht mehr wahrgenommen werden, und auch der Donner ist nicht zu hören. Es bleibt ein diffuses Aufleuchten des Horizontes.

Schönwetterboten

- Abendrot
- Sinkender Nebel
- Abnehmende Windstärke
- Einzelne Haufenwolken mit Auflösung gegen Abend
- In unregelmässige Teile aufreissende Wolkendecke
- Durchscheinende Schichtwolken
- Zu tiefe Höhenmesseranzeige

Schlechtwetterboten

- Morgenrot
- Steigender Nebel
- Zunehmende Windstärke
- Halo-Erscheinungen
- Cirruswolken aus westlicher Richtung
- Strukturlose Schichtwolken
- Zu hohe Höhenmesseranzeige

Schönwetterlagen

Föhn (instabil, Alpennordseite)
Nordföhn (instabil, Alpensüdseite)
Bise
Hochdruck

Schlechtwetterlagen

Warmfront
Kaltfront
Staulage

Verhaltensregeln zur Vermeidung wetterbedingter Unfälle

- Vor der Tour den Alpenwetterbericht konsultieren (Tel. 0900 55 21 38, www.meteoschweiz.ch)
- Bei Gefahr von nachmittäglichen Sommergewittern frühzeitige Rückkehr planen
- Regelmässig den Höhenmesser konsultieren, um einen Druckabfall rechtzeitig zu bemerken
- Wetterentwicklung unterwegs stets aufmerksam beobachten und bei Anzeichen von Wetterumschwung (siehe oben) umkehren
- Bei unsicherer Witterung Touren mit Abkürz- oder Umkehrmöglichkeiten planen
- Gruppengrösse sowie körperliche Verfassung und Bergerfahrung der Begleiter in die Planung einbeziehen

3000 km in einem Tag

Morgens durch Rebberge wandern, mittags an der Waldgrenze rasten und Heidelbeeren zum Dessert pflücken, nachmittags durch immer karger werdende Weiden und Rasen an Höhe gewinnen, abends dann in einer Hütte mit Blick auf fast vegetationslose Schutthalden und Schneefelder den Sonnenuntergang geniessen: Solch grosse, klimatisch bedingte Vegetationswechsel sind in den Alpen innerhalb weniger Wegstunden erlebbar. Dies ist aber nur bei Überwindung grosser Höhenunterschiede möglich. In der Ebene bleibend, müsste man für eine ähnlich spektakuläre Vegetationsänderung über 3000 km vom Mittelmeer bis nach Nordskandinavien reisen!

Mit zunehmender Höhe ändert sich die Vegetation.

Wiederholung in Varianten

Vegetationszonen

Die klimatischen Bedingungen nehmen auf das Gefüge der Pflanzen- und Tiergemeinschaften entscheidend Einfluss (S. 80 ff.). Da das Klima stark von der Höhe abhängt, findet man alpenweit eine vergleichbare Zonierung der Vegetation. Gut sichtbar sind die Waldgrenze und die Grenze des ewigen Schnees. In der Botanik sind die Bezeichnungen kollin (-600 m), montan (600–1200 m), subalpin (1200–1800 m), alpin (1800–3000 m) und nival (über 3000 m) für die Höhenstufen üblich (Abb. S. 108). Bedingt durch kleinräumige klimatische Unterschiede gibt es je nach Standort kleinere oder grössere Abweichungen von der vereinfachten Stufeneinteilung, wie folgende Beispiele zeigen:

- In den inneren Zentralalpen und den Westalpen liegt die Waldgrenze 300–500 m höher als in den nördlichen Randalpen und den Ostalpen (z.B. Glarneralpen ca. 1800 m, Wallis und Engadin ca. 2300 m).
- Die Grenzen zwischen den einzelnen Höhenstufen sind meist nicht scharf, sondern durch Übergangszonen geprägt (z.B. einzelne Baumgruppen oberhalb der Waldgrenze).
- Auch innerhalb einzelner Zonen kann es auf Grund der Topografie ganz unterschiedliche Standorte geben. So kann sich die Vegetation in Muldenlagen sehr deutlich von derjenigen auf Kuppen unterscheiden (S. 127).
- Durch die landwirtschaftliche Nutzung hat der Mensch die Landschaft seit Jahrhunderten beeinflusst und so teilweise natürliche Vegetationsgrenzen verschoben (z.B. Wiesen und Weiden, wo sonst Wald wachsen würde (S. 137 f.)).

Die folgenden Kapitel stellen die wichtigsten Eigenheiten und Elemente der verschiedenen Höhenstufen vor. Die Reise beginnt im Reich der unwirtlichen Berggipfel, wo nur speziell angepasste Tiere und Pflanzen sowie ab und zu Alpinistinnen und Kletterer anzutreffen sind. Sie endet unten im Tal, wo der Mensch mit seiner Landwirtschaft und der modernen Infrastruktur die Natur massgeblich mitgestaltet hat.

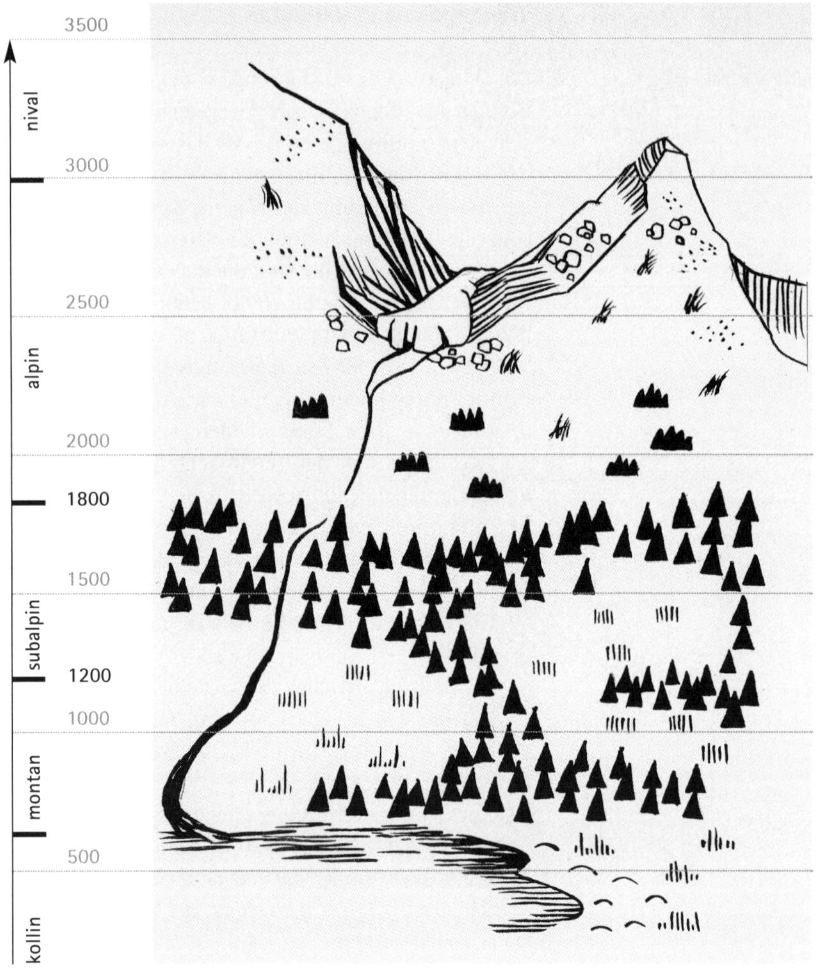

Typische Höhenverteilung verschiedener alpiner Lebensräume

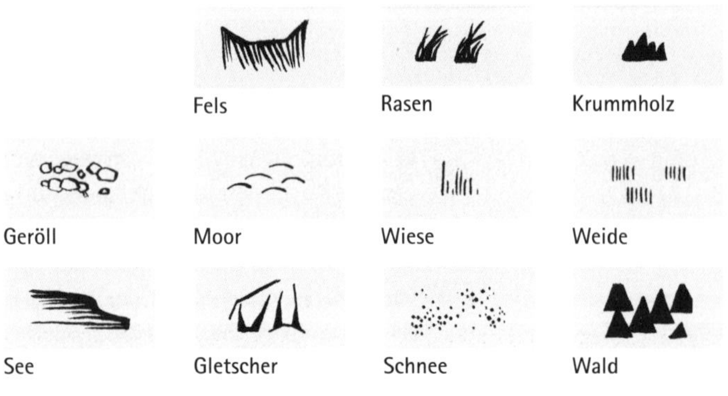

Schnee und Eis

Reise in die Vergangenheit

Schneelandschaft
im Jungfraugebiet (BE)

Die Grenze des ewigen Schnees liegt in den Alpen auf etwa 3000 m. Wer als Mensch die Landschaft aus Schnee und Eis betreten will, braucht alpinistische Erfahrung und eine geeignete Ausrüstung. Einige Pflanzen und Tiere haben sich so gut an die Verhältnisse in eisigen Höhen angepasst, dass sie hier ihre bevorzugten Lebensbedingungen finden. Viele Lebewesen im Reich des ewigen Schnees sind mit Arten der frühen Erdgeschichte verwandt. Algen und Moose sowie verschiedene Einzeller (Abb. S. 110) gehörten zu den ersten Bewohnern der Erde. Sie fanden damals überall ähnlich unwirtliche Lebensbedingungen vor wie heute in den obersten Regionen der Alpen. Eine Bergtour gleicht so einer Reise in die Vergangenheit zu erdgeschichtlich uralten Tier- und Pflanzenarten.

Farbiger Schnee

Einzeller

Wenn Schnee in Mulden oder auf Gletschern lange liegen bleibt, verfärbt sich seine Oberfläche manchmal fleckenweise grünlich oder rötlich. Als Ursache dieser Verfärbung erkennen wir unter dem Mikroskop Algen oder Geisseltierchen (Abb. S. 110), die sich im Sommer bei günstigen Bedingungen massenhaft vermehren.
Zu jeder Jahreszeit treten ab und zu regelmässige gelblich-braune Schneeverfärbungen auf – eingewehter Saharastaub. Schwärzliche Verfärbungen können durch Staub- und Russteilchen, aber auch durch Gletscherflöhe (❖ S. 110) verursacht werden.

Grimselgebiet mit Galenstock:
«Blutschnee», verursacht durch Algen

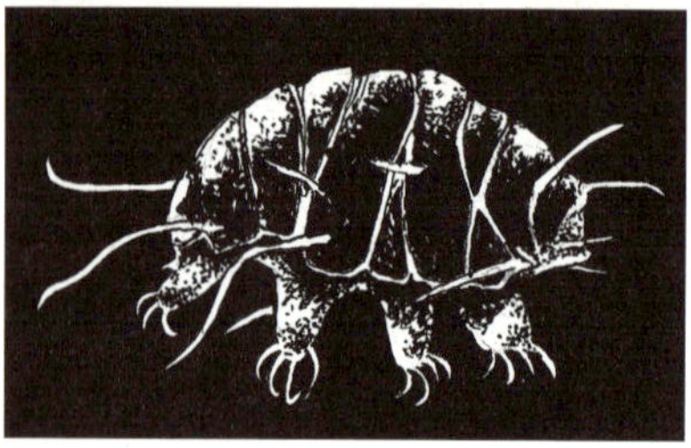

Bärtierchen ≈ 0,8 mm

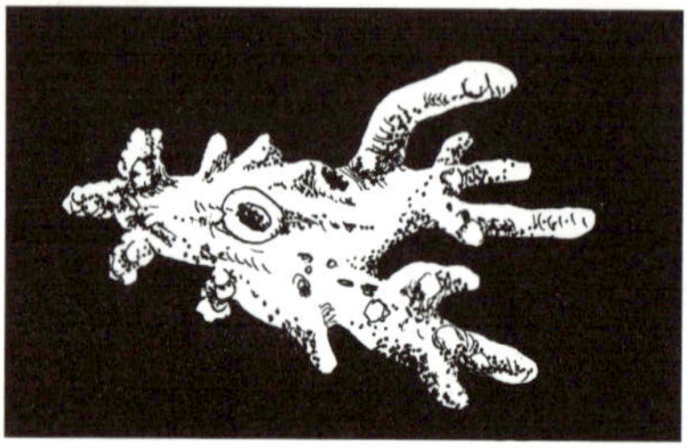

Amöbe ≈ 1mm

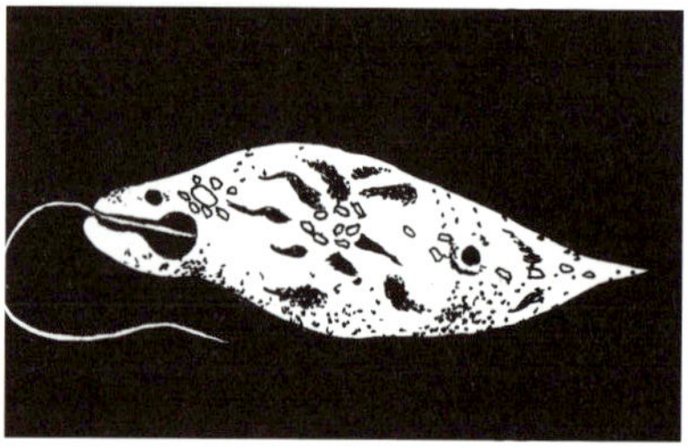

Geisseltierchen ≈ 0,06 mm

Bärtierchen und Amöben sehen wir mit blossem Auge höchstens als dunkle Punkte. Geisseltierchen oder die Alge Chlamydomonas nivalis erzeugen den roten «Blutschnee» (Abb. S. 109).

Gletscherfloh (Isotoma Saltans)

Lebensraum: Schmelzwasserrinnen auf Gletscher und Firnschnee

Nahrung: Pollenkörner, Algen, tote Tiere und Pflanzen

Besonderheiten: wurde erstmals im 17. Jh. beschrieben und Schneewurm genannt

Weitspringer

Gletscherfloh ca. 20-mal vergrössert.

Beim Gletscherfloh handelt es sich zoologisch gesehen nicht um einen Floh, sondern um ein flügelloses, ca. 2 mm grosses Insekt aus der Familie der Springschwänze. Am wohlsten fühlt er sich bei Temperaturen um 0 °C, bei über 12 °C schwebt er in Todesgefahr. Eine Springgabel am Körperende ermöglicht ihm erstaunlich weite Sprünge. Transportiert der Wind reichlich Pollenkörner herbei, leben die Gletscherflöhe wie im Schlaraffenland. Dann kann es vorkommen, dass sie sich massenhaft vermehren und den Schnee schwärzlich verfärben. Ansonsten findet man sie vor allem in Schmelzwasserlöchern. Im Winter verfallen die Gletscherflöhe in einen Starrezustand und halten so Temperaturen bis weit unter den Gefrierpunkt (bis –40 °C) aus.

Der zweiblütige Steinbrech gilt als Höhenrekordhalter.

Höhenrekorde

Blütenpflanzen

Die Zahl der über 3000 m steigenden Blütenpflanzen ist in den Alpen mit über zweihundert noch erstaunlich gross. Oberhalb von 4000 m reduziert sich die Zahl auf weniger als zehn (siehe Kästchen). Als Höhenrekordhalter gilt der Zweiblütige Steinbrech (SAXIFRAGA BIFLORA), der am Südgrat des Doms (VS) in 4450 m Höhe gefunden wurde. In so grosser Höhe ist das Überleben trotz guter Anpassung nur an geschützten Stellen, wie zum Beispiel in Felsnischen oder Muldenlagen, möglich.

Pflanzen-Vertreter oberhalb 4000 m

- Gletscher-Hahnenfuss (RANUNCULUS GLACIALIS) (❖ unten)
- Zwerg-Schafgarbe (ACHILLEA NANA)
- Alpen-Mannsschild (ANDROSACE ALPINA)
- Kurzblättriger Enzian (GENTIANA BRACHYPHYLLA)
- Rauher und Moosartiger Steinbrech (SAXIFRAGA ASPERA, S. BRYOIDES)

Gletscher-Hahnenfuss (RANUNCULUS GLACIALIS)

Grösse: 5–20 cm
Standort: oberhalb 2300 m, kalkarmer Gesteinsschutt, Moränen, Felsspalten
Blüte: weiss, oft auch rötlich, Juli–August

Dreijahres-Plan

Der höchste bekannte Standort des Gletscher-Hahnenfuss liegt auf etwa 4200 m in der Nähe des Finsteraarhorn-Gipfels. Die Pflanze legt ihre Blütenknospen schon 1–2 Jahre im voraus an. Die nur 30- bis 70-tägige Vegetationszeit macht diese mehrjährige Vorausplanung nötig. Im Notfall kann der Gletscher-Hahnenfuss drei Jahre lang unter der Schneedecke ausharren, ohne dabei Schaden zu nehmen.

links:
Der Gletscher-Hahnenfuss mit seinen unverwechselbaren rötlich-weissen Blüten

rechts:
Auf Kalkgestein besetzt der weisse Alpen-Hahnenfuss denselben Lebensraum.

Höhenhunger

Tiere

Säugetiere und Vögel leben nicht das ganze Jahr so weit oben. Nur im Sommer wagen sich einzelne Arten wie Rotfuchs, Schneehase und Schneehuhn (❖ S. 148, 114, 115) weit über die Waldgrenze hinaus und suchen zwischen den Schneefeldern nach Nahrung. Dafür gibt es unter den wirbellosen Tieren (Insekten, Spinnen usw.) alpenweit etwa 500 Arten, die ausschliesslich oberhalb der Ewigschnee-Grenze vorkommen.

Sonnenschutz ist lebenswichtig

UV-Strahlung

Je höher man auf einer Bergtour steigt, desto stärker wird die Sonneneinstrahlung. Auch ohne Ozonloch (❖S. 113 f.) ist die UV-Strahlung auf den Gletschern so intensiv, dass man sich mit Hut, Brille und Crème schützen muss, will man Sonnenbrand und Augenschäden vermeiden.

Pflanzen und Tiere können sich nicht auf diese Art und Weise schützen. Sie haben aber im Verlaufe der Jahrtausende raffinierte Schutzmechanismen entwickelt (S. 88 f.). Erhöht sich in Folge des Ozonlochs die Strahlungsintensität weiter, muss man befürchten, dass die natürlichen Schutzvorrichtungen teilweise überfordert werden und dass es zu Wachstumseinbussen oder gar zu Missbildungen kommt.

Ozonloch

Das Loch, das keines ist

Die Sonne schickt Strahlen von unterschiedlicher Wellenlänge auf die Erde. Die ultravioletten Strahlen *(UV-Strahlen)* sind die energiereichsten und können Stoffwechselprozesse bei Pflanze, Tier und Mensch empfindlich stören. Das *Ozon*, ein Molekül aus drei Sauerstoffatomen statt der üblichen zwei, schützt uns vor diesen negativen Auswirkungen des Sonnenlichts, indem es UV-Strahlen absorbiert und so unschädlich macht. Seit einigen Jahren weiss man, dass die Ozonschicht allgemein dünner wird und über den beiden Polen zeitweise fast fehlt. Man spricht vom Ozonloch. Natürlich handelt es sich dabei nicht einfach um ein Luftloch in der Atmosphäre, sondern um Orte mit abnormal geringer Ozonkonzentration in den obersten Atmosphärenschichten.

Die hoch gelegenen Gebiete des Alpenraums sind auch unter normalen Bedingungen bereits starker Strahlung ausgesetzt. Eine zusätzliche Erhöhung der Intensität hat deshalb besonders gravierende Folgen.

Der Mensch ist Hauptverursacher des Ozonlochs. Vor allem die *FCKWs*, welche unter anderem für Spraydosen, Lackfarben und Kühlschränke verwendet wurden, führen zu einem massiven Ozonabbau in der Atmosphäre.

Die schützende Ozonschicht befindet sich in einer Höhe von etwa 30 km.

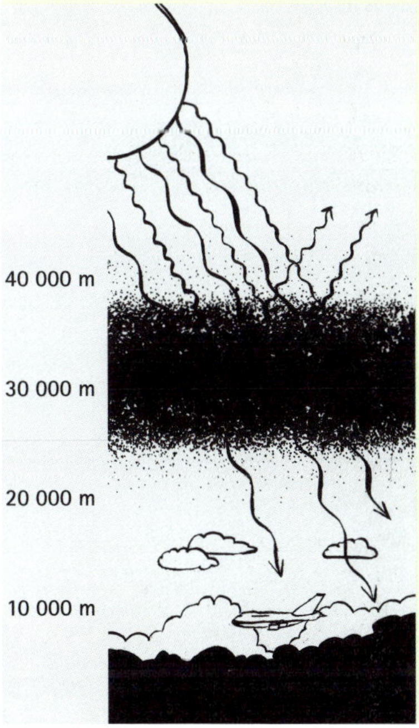

Oben zu wenig – unten zu viel!

Paradoxerweise haben in den letzten Jahren aber auch zu hohe Ozonkonzentrationen an sonnigen Sommertagen Diskussionen ausgelöst. Dieser so genannte Ozonsmog steht in keinem Zusammenhang mit dem Ozonloch. Das bodennahe Ozon entsteht aus Verbrennungsabgasen (Verkehr, Industrie), wenn diese unter starker Sonnenstrahlung mit Sauerstoff reagieren. Auch verkehrs- und industriereiche Alpentäler sind vom Ozonsmog betroffen.

Der Schneehase (Lagopus Timidus)

Lebensraum:	offene Flächen oberhalb der Waldgrenze, im Winter auch lichte Wälder
Nahrung:	Kräuter, Gräser, Knospen, im Winter auch Baumrinde und Wurzeln
Fortpflanzung:	erste Paarung März/April, Tragzeit 7 Wochen, 1–3 Würfe, 2–4 Junge pro Wurf
Besonderheiten:	nachtaktiv; weisses Winterfell, graubraunes Frühlingsfell, rotbraunes Sommerfell

Noch sind Reste des Sommerfells sichtbar.

Bakterien als Helfer

Zwei Besonderheiten helfen dem Schneehasen, die schwerverdauliche Pflanzenkost möglichst gut in Energie umzusetzen. Er verwertet seine Nahrung doppelt, indem er die Kotbällchen aus dem ersten Verdauungsdurchgang direkt wieder aufnimmt und ein zweites Mal verdaut. Spezialisierte Darmbakterien helfen ihm zudem bei der Zerlegung der Pflanzenfasern.

Zum Alleinsein geboren

Die Hasenjungen sind Nestflüchter. Sie besitzen bei der Geburt bereits ein Fell, können sofort sehen und sich selbstständig fortbewegen. Jedes Junge erhält schon bald von der Mutter einen bestimmten Platz im Revier zugewiesen, von wo es allein die Umgebung erkundet. Drei Wochen lang besucht die Mutter ihre verstreuten Nachkommen in regelmässigen Abständen, um sie zu stillen. So werden die Kleinen zu Einzelgängern erzogen.

Doppelte Schwangerschaft

Zahlreiche Feinde wie Fuchs, Raubvögel und Mensch sowie Krankheiten und harte Lebensbedingungen führen zu hohen Sterberaten unter den jungen Schneehasen. Um das Überleben der Art sicherzustellen, hat sich die Natur etwas Einmaliges einfallen lassen. Schon ein paar Tage bevor im Frühsommer die ersten Jungen zur Welt kommen, findet eine erneute Paarung statt. Die Häsin ist dann «doppelt schwanger», was als Superfötation bezeichnet wird. So sind trotz des kurzen Bergsommers mehrere Geburten pro Jahr möglich.

Das Schneehuhn (Lagopus Mutus)

Lebensraum:	oberhalb der Waldgrenze bis 2800 m, auf vegetationsarmen Flächen
Nahrung:	Knospen, Blätter, Beeren; pro Tag etwa 100 g
Fortpflanzung:	Paarung im Frühling, Eiablage im Juni, Junge schlüpfen im Juli
Besonderheiten:	Winterkleid weiss, Sommerkleid braun gesprenkelt

Alpenschneehuhn im Winterkleid

Biwakierende Hühner

Ob die Alpinisten die Biwaktechnik wohl dem Schneehuhn abgeschaut haben? Schneehühner verkriechen sich nämlich im Winter zum Schlafen in Schneehöhlen und nützen so die Isolationswirkung der Schneedecke aus.

Schneehuhn-Biwak, Innentemperatur stets um 0 °C

Werden sie häufig in ihrer Ruhe gestört und zum Bau neuer Biwaks gezwungen, führt dies zu grossen Energieverlusten. Diese sollte man bei der Routenwahl auf Skitouren und Schneeschuh-Wanderungen bedenken. Schlimm kann ein überraschender Wärmeeinbruch enden: Wenn die oberste Schneeschicht viel Wasser enthält und über Nacht gefriert, wird das Biwak unter Umständen zum Gefängnis.

Erfinder des Schneeschuhlaufens

Die befiederten Füsse des Schneehuhns, welche einerseits vor Kälte schützen, andererseits die Oberfläche vergrössern und so das Einsinken im Schnee verhindern, nutzen das gleiche Prinzip wie der Schneeschuh. Die Fussfedern des Winterkleides sind dementsprechend länger und dichter als diejenigen des Sommerkleides. Dieselbe Taktik wenden auch Birk- und Auerwild an.

Im Frühling

Wo Stein ist, ist auch Leben

Moräne des Furgg-Gletschers bei Zermatt (VS)

Beim Klettern in senkrechten Felswänden oder beim Wandern durch Schutthalden und Gletschervorfelder bewegt man sich oft in einer steingrauen Welt. Bei genauerem Hinsehen entpuppen sich diese grauen Wüsten jedoch als mosaikartige Gebilde mit vielen Farbflecken. Flechten und Polster bildende Blütenpflanzen (❖ S. 119) sind typische Vertreter dieser bunten Felsbesiedler. Bekannte Tierarten wie Steinadler, Alpendohle und Steinbock (❖ S. 133) fühlen sich im steinigen Umfeld ausgesprochen wohl. Unscheinbar, aber bei gezielter Suche sehr zahlreich finden sich wirbellose Tiere wie Spinnen und Insekten, meist versteckt in Felsritzen oder zwischen Steinblöcken.

Senkrechtstarter

Felswände

Senkrechte Felswände sind Extremstandorte. Das Leben hier bietet Wechselbäder in verschiedener Hinsicht: Sonneneinstrahlung, Temperatur, Luftdruck und Wind schwanken stark gemäss der Tages- oder Jahreszeit und je nach Wetterlage. Zudem gibt es kaum frei verfügbare Nährstoffe wie in einer Humusdecke.
Tiere haben den Vorteil, dass sie sich fortbewegen können: Kleine Tiere ziehen sich bei Bedarf in Spalten zurück, Pflanzenfresser suchen ihre Nahrung in Grasbändern zwischen den Felsen. Pflanzen hingegen müssen zwangsläufig mit den klimatischen Extrembedingungen des Standorts fertig werden. Nur wenige Spezialisten wie Algen, Flechten, Moose und Polsterpflanzen können sich mit Hilfe raffinierter Tricks in der Steinwüste halten. Felsvorsprünge und Nischen bieten Brutplätze für Adler, Alpendohle (❖ S. 124) und Turmfalken.
Es gibt Algen, die sich bevorzugt dort ansiedeln, wo bei feuchter Witterung Wasser über das Gestein rinnt,

Schwarze Tintenstriche auf hellem Kalkfels (Kiental, BE)

also unterhalb von kleinen Klüften und Rissen. Dort entstehen Algenteppiche von bis zu mehreren Metern Breite, die so genannten Tintenstriche. Sowohl auf Kalk als auch auf *Silikat* können sie wegen ihrer glitschigen Oberfläche beim Bergsteigen gefährlich werden.

Häufige Pflanzen in Felswänden

auf Kalk:

- Schweizer Mannsschild (Androsace Helvetica) (Abb. S. 87)
- Flühblümchen (Primula Auricula)

auf Silikat:

- Vandellis Mannsschild (Androsace Vandelli)
- Rote Felsen-Primel (Primula Hirsuta)

Polsternelken (Silene Exscapa / Silene Acaulis)

Grösse:	1–3cm hoch, Polster bildend
Standort:	Steinige Rasen, Grate
Blüte:	Juni–August, purpurrot

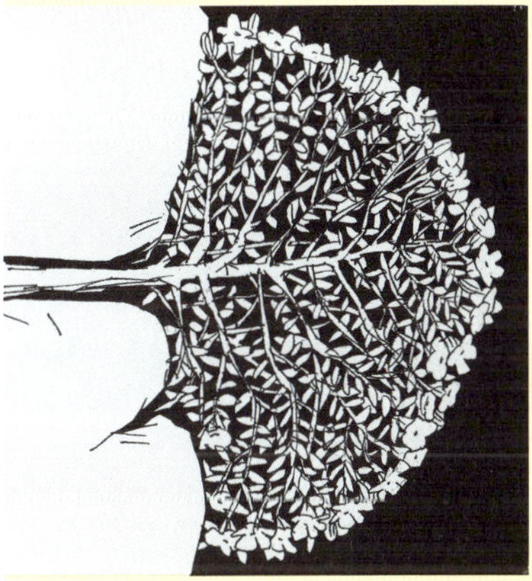

Querschnitt durch ein Nelkenpolster

Kugelschutz

Die kugelförmige Gestalt der Polsternelken bietet idealen Schutz vor Trockenheit und Temperaturschwankungen. Durch das günstige Verhältnis von Oberfläche zu Volumen wird die Verdunstung und damit der Wasserverlust klein gehalten. Gleichzeitig schützt das dichte Blätterdach die kälteempfindlichen Wurzeln vor dem Erfrieren.

Polsterpflanzen betreiben ein geradezu vorbildliches Recycling: Im Innern des Polsters werden die eigenen alten Blätter zersetzt. Dabei werden Nährstoffe frei, die für das weitere Wachstum verwendet werden können.

Viele Gebirgspflanzen bilden je nach Gesteinsunterlage verschiedene Merkmale aus und werden demzufolge von der Wissenschaft als eigene Arten beschrieben. Bei den Polsternelken unterscheidet man die Kalk-Polsternelke (Silene Acaulis, auf Kalk) und die Kiesel-Polsternelke (Silene Exscapa, auf Silikat) .

Nelkenpolster bieten auch Nährboden für andere Pflanzen wie hier Borstgras und Moosartiger Steinbrech.

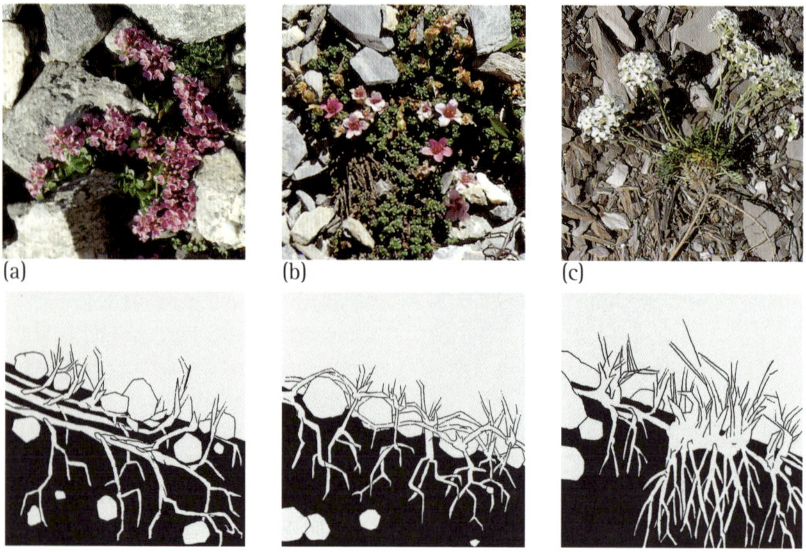

Drei unterschiedliche Taktiken im Kampf um festen Boden: Das Täschelkraut (THLASPI REPENS) wandert (a), der Steinbrech (SAXIFRAGA OPPOSITIFOLIA) kriecht (b), die Alpen-Gemskresse (PRITZELAGO ALPINA) staut (c).

Kein fester Boden unter den Füssen

Schutthalden entstehen als Folge von Verwitterungsprozessen (S. 52 f.). Durch *Frostsprengung* lösen sich Steinbrocken aus Felswänden und sammeln sich an deren Fuss an. Im Laufe der Jahrtausende bilden sich grosse Schutthalden, welche instabil und stets in langsamer Bewegung sind. Wenn eine Pflanze hier überleben will, muss sie spezielle Verankerungsmethoden einsetzen, um nicht von kriechendem Schutt überrollt und begraben zu werden. Dazu gibt es verschiedene Taktiken:

Schutthalden

Die Schuttwanderer (Abb. a) geraten ab und zu unter das Geröll und bilden bei Bedarf lange Triebe, die wieder an die Oberfläche gelangen. Die Schuttüberkriecher (Abb. b) lassen es gar nicht erst so weit kommen. Mit ihren oberirdischen Trieben bedecken sie den Schutt und werden wie kleine Schiffchen mitverfrachtet. Die Schuttstauer (Abb. c) bilden Rosetten oder feste Horste und stemmen sich so den Geröllbewegungen entgegen.

Falls die Schutthalde nur wenig Feinmaterial enthält, sind die Lebensbedingungen zusätzlich durch Trockenheit (S. 86) erschwert, da Niederschläge durch das lockere Geröll rasch abfliessen.

Häufige Pflanzen in Schutthalden

auf Kalk:

- Rundblättriges Täschelkraut (THLASPI REPENS)
- Breitblättriges Hornkraut (CERASTIUM LATIFOLIUM)
- Alpen-Leinkraut (LINARIA ALPINA)

auf Silikat:

- Gletscher-Hahnenfuss (RANUNCULUS GLACIALIS)
- Einblütiges Hornkraut (CERASTIUM UUNIFLORUM)
- Moosartiger Steinbrech (SAXIFRAGA BRYOIDES)

Hat die Klimaerwärmung auch positive Folgen?

Gletschervorfelder

Seit dem Ende der kleinen Eiszeit um 1850 ist die durchschnittliche Jahrestemperatur in Mitteleuropa um 0,6 °C gestiegen. Diese vermeintlich unbedeutende Differenz reicht bereits, um die Gletscher alpenweit schrumpfen zu lassen: ein bedrohliches Zeichen für globale Umweltveränderungen.

Aus Sicht der Natur gibt es aber auch positive Aspekte hinter dieser Entwicklung. Durch das Schwinden der Gletscher bilden sich neue Gletschervorfelder, schon bestehende nehmen an Fläche zu.

Gletschervorfelder unterstehen als wertvolle und artenreiche Lebensräume einer charakteristischen Dynamik, die von der schwankenden Wasserführung des Gletscherbachs geprägt ist. Die Abflussspitzen im Frühsommer führen oft zu einer völligen Umgestaltung des gewundenen Flusslaufs und der zahlreichen Kiesbänke. Auf diese Weise wird die Sukzession (✤ S. 122) stets aufs neue unterbrochen, und die Erstbesiedler unter den Pflanzen, die normalerweise bald von anderen Arten verdrängt werden, können sich dauerhaft ansiedeln.

Im Rahmen des Projekts IGLES (= Inventar der Gletschervorfelder und alpinen Schwemmebenen) wurden im Auftrag des Bundes alle Gletschervorfelder detailliert beschrieben. Als Ergebnis dieser Untersuchungen wurden etwa 50 Gletschervorfelder als Objekte von nationaler Bedeutung vorgeschlagen. Sie sollen unter umfassenden Schutz gestellt werden (S. 258 f.).

Das Gletschervorfeld im Bächlital (Grimselgebiet, BE) gehört zu den besonders schützenswerten Objekten.

Häufige Pflanze alpiner Schwemmebenen

- Fleischers Weidenröschen (EPILOBIUM FLEISCHERI)

Sukzession

Bestand hat nur der Wandel

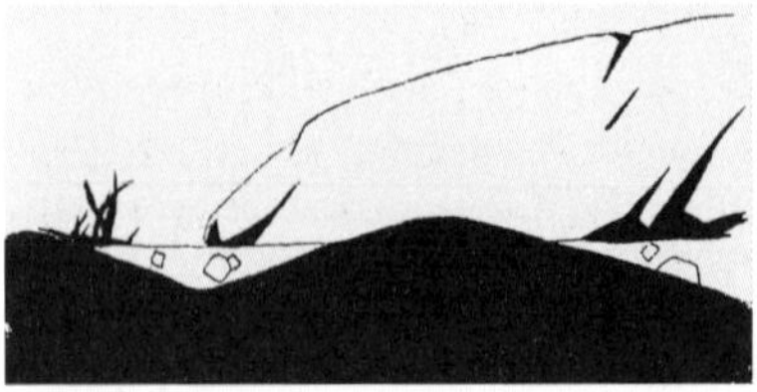
(1)

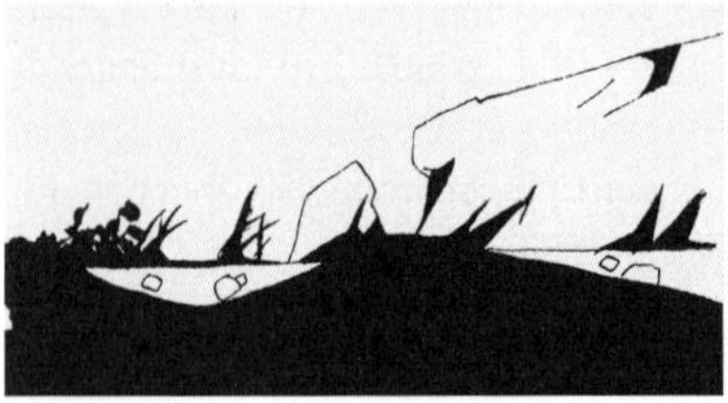
(2)

(3)

(4)

Was passiert, wenn nach dem Gletscherrückzug plötzlich neuer Lebensraum entsteht? Moose und spezialisierte Blütenpflanzen siedeln sich auf dem Moränenmaterial an. Sie sind die Pioniere bei der Rückeroberung der Steinwüste durch die Pflanzen (1).

Wenn diese *Pionierpflanzen* absterben, entsteht durch Zersetzung nach und nach Humuserde. *Humus* enthält sehr viele Nährstoffe, die von den Pflanzen leicht aufgenommen werden können. Nun bekommen auch weniger raffinierte Überlebenskünstler unter den Pflanzen eine Chance, den neuen Lebensraum zu besiedeln (2).

Es dauert etwa 50–100 Jahre, bis sich schliesslich erste verholzende Strauchpflanzen, wie z.B. Alpenrose oder Heidelbeere, ansiedeln können (3). Auch einzelne Baumarten wie Lärche und Arve beginnen Fuss zu fassen. Bis jedoch ein waldähnlicher Lebensraum entsteht, dauert es mehrere hundert Jahre (4). Diese Entwicklung von der ersten Besiedlung bis zum Wald nennt man Sukzession. Nicht immer durchläuft der Sukzessionsprozess ungestört alle Stadien, denn bei einem Gletschervorstoss müssen die Pflanzen dem Eis weichen. Wird es nach Jahrzehnten oder Jahrhunderten wieder wärmer, beginnt die Sukzession von neuem. Dieser stete Wandel der Lebensbedingungen gehört zu den grundlegenden Eigenschaften von natürlichen Lebensräumen.

Kosmopoliten

In der Schweiz kennt man ungefähr 1500 Flechtenarten, die sich oft nur mit dem Mikroskop eindeutig unterscheiden lassen. Grob gesagt existieren drei Flechtentypen: Während die Bartflechten (S. 179) häufig im Wald oder auf Kuppen anzutreffen sind, besiedeln Krusten- und Blattflechten nebst Bäumen auch nackte Felsen. Kenner können aufgrund der vorkommenden Flechtenarten sagen, ob es sich um *saures* oder *basisches* Untergrundgestein handelt. Flechten können ohne Humus wachsen, ertragen Temperaturunterschiede von +70 °C bis –50 °C und nehmen auch bei längeren Trockenperioden keinen Schaden. Bartflechten wachsen immerhin bis zu 2 cm pro Jahr, während sich Landkartenflechten nur etwa 4 mm pro 100 Jahre ausbreiten.

Gelb-schwarze Landkartenflechte (RHIZOCARPON GEOGRAPHICUM) inmitten anderer Krustenflechten auf Silikat

Blattflechten

Orangerote und hellgraue Flechtenarten sind typisch für Kalkfelsen.

Partner auf Zeit

Symbiose

Die Flechte ist ein Doppelwesen aus Alge und Pilz. Eine solche Lebensgemeinschaft, von der beide Partner profitieren, nennt man Symbiose. Die Alge liefert dank ihrer Fähigkeit zur *Fotosynthese* Energie in Form von Zucker, der Pilz bildet eine Schutzhülle gegen Austrocknung und intensive Strahlung. Ebenfalls versorgt er die Alge mit Wasser, das er in Form von Dampf direkt aus der Luft aufnimmt. Der Pilz scheidet Säuren aus und löst dadurch Mineralsalze aus dem Gesteinsuntergrund. Alge oder Pilz könnten als Einzelwesen in einer solch unwirtlichen Umgebung nicht überleben. Sobald aber die Verhältnisse besser werden, kann es vorkommen, dass die Lebensgemeinschaft aufgelöst wird. Alge und Pilz sind Partner auf Zeit, wobei das Bündnis durchaus Hunderte von Jahren dauern kann – gewisse Flechten haben vermutlich ein Alter, das auf das Ende der letzten Eiszeit vor 10 000 Jahren zurückgeht!

Die Alpendohle (Pyrrocorax Graculus)

Lebensraum: im ganzen Alpenraum, mehrheitlich in felsigen Gegenden oberhalb der Waldgrenze

Nahrung: Insekten, Spinnen, Würmer, Beeren, Abfälle, Picknick-Reste

Fortpflanzung: Leben in Kolonien, Paare bleiben sich treu, 3–5 Eier im Mai, beide Eltern beteiligen sich an der Jungenaufzucht

Besonderheiten: rote Füsse, gelber Schnabel

Willkommener Abfall

Alpendohlen sind sehr anpassungsfähig und haben gelernt, von menschlichen Abfällen zu leben. Dabei überwinden sie ihre natürliche Scheu und wagen sich oftmals bis auf wenige Meter an einen Rastplatz heran. Mit der Zunahme des Tourismus hat auch die Zahl der Alpendohlen stark zugenommen. Ähnlich wie Amsel und Fuchs profitieren die Alpendohlen von der Anwesenheit des Menschen – im Winter führt ihre Nahrungssuche bis in die Dörfer.

Zutraulich und clever

Der Steinadler (Aquila Chrysaetos)

Lebensraum:	grosse Jagdreviere (ca. 100 km^2) zwischen 600–3000 m , Nest in Felsnischen oder auf Nadelbäumen
Nahrung:	Murmeltiere, Schneehasen, Hühnervögel, junges Schalenwild, Mäuse, Kadaver
Fortpflanzung:	Paarung im Januar/Februar, 1–2 Junge schlüpfen im Mai und fliegen im Juli erstmals aus
Besonderheiten:	Gibt nur sehr selten Laute von sich, erreicht im Sturzflug bis 300 km/h, war in der Schweiz fast ausgerottet, seit 1955 unter Schutz, seither Bestandeszunahme, heute ca. 250 Paare und fast alle Reviere besetzt

Steinadler im Flug

König der Lüfte

Die Flügelspannweite des Steinadlers beträgt bis zu 2,30 m. Ausgewachsene Steinadler bleiben Revier und Partner lebenslang treu und ziehen jährlich gemeinsam ihre Jungen auf. Diese werden von den Eltern so gut umsorgt, dass sie vor dem ersten Flug ein paar Tage fasten müssen, um ihre Fettpolster zu verlieren. Ist der Hunger dann genügend gross, locken die Eltern sie mit Hilfe von Nahrung aus dem Horst.

Scharfer Blick

Steinadler sehen drei bis sechs Mal schärfer als wir. Ihr «Adlerblick» ermöglicht ihnen das Erspähen von Beutetieren aus grosser Distanz. Ihre Augen sind denn auch grösser als unsere und nehmen mehr Platz ein als ihr Gehirn.

Vergleich der Flugsilhouette von Steinadler (links) und Mäusebussard (rechts)

Girenspitz, Alpstein (SG)

Alpine Rasen

Farbwechsel

Unterhalb von 3000 m verdrängt das Grün allmählich die Grau- und Weisstöne der höheren Regionen. Im Bergsommer leuchten am Wegrand Blüten in allen Farben und die Luft füllt sich mit Schmetterlingen, Hummeln und anderen Insekten. Infolge der höheren Durchschnittstemperaturen tauen die Permafrostböden (✤ S. 136) im Sommer oberflächlich auf, was das Entstehen von zusammenhängenden Rasenflächen erlaubt. Je nach Standort unterscheidet sich die Artenzusammensetzung der alpinen Rasen. Diese Unterschiede kommen durch Klima- und Bodeneinflüsse zustande, wobei Wind, Feuchtigkeit und Gesteinsuntergrund die stärksten Auswirkungen haben. An wenig windexponierten Stellen wechseln sich je nach Bodenverhältnissen verschiedene Rasengesellschaften ab. Auf Kalk findet man oft Rostseggen- und Blaugrasrasen (S. 130 f.), auf *Silikat* hingegen Borstgras- und Krummseggenrasen (S. 129 f.). Vom Relief abhängige Spezialstandorte sind Schneetälchen und Kuppen. Im Sommer werden die alpinen Rasen oft als Schafweide genutzt (S. 135). Auch Wildtieren wie Gämse und Steinbock (❖ S. 133 f.) bieten sie reichlich Nahrung.

Alpen-Insel

In der letzten Eiszeit glich das Klima weiter Gebiete der Schweiz dem der heutigen Tundra-Steppen in Skandinavien und Sibirien. Mit dem Anstieg der Temperatur breitete sich der Wald aus und würde heute ohne menschlichen Einfluss den grössten Teil der Schweiz bedecken. Nur die alpinen Rasen oberhalb der Waldgrenze blieben baumlos und bieten so auch heute den ursprünglichen Steppenbewohnern wie Murmeltieren, Gämsen, Schneehasen sowie Schnee- und Birkhühnern ideale Lebensbedingungen. Für diese Tiere sind die Alpen mit einer Insel vergleichbar, von welcher sie nicht abwandern können, da ringsherum das Klima für ihre Bedürfnisse ungünstig ist. Für ihr Überleben bleiben sie somit auf die Erhaltung des Lebensraums Alpen angewiesen.

Im Schutze des Schnees

Schneetälchen

In der Zone der alpinen Rasen halten weder Wald noch Gebüsch den Wind auf. Im Winter sammelt sich der Schnee in Muldenlagen durch Windverfrachtung oft meterhoch. Um so länger dauert es im Frühling, bis der Schnee dort wegschmilzt. In diesen Mulden, den so genannten Schneetälchen, ist immer genügend Feuchtigkeit vorhanden und die Schneedecke schützt im Winter vor Frost. Wir finden hier eine charakteristische Vegetation mit verschiedenen Moosen, Spalierweiden und Soldanellen.

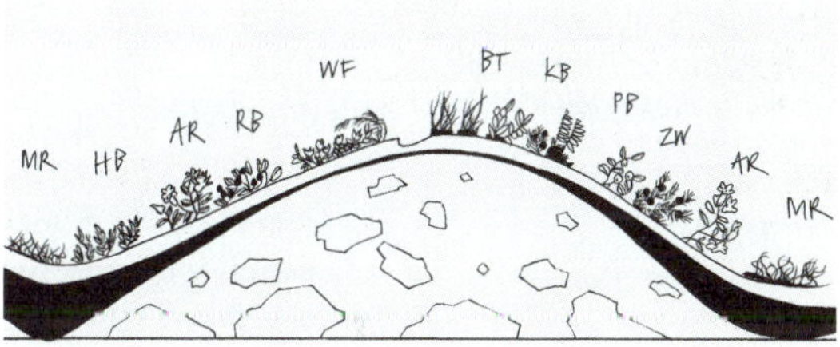

Die Windverhältnisse nehmen bedeutenden Einfluss auf die Vegetation.

MR = Muldenrasen
HB = Heidelbeeren
AR = Alpenrosen
RB = Rauschbeeren
WF = Windbartflechten
BT = Bärentraube
KB = Krähenbeeren
PB = Preiselbeeren
ZW = Zwerg-Wacholder

Violette Schneeverfolger

Kaum ist der Schnee weg, sind die Soldanellen da. Sie scheinen die zurückweichenden Schneefelder zu verfolgen. Dies ist nur möglich, weil sie bereits unter einer handtiefen Schneedecke zu wachsen beginnen. Die Frühsommersonne hat genügend Kraft, um auch unter dem Schnee für genügend Licht und Wärme zu sorgen. Die violetten Blüten der Soldanellen können sich auch unter einer zentimeterdicken Schneeschicht auf einige Grade über Null erwärmen.

Soldanelle im Schnee

Miniatur-Bäume

Spalierweiden

Auch weit über der Baumgrenze wachsen noch Bäume – allerdings mehr in die Breite als in die Höhe: die Spalierweiden, von denen es vier verschiedene Arten gibt. Die Krautweide (SALIX HERBACEA) bildet in Schneetälchen ganze «Teppiche». Die Netzweide (SALIX RETICULATA) besiedelt Kalkschuttböden, deren schneefreie Zeit mindestens 3–4 Monate beträgt. Schon die alten Griechen erkannten, dass die Rinde von Weidengewächsen fiebersenkend und entzündungshemmend wirkt. Im 19. Jahrhundert fand man den dafür verantwortlichen Wirkstoff, die Salicylsäure. In chemisch leicht abgewandelter Form findet sie heute in der Schulmedizin als Aspirin Verwendung.

Die Stumpfblättrige Weide (SALIX RETUSA) gehört ebenfalls zu den Spalierweiden.

Windige Wohnung

Kuppen

Im Gegensatz zu Muldenlagen bleiben Kuppen oft schneefrei, wodurch sich die Vegetationszeit erheblich verlängert. Die dort wachsenden Pflanzen müssen aber Stürmen mit Windgeschwindigkeiten bis zu über 100 km/h ungeschützt trotzen. Im Winter sind Temperaturen von –50 °C möglich. Die Alpenazalee gedeiht trotz dieser widrigen Verhältnisse gut und bildet gemeinsam mit verschiedenen Flechtenarten die typische Kuppenvegetation. Für das Wild sind windexponierte Kuppen im Winter besonders wertvoll, denn als einzige schneefreie Stellen werden sie zu wichtigen Weideorten.

Selbst gebautes Treibhaus

Im Innern eines Spalierteppichs aus Alpenazaleen herrscht im Sommer geradezu subtropisches Klima. Die Luftfeuchtigkeit beträgt stets über 80 %, und es werden Temperaturen um die 40 °C erreicht. Im Wurzelbereich der Alpenazalee wächst ein *Mykorrhiza*-Pilz (S. 147) und hilft ihr bei der Nährstoffaufnahme.

Alpenazaleen-Teppich

Rasenpolster

An exponierten Lagen auf Kalk findet man Flecken von Polsterseggenrasen. Die Polsterseggen profitieren dabei von der Silberwurz und von Spalierweiden, welche den lockeren Kalkschutt ein wenig stabilisieren und so den jungen Polsterseggen ruhige Wuchsplätze schaffen.

Pistenfahrzeuge zerstören jahrelange Aufbauarbeit

Krummseggenrasen

Die Krummseggen verdanken ihren Namen einem Pilz: Ihre Blätter werden alljährlich von einem Pilz befallen, wodurch die Blattenden gekrümmt werden. Jede Pflanze bildet pro Jahr nur 2–3 neue Blätter, manchmal noch einen Seitentrieb dazu. Krummseggenrasen können sich pro Jahr nur um 1mm ausdehnen, was eine Zerstörung durch Tritt oder Pistenfahrzeuge besonders verheerend macht.

Skipisten hinterlassen Spuren.

Häufige Pflanzen im Krummseggenrasen
(auf Silikat, sauer, trocken)

- Krummsegge (Carex Curvula)
- Halbkugelige Rapunzel (Phyteuma Hemisphaericum)
- Kleiner Augentrost (Euphrasia Minima)

Nichts für wählerische Mäuler

Borstgrasrasen

Dank seiner Zähigkeit wird das Borstgras erst dann vom Vieh gefressen, wenn es nichts anderes mehr findet. Es ist zudem unempfindlich gegen Tritt und anspruchslos im Bezug auf den Nährstoffgehalt des Bodens. Seine langsam verwitternden Blätter liegen als schwer durchdringliche Decke auf dem Boden und erschweren so das Wachstum anderer Arten. Dank diesen Eigenschaften konnte sich das Borstgras im Alpenraum grossflächig ausbreiten und wird durch die Weidenutzung zusätzlich gefördert.

Häufige Pflanzen im Borstgrasrasen
(auf Silikat, eher trocken)

- Borstgras (Nardus Stricta)
- Arnika (Arnica Montana)
- Gemeines Katzenpfötchen (Antennaria Dioica)

Artenreichtum

Blaugrasrasen

Blaugrasrasen sind berühmt für ihre Artenvielfalt – meist kommen schon auf einer Fläche von wenigen Quadratmetern über 50 verschiedene Arten vor. Das Blaugras bildet ein reich verzweigtes Netzwerk von lockeren Horsten und langen Einzeltrieben. In diesem spinnennetzartigen Geflecht finden sich immer wieder geschützte Plätzchen für andere Blütenpflanzen.

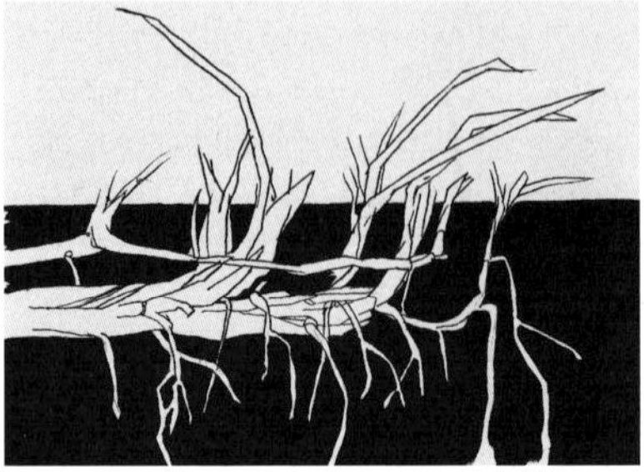

Blaugras-Wurzelgeflecht

Häufige Pflanzen im Blaugrasrasen (auf Kalk, sehr trocken)

- Blaugras (Sesleria Coerulea)
- Alpen-Aster (Aster Alpinus)
- Alpen-Wundklee (Antyllis Vulneraria ssp. Alpina)

Die Kunst des Wildheuens

Rostseggenrasen

Die Rostsegge bevorzugt feuchte, tiefgründige Böden. Sie wächst in Gesellschaft verschiedener nährstoffreicher Gräser, weshalb Rostseggenrasen beliebte Weiden und Wildheuflächen sind. Durch den jährlichen Schnitt entstehen sehr artenreiche Lebensräume mit speziell angepasster Pflanzen- und Tierwelt. Heute ist das arbeitsintensive und nicht ungefährliche Wildheuen (S. 141) unrentabel geworden. Es hat nur dann eine Zukunft, wenn es als Beitrag zum Natur- und Artenschutz anerkannt und z.B. durch *Direktzahlungen* honoriert wird.

Edelweiss (Leontopodium Alpinum)

Grösse:	5–20 cm
Standort:	1600–2800 m, vereinzelt auch über 3000 m offene Rasen, Felsbänder, trockene und kalkreiche Böden
Blüte:	Juli bis September
Herkunft:	ursprünglich aus Asien stammend

Alpenstern

Seinen heutigen Namen bekam das Edelweiss erst vor etwa 200 Jahren. Früher wurde es Wollblume oder Alpenstern genannt. Es ist zu einem Symbol für die Alpen und die Folklore geworden. Seine Blüte schmückt heute Hemden, Uhren, Halstücher oder gar Schuhe und hat so auch die Städte erobert. An vielen Standorten ist das Edelweiss ausgerottet worden. Heute gelten deshalb strenge Schutzbestimmungen.

Weltberühmtes Alpen-Symbol

Aus den Wurzeln des Gelben Enzians (GENTIANA LUTEA) wird Schnaps hergestellt.

Kennzeichen des Koch'schen Enzians: olivfarbene Streifen auf der Blüteninnenseite

Häufige Pflanzen im Rostseggenrasen (auf Kalk, feucht bis trocken)

- Rostsegge (CAREX FERRUGINEA)
- Narzissenblütige Anemone (ANEMONE NARCISSIFLORA)
- Breitblättriges Laserkraut (LASERPITIUM LATIFOLIUM)

Blau, gelb und purpur

Enziane

Im Schweizer Alpenraum gibt es etwa 20 blau oder violett blühende Enzian-Arten. Daneben gibt es aber auch Arten mit gelben oder purpurfarbenen Blüten (Abb. oben). Bei den grossblütigen, blauen Enzianen unterscheidet man zwei Arten: Der Koch'sche Enzian besitzt olivfarbene Streifen auf der Blüteninnenseite (Abb. oben) und wächst auf silikatreichem Boden, der Clusius' Enzian hingegen wächst auf kalkhaltigen Böden.

Steinbock (Capra Ibex)

Lebensraum: ganzer Alpenraum zwischen 1600 und 3200 m, vereinzelt im Jura, felsige Hänge, nur in strengen Wintern unterhalb der Waldgrenze

Nahrung: im Sommer vorwiegend Gras, im Winter auch Polsterpflanzen und Holzgewächse

Fortpflanzung: Brunft im Dezember/Januar, Tragzeit 24 Wochen, im Juni 1–2 Junge

Sozialleben: im Sommer in Gruppen von 2–20 Tieren, gleichaltrige Männchen in eigenen Gruppen, Weibchen zusammen mit ein- und zweijährigen Jungtieren.
Während der Brunftzeit gemischte Gruppen, nur die ranghöchsten Böcke werden zur Begattung zugelassen.

Junger Steinbock an einer fast senkrechten Staumauer (Valle d'Antrona, I)

Hörner als Zeichen der Macht

Die Hörner der Steinböcke wachsen zeitlebens weiter, meist um einige Zentimeter pro Jahr. Der jährliche Zuwachs ist an feinen Jahresringen sichtbar, die jedoch aus der Ferne schwer zu erkennen sind. Die Schmuckwülste an der Hornvorderseite lassen keine direkten Schlüsse aufs Alter zu, da pro Jahr ein bis drei solche Wülste entstehen können.
Die Horngrösse teilt die Steinböcke in verschiedene Hierarchiestufen, die von allen Böcken akzeptiert werden. Zu Rangkämpfen kommt es nur zwischen Böcken der gleichen «Hornklasse».

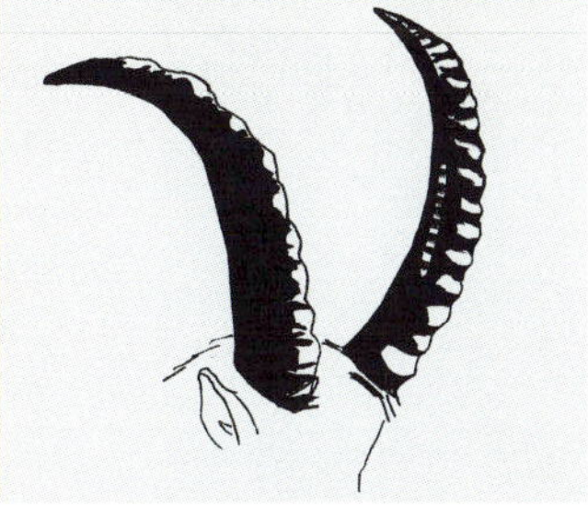

Die Hörner als Zeichen von Macht und Potenz verhindern unnötigen Kräfteverschleiss.

Kletterhufe

Kletterschuhe der Natur

Steinböcke verdanken ihre Kletterkünste den speziell angepassten Hufen. Verhornte Ränder sorgen für Trittfestigkeit, weiche Innenballen verhindern ein Abrutschen. Die beiden Hufzehen sind unabhängig voneinander beweglich, wodurch sich der Fuss an jede Unebenheit anpassen kann. Die «Kletterschuhe» der Steinböcke wirken durch diese Eigenheiten fast wie Saugnäpfe und machen die schwergewichtigen Tiere zu leichtfüssigen Kletterern.

Gämse (Rupicapra Rupicapra)

Lebensraum: Alpen und Jura, in Steilhängen mit Felspartien und gelockerten Waldbeständen; vertikale Wanderung im Verlauf des Jahres

Nahrung: Sommer: Gräser, Kräuter, Blätter
Winter: junge Triebe, Flechten, Moos

Fortpflanzung: Paarung im Nov./Dez., Tragzeit 23 Wochen, im Mai/Juni kommen 1 bis 2 Junge zur Welt

Sozialleben: Geissen und Jungtiere der zwei vergangenen Jahre bilden relativ grosse Rudel; für die Geburt der Jungen trennen sich die Geissen für kurze Zeit von ihrem Rudel. Junge Böcke bilden kleine Junggesellenrudel, ältere leben oft als Einzelgänger. In der Brunftzeit mischen sich die Böcke unter die Weibchen und verteidigen als Platzböcke ihr Territorium mit den darin weilenden Weibchen gegen Konkurrenten.

Gämse in hohem Gras

Die Scheu der Gämsen ist menschengemacht

Gämsen gelten als scheue Tiere. In Schutzgebieten kommt es aber immer wieder vor, dass sie sich aus kleiner Distanz beobachten lassen – die Scheu scheint wie weggeblasen. Erst die Bejagung durch den Menschen hat aus den von Natur aus zutraulichen Gämsen ängstliche Tiere gemacht. Die heutige Fluchtdistanz ausserhalb von Schutzgebieten illustriert diesen Sachverhalt eindrücklich: Sie beträgt 300–400 m, was genau der Reichweite von modernen Jagdwaffen entspricht. Im Schutzgebiet fühlen sich die Tiere in Sicherheit und gewinnen so ihre natürliche Zutraulichkeit zurück.

Lebensgefährlicher Kampf um Weibchen

Brunftzeit bedeutet Lebensgefahr für die Gämsböcke. Ohne zu fressen, bestreiten sie während Wochen intensive Kämpfe gegen Rivalen, verteidigen ihr Revier und ihre Weibchen. Die Gefahr, verwundet zu werden, ist dabei recht gross und der lange Winter steht erst bevor. Es kommt oft vor, dass die in der Brunft arg dezimierten Fettreserven nicht mehr bis in den Frühling reichen.

Gämsblindheit

Schafe und Gämsen

In den letzten Jahrzehnten gab es örtlich Massensterben von Gämsen oder Steinböcken, so zum Beispiel in den Berner und Freiburger Voralpen. Wie Untersuchungen ergaben, litten diese Tiere an Gämsblindheit, einer ansteckenden Augenkrankheit. Sie befällt auch Schafe und Ziegen, verläuft bei Haustieren aber meistens nicht tödlich. Die Ansteckungsgefahr für Wildtiere ist besonders gross, wenn sie im Sommer Weiden und Salzleckstellen mit den Haustieren teilen. Durch Insekten, die Tränenflüssigkeit der Weidetiere aufsaugen, kann das Erreger-Bakterium übertragen werden. Heute wird intensiv nach einem Impfstoff gesucht, bis jedoch ein wirksames Mittel verfügbar ist, bleibt als Vorsorge nur eine rigorose Gesundheitskontrolle für das Sömmerungsvieh.

Wenn Schafe und Gämsen ihr Weidegebiet teilen, kann es zur Übertragung der Gämsblindheit kommen.

Permafrost und Klimawandel

Wenn Berghänge ihre Stabilität verlieren

Permafrostböden findet man überall dort, wo die durchschnittliche Jahrestemperatur unter –2° C liegt, beispielsweise im Gebiet der alpinen Rasen. Diese Böden bleiben im Untergrund ganzjährig gefroren, nur die obersten Zentimeter tauen im Sommer auf. Oft entstehen auf Permafrostböden Sumpf- oder Moorflächen, weil das Wasser nicht durch den gefrorenen Untergrund versickern kann. Schutthalden, welche unter der Oberfläche eine Eismatrix haben, neigen zu Kriechbewegungen. Sie können sich zu eigentlichen Blockgletschern entwickeln, deren Zunge hunderte von Metern ins Tal reichen (Abb. unten).

Der eisharte Permafrost trägt viel zur Stabilität von steilen Hängen bei. Die Permafrost-Grenze hat sich infolge der Klimaerwärmung in den Alpen um 100 bis 200 m nach oben verschoben. Wissenschaftliche Studien lassen vermuten, dass das Auftauen von Permafrostböden zu einer Häufung von Bergstürzen, Steinschlag und Murgängen (S. 75) führen wird. Dann werden in Zukunft auch Masten von Seilbahnen und Gebäude oberhalb der Waldgrenze rutschgefährdet sein.

Blockgletscher im Val Muragl (GR)

Aus Rasen werden Weiden

Binntal (VS)

Die Zone der Alpweiden erstreckt sich von der Waldgrenze bis zu den alpinen Rasen, wobei letztere manchmal auch als Weide genutzt werden. Der Übergang zwischen alpinen Rasen und Weiden ist fliessend. Voraussetzung, damit Rasen als Viehweide genutzt werden können, ist eine nicht allzu starke Neigung. Mit der regelmässigen Beweidung verändern sich die ursprünglichen Rasen in ihrer Artenzusammensetzung. Trittresistente, nährstoffliebende Arten verdrängen die anderen. Nebst Kühen, Schafen und Ziegen bevölkern auch Murmeltiere (❖ S. 144) und Gämsen (❖ S. 134) das Gebiet der Alpweiden.

Wandernde Waldgrenze

Weiden

Früher waren grosse Gebiete der heutigen Alpweiden bewaldet. Die regelmässige Nutzung der höher gelegenen Waldgebiete als Waldweide verhinderte die natürliche Verjüngung. Zusammen mit der Übernutzung für Hausbau, Heizung und Käseherstellung führte dies allmählich zum Absinken der Waldgrenze um durch-

Grünerlen breiten sich auf wenig genutzten Weiden aus.

schnittlich 200 m. Das Fortbestehen der waldfreien Flächen hängt von einer regelmässigen Beweidung ab. Wird eine Alp nicht mehr bestossen, erobern die Sträucher ihren ursprünglichen Lebensraum zurück, aber Bäume bleiben selten. Besonders in den Südalpen ist die Verbuschung verlassener Alpweiden vielerorts stark vorangeschritten.

Das Vieh ist wählerisch

Nicht nur Kühe fressen saftige Alpenkräuter.

Jede Tierart hat ihre eigenen Vorlieben für bestimmte Kost. Kühe mögen vor allem zarte Gräser und Kräuter, darunter verschiedene Löwenzahnarten. Schafe fressen längst nicht alles, ihre Lieblingskräuter aber manchmal sogar mit den Wurzeln. Dadurch entstehen Narben in der Grasdecke, was zu erhöhtem Erosionsrisiko führt. Durch sein Fressverhalten beeinflusst das Vieh die Artenzusammensetzung von Alpweiden. Stachlige, zähe oder giftige Arten wie die Alpen-Kratzdistel oder der Gelbe Enzian werden gefördert. Wer als Pflanze keine solchen Abwehrwaffen besitzt, muss resistent gegen «Bisswunden» sein. Zudem ist Trittresistenz gefragt, denn das Gewicht einer Kuh beträgt heute meistens über 500 kg. Kühe fressen täglich etwa 60 kg Gras, woraus etwa 15 l Milch entstehen. Daraus erhält man zwischen 1,5 und 2 kg reifen Alpkäse.

Was Dünger bewirkt

Lägerflur

Wo das Vieh sich häufig aufhält, gedeihen Brennessel, Guter Heinrich und Blacke äusserst gut. Diese Arten profitieren vom Dung, werden aber vom Vieh als Nahrung verschmäht. Werden trotzdem einmal Samen gefressen, überstehen diese den Verdauungsvorgang unbesehen, gelangen dann im Kuhfladen auf den Boden und können im nächsten Jahr prächtig gedeihen. Mit der Zeit überwuchern sie flache Stellen in Stallnähe und häufig genutzte Weiden. Man nennt diese üppige, aber artenarme und landwirtschaftlich kaum mehr nutzbare Pflanzengemeinschaft Lägerflur.

Blacken findet man häufig im Bereich von Alphütten.

Typische Pflanzen auf Lägerstellen (häufiger Aufenthalt von Vieh)

- Alpen-Ampfer oder Blacke (Rumex Alpinus)
- Alpen-Kreuzkraut (Senecio Alpinus)
- Guter Heinrich (Chenopodium Bonus-Henricus)
- Blauer Eisenhut (Aconitum Napellus)
- Brennessel (Urtica Dioeca)

Weideplanung

Seiltanz zwischen Über- und Unternutzung

Die Nutzung der Alpweiden ist seit Jahrhunderten ein wichtiges Standbein der Berglandwirtschaft. Voraussetzung für den so lang andauernden Erfolg ist nachhaltige Nutzung. Dies bedeutet konkret, dass das Vieh nur so viel Gras fressen darf, wie jährlich wieder nachwächst. Es gibt nun aber zwei Gefahren, die dieses Gleichgewicht bedrohen. Auf der einen Seite kann eine zu hohe Anzahl Tiere zu Übernutzung führen. Das gefrässige und schwere Vieh schädigt die empfindliche Vegetation. Vor allem bei nassem Wetter können durch Trittschäden ganze Hänge «gepflügt» und somit der Erosion preisgegeben werden. Durch eine Begrenzung der Viehzahl und eine sorgfältige Weideplanung (z.B. keine steilen Weiden bei nassem Wetter bestossen) lassen sich diese Schäden klein halten. Auf der anderen Seite kann das Gleichgewicht auch durch Unternutzung bedroht sein. In letzter Zeit werden immer mehr Alpen unrentabel oder es fehlen Arbeitskräfte. Ohne regelmässigen Frassdruck verwandeln sich die artenreichen Alpweiden jedoch allmählich in undurchdringliche Strauchdickichte. Grünerlen, Alpenrosen- und andere Zwergstrauchheiden prägen die Landschaft. Viele seltene Blütenpflanzen verschwinden, womit auch die Nahrungsgrundlage für verschiedenste Tierarten verloren geht. Dauert diese *Vergandung* an, kann unter günstigen Voraussetzungen wieder Wald entstehen.

Gewisse Pilzarten, darunter auch solche mit halluzinogenen Wirkstoffen, wachsen mit Vorliebe auf Kuhfladen.

Nahrungsnetze

Fressen und gefressen werden

In der Natur herrscht ein ständiger Kampf um Fressen und Gefressen werden. Die Lebewesen eines Lebensraums sind dabei in komplizierten Nahrungsnetzen miteinander verknüpft. Für den Lebensraum Weide sieht ein solches Netz vereinfacht wie folgt aus:

Vereinfachtes Nahrungsnetz; → bedeutet «frisst»

In Wirklichkeit sind oft mehrere hundert Arten an einem Nahrungsnetz beteiligt. Je engmaschiger das Netz und je vielfältiger seine Verbindungen, desto stabiler ist es. Durch menschlichen Einfluss wie Überdüngung, Pestizideinsatz oder landschaftliche Umgestaltungen gehen gewisse Arten stark zurück oder sterben ganz aus. Sie hinterlassen eine Lücke im Nahrungsnetz. Manchmal kann diese Lücke problemlos geschlossen werden: Wenn eine Insektenart ausstirbt, wird ein insektenfressender Vogel auf andere Arten ausweichen.

Es kommt aber nicht selten vor, dass sich ein Tier auf eine einzige Nahrungsquelle spezialisiert hat. Viele Schmetterlinge im Raupenstadium gehören zu diesen eintönigen Essern. Verschwindet ihre Nahrungsquelle, wird auch die Art innerhalb kurzer Zeit aussterben. Viele Nahrungsbeziehungen sind bis heute unbekannt. Um sicher zu stellen, dass die Stabilität von Nahrungsnetzen erhalten bleibt, muss deshalb jegliche Gefährdung von intakten Lebensräumen vermieden werden.

Häufige Wiesenpflanzen

Alpen-Fettwiesen (regelmässige Düngung und Schnitt)
- Goldhafer (TRISETUM FLAVESCENS)
- Alpen-Rispengras (POA ALPINA)
- Weisser Krokus (CROCUS ALBIFLORUS)
- Gemeiner Frauenmantel (ALCHEMILLA VULGARIS)

Magerwiesen (kaum Düngung, Schnitt 1 mal jährlich)
- Schwefelanemone (ANEMONE APIIFOLIA) auf Silikat
- Narzissenblütige Anemone (ANEMONE NARCISSIFLORA) auf Kalk
- Wald-Storchenschnabel (GERANIUM SILVATICUM)
- Bärtige Glockenblume (CAMPANULA BARBATA)
- Einköpfiges Ferkelkraut (HYPOCHOERIS UUNIFLORA)

Entscheidender Schnitt

Wiesen

Als Wiesen bezeichnet man Flächen, die nicht beweidet, dafür aber regelmässig geschnitten werden. Je nach Nährstoff- und Feuchtigkeitsverhältnissen unterscheidet man Fett- und *Magerwiesen* sowie Feucht- und Trockenwiesen. Die besten Wiesen zur Heugewinnung liegen unterhalb der Waldgrenze, oft nahe bei den Siedlungen. Es gibt aber auch Ausnahmen: Die Wildheu-Flächen liegen oft sogar oberhalb der Alpweiden auf sehr steilen Hängen. Das Heu wird für die Winterfütterung gebraucht.

Wildheuer am Werk. Oft wurde das Wildheu erst im Winter ins Tal transportiert, da man sich so das Tragen ersparen konnte.

Fett oder mager?

Für die unterschiedlichen Nährstoffverhältnisse im Boden gibt es grundsätzlich zwei Gründe. Einerseits hängen sie vom Bodentyp ab, andererseits kann der Mensch durch Düngung die Nährstoffzufuhr erhöhen oder durch Übernutzung Nährstoffe wegführen. Die meisten Böden im Berggebiet sind von Natur aus nährstoffarm, was bei jährlichem Schnitt zu einer Magerwiese führt. Diese sind sehr artenreich und tragen durch ihre Farbenpracht viel zur Schönheit der Kulturlandschaften bei. Sie können aber meist nur einmal pro Jahr geschnitten werden, da die Nährstoffarmut ein langsames Wachstum zur Folge hat. Um den Ertrag einer Wiese zu erhöhen, wird deshalb Stall- oder Kunstdünger eingesetzt, was die Magerwiese in eine Fettwiese verwandelt. So kann auch in höheren Lagen zwei- bis dreimal gemäht werden. Allerdings hat die Ertragserhöhung ihren Preis: Besonders schnittresistente und schnellwüchsige Arten wie Alpen-Rispengras und Frauenmantel wachsen dank dem hohen Nährstoffangebot so schnell, dass sie die langsamer wachsenden Arten verdrängen. Demzufolge geht der Artenreichtum in Gebieten, wo flächendeckend gedüngt wird, zurück.

Magerwiesen sind bekannt für ihren Blumenreichtum.

Brutpflege

Alpen-Rispengras

Das Alpen-Rispengras zeigt eine besondere Fortpflanzungsstrategie: Die Jungpflänzchen beginnen bereits auf der Mutterpflanze zu wachsen und werden erst fallen gelassen, wenn sie 1–2 cm gross sind.

Die jungen Keimlinge sind bereits so gross, dass sie bald von der Mutterpflanze fallen werden.

Energiefluss

Wie viel Sonnenenergie steckt im Sandwich?

Die Sonne ist letztlich Energiequelle für fast alle Lebewesen. Die meisten Pflanzen können nur dank des Sonnenlichts gedeihen. Wenn Sonnenstrahlen auf eine Alpweide treffen, fangen Gräser und Kräuter die Energie ein und verwandeln sie mit Hilfe des Blattgrüns in Zucker und Stärke, wodurch sie wachsen können. Diesen Vorgang nennt man Fotosynthese. Wenn dann Kühe oder Schafe Gras und Kräuter fressen, verwandeln sie 10 % der dort gespeicherten Energie in eigene Körpermasse. 90 % wird bei Stoffwechselprozessen in Wärme umgewandelt oder in Form von Exkrementen ausgeschieden und sind somit für weitere Stufen der Nahrungskette verloren. Auch wenn wir Menschen ein Stück saftiges Rindfleisch essen, können wir nur 10 % in eigene Körperenergie umwandeln. Vom ursprünglichen Energiegehalt des Grases können wir also nur 1 % verwerten. Nun wird klar, weshalb durch vegetarische Ernährung mehr Menschen pro Fläche ernährt werden können als durch fleischreiche Kost.

Allerdings muss man bedenken, dass gerade die Alpweiden kaum eine andere Nutzung zulassen. Getreide und Kartoffeln würden nicht gedeihen. Somit bleibt die Viehwirtschaft die einzige Möglichkeit, höher gelegene Regionen zu nutzen. Die Nahrungs-Pyramide (Abb. links) stellt symbolisch die Abnahme der Energiemenge beim Übergang zwischen den verschiedenen Stufen der Nahrungskette dar.

Unten: Gras als Primärproduzent
Mitte: Kühe als Primärkonsumenten
Oben: Mensch als Sekundärkonsument

Murmeltier (Marmota Marmota)

Lebensraum: Weiden und Rasen oberhalb der Waldgrenze, vorzugsweise alpine Rasen auf Silikat, möglichst tiefgründige, nicht allzu feuchte Böden

Nahrung: ausschliesslich vegetarisch, im Sommer pro Tag 1–1,5 kg frische Kräuter und Gräser

Fortpflanzung: Paarung kurz nach dem Winterschlaf, nach 33 Tagen kommen 2-7 Junge zur Welt, als Nesthocker verlassen sie den Bau erstmals nach ca. 40 Tagen

Sozialleben: Leben in Familien mit einem Elternpaar und Jungen von zwei bis drei Jahrgängen

Speisezettel wie die Kühe

Im Prinzip haben Murmeltiere ähnliche kulinarische Vorlieben wie das Weidevieh. Eine Ausnahme gibt es allerdings: Gräser fressen sie nur im Notfall. Trotzdem ist Gras überlebenswichtig. Mit etwas Glück und Geduld kann man Murmeltiere beobachten, die getrocknete Grasbüschel herumtragen. Diese dienen ihnen als Polster für das Schlafquartier. Jeden Frühling wird ausgemistet, das alte Heu wird aus dem Bau geschafft und durch neues ersetzt.

Im Herbst wird das Bett nochmals ausgepolstert. Es lohnt sich schliesslich, für den sechsmonatigen Winterschlaf ein weiches Bett zu bauen!

Schlafen rettet Leben

Ungefähr die Hälfte des Jahres, von Oktober bis April, verschläft das Murmeltier. Nur dank ausgeklügelten Anpassungen übersteht es den langen Winter. Die Körpertemperatur wird von fast 40 °C auf etwa 5 °C gesenkt, der Herzschlag nimmt von 110 auf unter 10 Schläge pro Minute ab. Atemzüge zählt man in der gleichen Zeit nur noch etwa 3. Diese Anpassungen führen dazu, dass für einen Winterschlaf von 160 Tagen nur gerade so viel Energie verbraucht wird, wie für 12 Tage aktives Leben. Der Energieverbrauch ist also 14-mal kleiner! Trotzdem verlieren die Murmeltiere während des Winterschlafs bis zu 50 % ihres Körpergewichtes.

Konferenz der Murmeltiere

Krummholz und Zwergsträucher

Leg-Föhren und Zwergsträucher im Nationalpark (GR)

Im Reich der Zwerge

Je mehr man sich von oben der Waldgrenze nähert, desto häufiger trifft man auf strauchartige, verholzte Pflanzen, welche die Übergangsvegetation zum Wald darstellen. Zwergsträucher und Krummhölzer bilden nur schwer durchdringbare Dickichte, die ein Weiterkommen ausserhalb des Wegnetzes fast verunmöglichen. Alpenrose (❖ S. 151) und Heidelbeere überwuchern unter günstigen Bedingungen ganze Hänge. Die Alpenazalee (S. 128) ist die Kleinste unter den Zwergsträuchern und zugleich Höhenrekordhalterin. Krummhölzer wie Grünerlen, Leg-Föhren oder Weiden trifft man auf feuchten, instabilen Standorten, wo im Winter häufig Lawinen niederdonnern.

Teilweise eingeschneite Grünerlen in einer Lawinenrunse

Im Frühling wird der säbelförmige Astwuchs deutlich sichtbar.

Achtung Lawine

Krummholz

Grünerlen und Leg-Föhren (S. 175) besitzen biegsame, säbelförmige Äste, die es ihnen ermöglichen, hohe Schneelasten und sogar Lawinenniedergänge schadlos zu überstehen. Ihre Präsenz trägt zur Festigung rutschgefährdeter Hänge bei, was sie zu besonders wichtigen Elementen des alpinen Lebensraumes macht. Vor Lawinen schützen sie aber nicht – im Gegenteil, sie wachsen oft in Lawinenrunsen, also an besonders lawinengefährlichen Stellen.

Unzertrennliche Freunde

Mykorrhiza

Im kargen Boden der Krummholz-Zone sind die Nährstoffe knapp. Die Grünerle hat sich in der Not mit einem Bakterium namens Frankia verbündet. Es wächst in kleinen Knöllchen (*Mykorrhiza*) im Wurzelbereich der Erle und hilft ihr, Stickstoff direkt aus der Bodenluft aufzunehmen. Der Stickstoff, den sie nicht zum eigenen Wachstum braucht, reichert sich im Boden an und ermöglicht so auch anderen Arten ein üppigeres Wachstum.

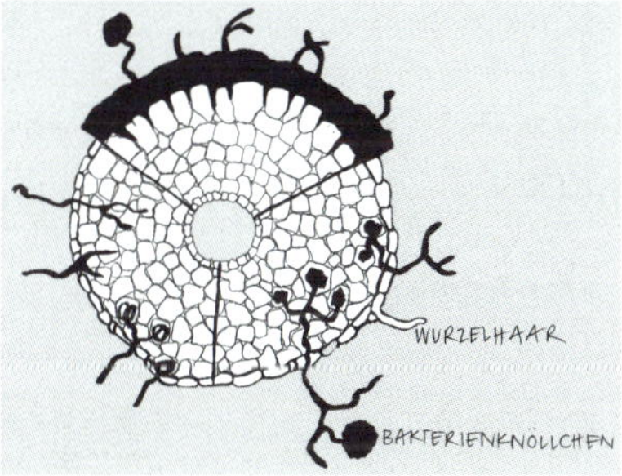

Wurzelquerschnitt mit Mykorrhiza

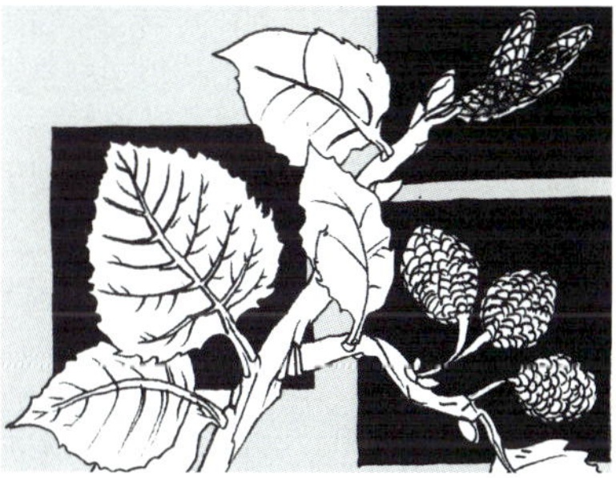

Grünerlenzweig mit typischen Zäpfchen

Hoch hinaus

Hochstaudenfluren

Ab und zu trifft man im Gebiet der Krummholz-Zone auf Stellen mit ungewöhnlich kräftiger, saftig grüner Vegetation. Dies weist darauf hin, dass reichlich Nährstoffe vorhanden sind. Die sogenannten Hochstaudenfluren wachsen manchmal als Begleitflora der Grünerlenbestände, oder aber ohne Gehölze in feuchten Mulden, an Wegrändern und Bachufern. Oft findet man Hochstaudenfluren dort, wo Wald und Gebüsch durch Kahlschlag, Lawinen oder Windwurf vernichtet wurden. Typische Pflanzenarten sind der Gelbe und Blaue Eisenhut, der Alpendost und der Alpen-Milchlattich, welche zum Teil Wuchshöhen von über einem Meter erreichen können.

Hochstaudenflur inmitten von Grünerlen

Häufige Pflanzen der Krummholzzone

Verholzte Pflanzen:
- Grünerle (ALNUS VIRIDIS)
- Legföhre (PINUS MUGO SSP. MUGO)
- Weiden (SALIX SP.)

Als Unterwuchs (Hochstaudenflur):
- Alpendost (ADENOSTYLES ALLIARIAE)
- Gelber und blauer Eisenhut (ACONITUM SP.)
- Alpen-Milchlattich (CICERBITA ALPINA)
- Meisterwurz (PEUCEDANUM OSTRUHIUM)
- Frauenmantel (ALCHEMILLA SP.)
- Farnarten

Rotfuchs (VULPES VULPES)

Lebensraum: ganze Schweiz, in den Alpen bis 3000 m. Sie leben in alten Dachshöhlen oder in natürlichen Felshöhlen, in den Alpen auch in Gebüschverstecken

Nahrung: kleine Nagetiere, Insekten, Regenwürmer, Aas, Beeren, Abfälle, ...

Fortpflanzung: Familien mit 1 Männchen, 1–2 Weibchen und den Jungen des aktuellen Jahres; im Herbst lösen sich die Jungtiere aus dem Familienverband und suchen ein eigenes Territorium.

Besonderheiten: Sehr anpassungsfähig. Von Stadtzentren über Kulturland und Wälder bis weit hinauf über die Waldgrenze ist er anzutreffen.

Auch im Winter trifft man Füchse im Hochgebirge.

Mit dem Hund verwandt

Der Fuchs gehört in die selbe Tierfamilie wie Hund und Wolf. Er ist aber kein reiner Fleischfresser, sondern ein ausgesprochener Allesfresser. In den Alpen ernährt er sich vor allem von Kleinsäugern und Beeren, verachtet aber auch ab und zu Picknick-Resten nicht. Zur Ranzzeit, die in den Alpen in die

Monate Februar und März fällt, wird die Verwandtschaft mit den Hunden hörbar. Die Füchse stossen durchdringende Ranzrufe aus, die an ein stossartiges Hundebellen erinnern. Besonders nachts ist das Fuchsgebell zu hören.

Fuchsspuren

Fuchshöhlen wird man kaum antreffen in den Alpen. Füchse graben nur selten eigene Höhlen, schon gar nicht im Alpenraum, wo der Boden meist nur flachgründig ist und wo genügend Schutz bietende Felsvorsprünge vorhanden sind. Auch im Winter bleiben Füchse in der Höhe und hinterlassen oft ihre Spur im Schnee.

Von Zwergen und Sträuchern

Zwergsträucher

Auf Flächen knapp oberhalb der natürlichen Waldgrenze findet man ein buntes Gemisch unterschiedlicher Zwergsträucher. Die von ihnen geprägten Lebensräume nennt man Heiden. Viele Zwergsträucher produzieren Beeren, die verschiedenen Wildtierarten als Nahrungsquelle dienen.

Zwerg-Wacholder
(Juniperus Communis ssp. Nana)

Blaue Beeren

Wer isst nicht gerne unterwegs von den aromatischen Heidelbeeren? Um so wichtiger ist es, zuerst genau hinzusehen, denn es schmeckt nicht alles, was nach Beere ausschaut und blau leuchtet! Nebst der Heidelbeere sind auch Moor- oder Rauschbeere, Krähenbeere und Wacholder häufig.

Der Zwerg-Wacholder ist ein niedriger Strauch. Wacholder-Beeren enthalten viel Vitamin C und werden traditionell als Gewürz bei der Sauerkrautherstellung gebraucht. Sie können auch zu Schnaps verarbeitet werden (Gin). In früherer Zeit wurde dem Wacholder allerlei Zauberkraft zugeschrieben. So wurden bei aufkommendem Gewitter drei Beeren als Schutz vor einem drohenden Blitzeinschlag ins Herdfeuer geworfen.

Moorbeere, auch Rauschbeere genannt (VACCINIUM ULIGINOSUM)

Heidelbeere (VACCINIUM MYRTILLUS)
Die Heidelbeere ist ein begehrtes Sammelgut. Sie enthält viel Vitamin C und lässt sich zu wohlschmeckenden Gerichten verarbeiten.

Krähenbeere (EMPETRUM NIGRUM)

Zwar schmecken Moorbeeren süsslich, sind aber wässriger als Heidelbeeren. Man sollte keinesfalls zu grosse Mengen dieser Beeren essen, da sie bei empfindlichen Menschen zu Übelkeit, Erbrechen und Schwindelgefühl führen können.
Bei der Krähenbeere ist die Verwechslungsgefahr gering. Kurz nach dem Hineinbeissen wird man die kernig-bittere Frucht wieder ausspucken und sie lieber den Krähen überlassen.

Preiselbeere (VACCINIUM VITIS-IDAEA)

Bärentraube (ARCTOSTAPHYLOS UVA-URSI)

Rote Beeren

Die häufigsten roten Beeren sind Preiselbeere und Bärentraube. Die Preiselbeere schmeckt nach den ersten Frostnächten im Oktober besonders süss und ist beliebt als Konfitüre zu Wildgerichten. Die Bärentraube schmeckt mehlig, gilt aber als durstlöschend. Tee aus ihren Blättern wird in der Volksmedizin bei Erkrankungen der Harnwege verwendet.
Unterscheidungshilfe: Die Preiselbeere weist eine kreisförmige, die Bärentraube eine punktförmige Vertiefung an der Beerenspitze auf.

Häufige Zwergsträucher

- Alpenrosen (Rhododendron Ferrugineum/Hirsutum)
- Heidelbeere (Vaccinium Myrtillus)
- Heidekraut (Calluna Vulgaris)
- Erika (Erica Carnea)
- Bärentraube (Arctostaphylos Uva-Ursi)

Alpenrose (Rhododendron sp.)

Grösse: bis 1m hoch
Standort: Rostblättrige A. (Rh. ferrugineum) auf Silikat
Bewimperte A. (Rh. hirsutum) auf Kalk, beide im Bereich der Waldgrenze, auf Weiden oder in lichten Wäldern
Blüte: rosa, Hauptblütezeit ist Juni–Juli

Zwei Schwestern

Auf den ersten Blick sehen alle Alpenrosen gleich aus. Bei genauerem Hinsehen kann man aber zwei Schwestern unterscheiden. Ist die Blattunterseite rostbraun gefärbt, handelt es sich um die Rostblättrige Alpenrose, die auf sauren Boden hinweist. Sind die Blattränder behaart, ist es die kalkliebende Behaarte Alpenrose. Falls sich die Bodenverhältnisse kleinräumig stark unterscheiden, können sie auch gemeinsam vorkommen und sich sogar miteinander kreuzen. Dabei entsteht ein Bastard, die Mittlere Alpenrose. Sie weist gemischte Merkmale auf.

Rostblättrige Alpenrose

Unbeliebte Kost

Das Verbreitungsgebiet der Alpenrose deckt sich in weiten Teilen mit dem der Alpweiden. Man findet sie in Höhenlagen zwischen 1000 und 2500 m. Die Beweidung darf nicht zu intensiv sein, sonst wird die Alpenrose durch die Tritteinwirkung der Tiere zerstört. Vor dem Gefressenwerden muss sie allerdings keine Angst haben, denn ihre ledrigen, immergrünen Blätter schmecken den Kühen überhaupt nicht. Alpenrosenkost würde ihnen auch schlecht bekommen: In grösseren Mengen ist sie giftig!

Behaarte Alpenrose

Begehrt und geschützt

Die Alpenrosen sind neben Edelweiss und Enzian die symbolträchtigsten Alpenblumen. Früher wurden sie massenweise gepflückt und zum Teil gar als Feriengruss nach Hause geschickt. Heute stehen die Alpenrosen unter Schutz, obwohl sie vielerorts sehr häufig sind. Als Faustregel gilt: nicht mehr als fünf Blütentriebe pflücken!

Birkhuhn (Tetrao Tetrix)

Lebensraum: Zwergstrauchheiden mit lockerem Baumbestand
Nahrung: Beeren, Samen von Föhre, Arve und Fichte, Lärchennadeln
Fortpflanzung: Balz der Männchen April–Mai, Paarung Ende Mai, Brutzeit 4 Wochen, 6–8 Junge schlüpfen Mitte Juli, 50 % der Jungen sterben in ersten 2 Monaten

Balzender Birkhahn

Vorliebe für Mosaike

Das Birkhuhn ist ursprünglich in Moorlandschaften zu Hause. Da diese im Alpenvorland selten geworden sind, ist hier auch das Birkhuhn verschwunden. Heute liegt sein Hauptlebensraum im Gebiet der Waldgrenze, wo Zwergstrauchheiden und einzelne Baumgruppen ein lockeres Mosaik bilden. Dichteren Wald meidet das Birkhuhn. Dies führt in Gebieten, wo die Alpwirtschaft grossflächig aufgegeben wird, zu einem Rückgang der Birkhühner. Noch dürfen sie vielerorts gejagt werden, was angesichts der abnehmenden Bestände überdacht werden sollte.

Single-Partys

Im Frühling versammeln sich die sonst als Einzelgänger lebenden Birkhähne gruppenweise an traditionellen Orten, um dort ihr Balzspiel aufzuführen. Der ranghöchste Hahn besetzt die Mitte des Territoriums und hat das Vorrecht, mit den paarungswilligen Weibchen zu tanzen.
Die Weibchen ziehen die Jungen alleine auf. Im Herbst und Winter vereinigen sich mehrere dieser Mutterfamilien zu grösseren Gruppen, um dem harten Winter besser gewachsen zu sein.

Moorlandschaft im Göschenertal (UR): mal idyllisch …

Gruselig und schön

Moorlandschaften haben viele Gesichter. Für die einen sind sie unheimliche Schauplätze fantasiereicher Gruselgeschichten, für andere bezaubernde Orte ursprünglicher Naturlandschaft. Tatsache ist, dass hier viele seltene Tier- und Pflanzenarten ihren bevorzugten Lebensraum haben. Da heute nur mehr 10 % der ursprünglichen Moorfläche der Schweiz übriggeblieben sind, stehen heute viele Moorbewohner als bedrohte Arten auf der Roten Liste (S. 159). Die grössten und schönsten Moorlandschaften befinden sich in den Voralpen und im Jura. Wenn es beim Wandern sumpfig wird oder weisse Wollgras-Teppiche (❖ S. 157) den Weg säumen, weist dies darauf hin, dass man sich in einem Moor befindet.

… mal gruselig

Wasserstau

Kühle Temperaturen, reichlich Niederschlag und ein wasserdichter Untergrund sind die zentralen Voraussetzungen für die Entstehung von Mooren. Unter diesen Bedingungen wird absterbendes Pflanzenmaterial sehr langsam und nur unvollständig zersetzt. So entsteht im Verlaufe der Jahrhunderte eine Torfschicht. Wenn diese mehr als 20 cm Dicke erreicht, spricht man von einem Moor.

Grundwasserspiegel

wasserundurchlässige Stauschicht

Torf

Moor

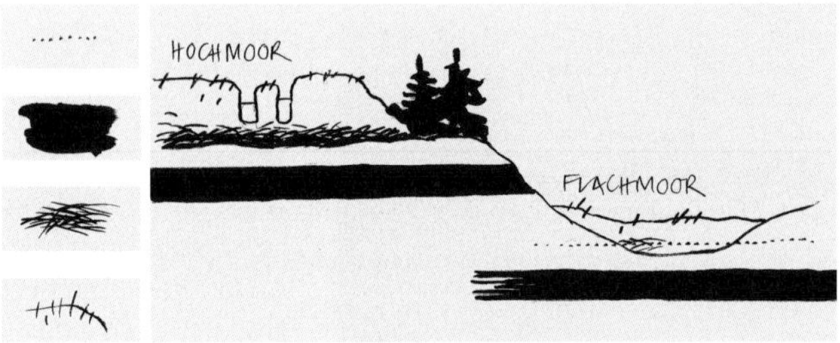

Querschnitt durch Hoch- und Flachmoor

Mal flach ...

Flachmoor

Flachmoore entstehen in der Regel in Verlandungszonen von Seen und Tümpeln. Sie werden auch Ried oder Sumpf genannt. Die Torfschicht ist wenig mächtig und im Unterschied zum Hochmoor nicht nach oben gewölbt. Flachmoore werden vom Grundwassser gespiesen und so mit Nährstoffen versorgt. Wenig vernässte Teile der Flachmoore können als Streuwiesen landwirtschaftlich genutzt werden.

... mal hoch

Hochmoor

Hochmoore entstehen entweder direkt auf durchnässten Böden oder indirekt aus einem früheren Flachmoor. Die Torfschicht wächst so lange in die Höhe, bis der Kontakt zum Grundwasser verloren geht. Der mächtigen, nach oben gewölbten Torfschicht verdanken die Hochmoore ihren Namen. Über die absolute Höhenlage ihres Vorkommens sagt der Name allerdings nichts aus: Während Flachmoore stellenweise bis an die Ewigschnee-Grenze reichen, findet man Hochmoore nur bis etwa 2000 m; darüber ist das Wachstum der Torfmoose zu gering.

Die Oberflächenstruktur von Hochmooren ist durch ein Mosaik von Erhebungen (Bulten) und Senken (Schlenken) gekennzeichnet. Hochmoore decken ihren Wasserbedarf ausschliesslich mit Niederschlagswasser, weshalb sie zu sauren, nährstoffarmen Extremstandorten werden, wo nur wenige Spezialisten wie Torfmoose (❖ S. 158) oder das Scheidige Wollgras gedeihen.

Faktor	Flachmoor	Hochmoor
Mächtigkeit der Torfschicht	• gering • flache Oberfläche	• gross • nach oben gewölbt
Nährstoffe	• nährstoffreich	• nährstoffarm
Bodenverhältnisse	• je nach Untergrund *saure* oder *basische* Bedingungen	• immer saure Bedingungen
Grundwasserkontakt	• vorhanden	• nicht vorhanden
Nutzung	• vom Menschen z.T. als *Streuwiesen* genutzt	• früher zur Torfgewinnung genutzt

Die Hauptunterschiede zwischen Flach- und Hochmoor auf einen Blick

Pflanzenkenntnisse gefragt

Rein optisch sind die beiden Moortypen nicht einfach zu unterscheiden. Die Kenntnis typischer Pflanzenarten ist nötig, um ein Moor richtig zuordnen zu können.

Mit dem Rückgang der Moore ist auch der Fleisch fressende Sonnentau selten geworden.

Typische Moorpflanzen

Flachmoore
- Rostrote Kopfbinse (SCHOENUS FERRUGINEUS) auf Kalk
- Braune Segge (CAREX NIGRA) auf Silikat
- Davallsegge (CAREX DAVALLIANA) auf Kalk
- Scheuchzers Wollgras (ERIOPHORUM SCHEUCHZERI) auf Silikat
- Mehlprimel (PRIMULA FARINOSA)

Hochmoore
- Torfmoose (SPHAGNUM SP.)
- Scheidiges Wollgras (ERIOPHORUM VAGINATUM)
- Heidelbeere (VACCINIUM MYRTILLUS)
- Moosbeere (VACCINIUM ULIGINOSUM)

Zerstörungsursachen

Traurige Vergangenheit – gesicherte Zukunft?

Früher galten Moore als unproduktiv und daher wertlos. Ihre Zerstörung begann im 18. Jahrhundert, als Torf anstelle des knapp werdenden Holzes zur Deckung des steigenden Energiebedarfs verwendet wurde. Sehr beliebt war (und ist zum Teil heute noch!) die Torferde für den Gartenbau. Weiter veränderten sich die Moore vor allem durch Drainageprojekte zur Kulturlandgewinnung sowie durch zu intensive Beweidung und Düngung. Vor Beginn der Industrialisierung machten Moore über 25 % der Fläche der Schweiz aus; heute sind 90 % davon nicht mehr vorhanden. Mit den Moorflächen verschwanden auch zahlreiche Tier- und Pflanzenarten.
Seit Ende der 80er-Jahre wurden die gesetzlichen Schutzbestimmungen verschärft. Sie lassen hoffen, dass man auf Wanderungen weiterhin den Anblick von weiss leuchtenden Wollgraswiesen und Mosaiken aus Tümpeln und feuchteliebenden Pflanzen geniessen kann.

Moore als Konservendose

Klimaforschung

In den Alpen gibt es Hochmoore mit einer Torfmächtigkeit von über 10 m. Da Moore höchstens wenige Millimeter pro Jahr wachsen, muss ihr Wachstum vor vielen Jahrtausenden begonnen haben. Die Zersetzung schreitet im sauren Milieu und ohne Sauerstoff nur sehr langsam voran. So findet man bis in grosse Tiefen Pflanzenreste und Pollen. Je nach Pflanzenart unterscheiden sich die Pollenkörner in ihrer Form und chemischen Zusammensetzung. Die meisten sind so robust, dass sie viele Jahrtausende im Moorboden überdauern können. Dies ermöglicht uns heute durch systematische Erforschung von Pollen, wichtige Informationen zur Vegetation und damit zum Klima vergangener Zeiten zu gewinnen (✤ S. 69). Mit wissenschaftlichen Methoden (z.B. *C^{14}-Analyse*) lässt sich das Alter einer Moorschicht bestimmen. Werden in dieser Schicht Pollenkörner von arktischen Pflanzen gefunden, herrschte zum Zeitpunkt ihrer Ablagerung ein deutlich kälteres Klima. Sind Pollen wärmeliebender Arten vorhanden, lässt dies auf eine Warmzeit schliessen.

Scheuchzers Wollgras (Eriophorum Scheuchzeri)

Grösse: bis 30 cm
Standort: saure Flachmoore, über 1800 m
Blüte: Juni–August

Exklusiv in den Alpen

Eine typische Pflanze der sauren Flachmoore ist Scheuchzers Wollgras. Nach der Blüte leuchten haarige, weisse Fruchtstände auf und weisen auf Verlandungszonen hin. Scheuchzers Wollgras kommt nur in den Alpen vor, meist oberhalb von 1800 m.

Ähnlich, aber bis zu 60 cm hoch, ist das Scheidige Wollgras (Eriophorum vaginatum). Es wächst nur in Hochmooren auf 1000 bis 1800 m und blüht schon im April/Mai.

Wollgras-Zauber

Torfmoos (Sphagnum sp.)

Standort: Hochmoore
Arten: über 25 verschiedene Arten in der Schweiz

Torfmoose leben ewig

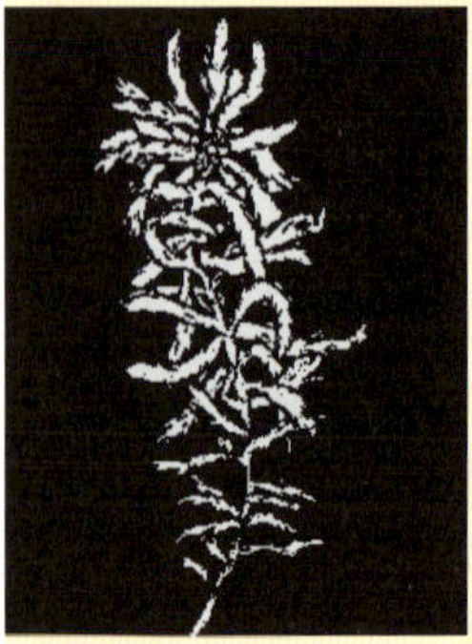

Torfmoos

Torfmoose machen den Hauptanteil der Pflanzenmasse eines Hochmoors aus. Während der obere Teil der Pflanze jährlich um 2–10 cm wächst, sterben die unteren Teile ab. So entsteht jährlich maximal 0,5–1 mm neuer Torf. Die Moospflänzchen können bis zum 200fachen ihres eigenen Gewichts an Wasser speichern. Diese Eigenschaft macht sie zu den eigentlichen Baumeistern der Hochmoore und ist der Hauptgrund, weshalb Torf gerne als Blumenerde verwendet wird.
Um die wenigen Nährstoffquellen anzuzapfen, scheiden Torfmoose Säuren aus. Das Moor versauert immer mehr, das so entstehende saure Milieu behagt dem Torfmoos sehr, macht aber seinen Konkurrenten buchstäblich das Leben sauer: Das sind zwei Fliegen auf einen Schlag!

Typisch ist die rötliche Färbung der oberen Pflanzenteile.

Moorschutz

Gesetzesartikel und Inventare

Die Annahme der Rothenthurm-Initiative 1987 durch das Volk war ein wichtiger Meilenstein in der bewegten Geschichte der Schweizer Moore. Sowohl Hoch- und Flachmoore als auch ganze Moorlandschaften geniessen

Die Moorlandschaft im Fondei (GR) steht im Inventar der Moorlandschaften von nationaler Bedeutung.

seither umfassenden Schutz – vorausgesetzt, sie sind im entsprechenden Inventar der schützenswerten Objekte aufgeführt. Je nach Moortyp beinhaltet der Schutz auch bestimmte Pflegemassnahmen.
Während Hochmoore am besten sich selbst überlassen werden, sind viele Flachmoore auf die Nutzung durch den Menschen angewiesen. Ohne regelmässigen Schnitt oder extensive Beweidung verlanden Flachmoore innerhalb weniger Jahrzehnte.
Wichtiges politisches Ziel der Gegenwart muss es sein, die guten Gesetzesgrundlagen in der Praxis umzusetzen. In Zukunft muss verhindert werden, dass jahrtausendelange Arbeit der Natur einem kurzfristigen Gewinndenken zum Opfer fällt.

Beispiele geschützter Moorlandschaften im Schweizer Alpenraum:
- Urnerboden (UR/GL)
- Göscheneralp (UR)
- San Bernardino (GR)
- Faninpass (GR)
- Habkern/Sörenberg (BE/LU)
- Glaubenberg (OW/LU)
- Grosse Scheidegg (BE)

Rote Listen

In den Roten Listen ist der Gefährdungsgrad von Tier- und Pflanzenarten festgehalten. Die Roten Listen sind ein wichtiges Arbeitsinstrument für den Naturschutz, da sie den darin aufgeführten Arten gesetzlichen Schutz garantieren. Noch wurden aber nicht alle Tierarten der Moore erfasst, und ihre Gefährdung ist deshalb noch gar nicht erkannt. Auch hier gilt: Erfolgreicher Artenschutz setzt Biotopschutz voraus!

Kohlenstoffkreislauf

Geschwindigkeitserhöhung mit Folgen

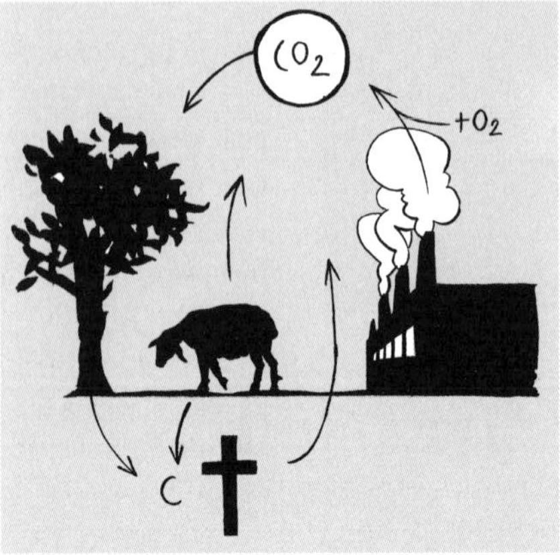

Kohlenstoffkreislauf stark vereinfacht

Kohlenstoff, abgekürzt C, ist Grundbaustein aller Lebewesen. Auch in der Luft kommt er vor, überwiegend in Form von *Kohlendioxid* (CO_2). Bei der *Fotosynthese*, dem lichtabhängigen Aufbau von Biomasse, nehmen die Pflanzen CO_2 aus der Luft auf. Mit Hilfe des Blattgrüns wandeln sie es zusammen mit Wasser und Nährstoffen in Zucker und Stärke um, aus denen die Pflanzenfasern aufgebaut werden. Dabei setzen sie Sauerstoff frei. Nach dem Tod der Pflanzen wird die Biomasse (Pflanzenfasern) von Pflanzen fressenden Tieren oder *Mikroorganismen* wieder zu Zucker zersetzt, der dann verbrannt wird. Dabei wird Sauerstoff verbraucht und CO_2 wiederum an die Atmosphäre abgegeben. Natürlicherweise bliebe also der Anteil des CO_2 in der Luft in etwa unverändert

Treibhaus

Wenn der Mensch Torf- oder Erdölprodukte zur Energiegewinnung verbrennt, greift er in den Kohlenstoffkreislauf ein. Auf einen Schlag werden grosse Mengen Kohlenstoff freigesetzt, die unter normalen Umständen für Jahrhunderte im Erdboden gespeichert blieben: Der CO_2-Gehalt der Atmosphäre erhöht sich. Da CO_2 die Eigenschaft hat, die Wärmeabstrahlung der Erdoberfläche zurückzuhalten, erwärmt sich die Atmosphäre. Der so genannte Treibhauseffekt ist also unter anderem eine Folge des menschlichen Eingriffs in den Kohlenstoffkreislauf.

Kander im Gasterental (BE)

Alpine Gewässer

Lebenselixier

Wasser ist in den Alpen allgegenwärtig. Ist die Feldflasche leer, muss man meistens nicht lange suchen, bis man einen erfrischenden Schluck direkt aus dem Bach geniessen kann. Im Frühling überzieht ein feinadriges Netz von Rinnsalen und Bächen die Berghänge: Das Wasser, während des Winters als Schnee gespeichert, stürzt jetzt zu Tal. Mit seiner Kraft hat es im Verlauf der Jahrtausende das Relief der Alpen massgeblich mitgeformt (S. 52 f.). Das Vorhandensein oder Fehlen von Wasser bringt grosse Auswirkungen auf die Lebensbedingungen mit sich. Je nachdem, ob Wasser im Boden gespeichert werden kann oder nicht, entstehen sehr unterschiedliche Lebensräume mit jeweils charakteristischen Tier- und Pflanzenarten. Auch im Wasser selbst finden gewisse Insekten- und Amphibienarten einen geeigneten Lebensraum.

Am Piz Lunghin (GR) liegt die Wasserscheide zwischen Rhein, Donau und Po.

Reise der Wassertropfen

Wasserkreislauf

Dank dem Kreislauf des Wassers verfügen die Alpen über einen nie versiegenden Wasserreichtum. Wassertropfen, die als Niederschlag auf einen Berggipfel treffen, fliessen via Bäche, Flüsse und Seen ins Meer. Durch Verdunstung gelangen Wasserteilchen in die Atmosphäre, steigen in grosse Höhen und werden durch Winde über weite Strecken transportiert. Vielleicht finden sie so zurück in die Alpenregion, wo sie als Schneeflocken oder Regentropfen zu Boden fallen – und schon kann die Reise von neuem beginnen.

Kälteinsel und Wärmeoase

Quellgebiete

Die Wassertemperatur im Quellbereich von Bergbächen liegt ganzjährig bei 5–6 °C. Im Sommer sind Quellgebiete somit Kälteinseln, im Winter jedoch Wärmeoasen. Quellen entstehen an Stellen, wo eine wasserundurchlässige Schicht das weitere Versickern des Niederschlagswassers verhindert. Die grösste Anzahl an Quellen findet sich in den Gebieten zwischen Waldgrenze und Ewigschnee-Grenze.

Tränenbach

Karstquellen

In kalkreichen Gebieten sind Quellen häufig besonders eindrücklich, da sie manchmal direkt aus einer Wand hervorsprudeln. Der Grund dafür liegt in der starken Verwitterungsanfälligkeit des Kalkes. Das abfliessende Niederschlagswasser schafft im Verlaufe der Jahrtausende unterirdische Höhlensysteme (S. 56), in die es immer tiefer eindringen kann. Schliesslich sammelt es sich auf einer wasserundurchlässigen Stauschicht und gelangt dann als Bach an die Erdoberfläche.

Das Wasser quillt aus den Felsen beim Rosenlauigletscher (BE).

Kampf gegen die Strömung

Gebirgsbäche

Da Bergbäche kaum Schadstoffe, aber viel Sauerstoff enthalten, bieten sie ideale Lebensbedingungen für eine Vielzahl von Insektenlarven. Sie führen ein verborgenes Dasein; durch Umdrehen grösserer Steine in einem Bachbett kann man aber mit etwas Glück und Geduld Eintagsfliegen- und Steinfliegenlarven sehen.

Viele Insektenlarven leben im Wasser, erst die Adulten besitzen Flügel.

(a) Eintagsfliege (3 Schwanzfäden)

(b) Steinfliege (2 Schwanzfäden)

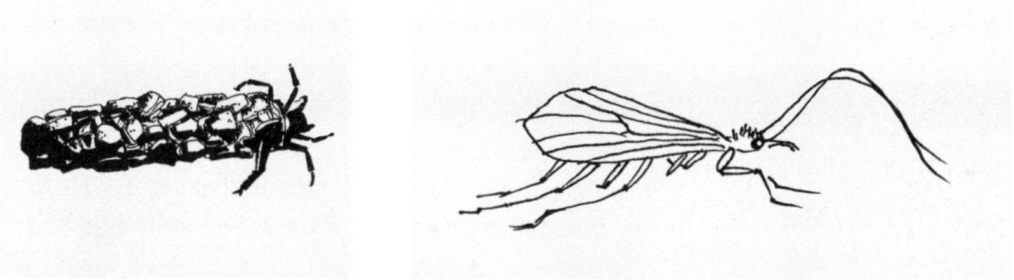

(c) Köcherfliege (mit Köcher aus Sandkörnern oder Pflanzenmaterial)

Insektenlarven bilden die Nahrungsgrundlage für Fische wie die Bachforelle, die vereinzelt bis in Höhen von 2500 m vorkommt.
Gebirgsbäche zeichnen sich durch grosses Gefälle und hohe Fliessgeschwindigkeiten aus. Das Bachbett besteht aus Geröll, das während der Abflussspitzen

nach Gewittern oder bei der Schneeschmelze immer wieder umgeschichtet wird. Kaum je erreicht das Wasser Temperaturen über 6 °C. All diese Eigenschaften machen das Überleben im Bergbach zu einem ständigen Kampf.

Ein Zeichen guter Wasserqualität

Steinfliege

Die Steinfliege (Abb. S. 163) verbringt den grössten Teil ihres Lebens im Wasser. Die Larven sind gut an das Leben in der Strömung angepasst. Der stromlinienförmige Körper und die kräftigen «Krallen-Beine» verhindern ein Abdriften. Sie entwickeln sich auf Grund der tiefen Wassertemperaturen nur langsam, und so kann es gut zwei bis drei Jahre dauern, bis alle Larvenstadien durchlaufen sind. Nach einer wundersamen Verwandlung schlüpft ein geflügeltes Insekt, das nun an Land lebt. Die Flugkünste der Steinfliege sind allerdings bescheiden. Deshalb setzt sie ihre Eier meist nur wenige Meter flussaufwärts ab. Steinfliegen reagieren empfindlich auf Gewässerverschmutzungen, deshalb gelten sie als *Zeigerorganismen* für sauberes Wasser.

Gewässerschutz

Restwasser

Bachbett ohne Bach

Manchmal wundert man sich, weshalb ein Bach im Verlauf seiner Strecke plötzlich viel weniger Wasser führt oder gar ganz austrocknet. Geologische Ursachen sind selten, meist ist in solchen Fällen menschliches Tun verantwortlich: Das Wasser wird gefasst, um es gezielt zur Stromerzeugung nutzen zu können. Seit 1992 sind zwar Restwassermengen gesetzlich vorgeschrieben, um das vollständige Trockenlegen von Bachabschnitten zu verhindern. Teilweise gelten aber Wassernutzungs-Verträge aus früheren Jahren, die noch keine Restwassermengen vorschreiben. Nebst dem Einhalten einer minimalen Abflussmenge wäre es auch wichtig, dass von Zeit zu Zeit hohe Abflussspitzen auftreten. Dabei wird nämlich das Bachbett so richtig durchgespült und von feinen Schwebeteilchen gereinigt – Voraussetzung für eine genügende Durchlüftung des Grundes. Dies ist wichtig, da viele Kleinlebewesen in den obersten Dezimetern der Geröllschicht Schutz vor der Strömung suchen und Fische dort ihre Eier ablegen. Ohne gelegentliche Durchlüftung sterben sie an Sauerstoffmangel.

Fischtreppen

Fischpassagen bei den Kandersperren bei Wimmis (BE)

Bauliche Massnahmen können auch ohne Wasserentnahme die Tierwelt nachteilig beeinflussen. Staustufen, die eine gewisse Höhe überschreiten, verhindern das Wandern von Fischen. Will man ihr Überleben sichern, müssen Wanderhindernisse konsequent beseitigt werden. Wenn keine naturnahe Möglichkeit gefunden wird, wird mit technischen Massnahmen versucht, das natürliche Einwandern in höher gelegene Bachabschnitte wieder zu ermöglichen (Abb. links).

Forellensterben

Aus noch ungeklärten Gründen gibt es immer weniger natürlichen Forellennachwuchs in den Schweizer Gewässern. Als Ursache werden verschiedene Faktoren vermutet:

- Die Klimaveränderung führt zu höheren Wassertemperaturen, was sich nachteilig auf gewisse Fischarten auswirkt.
- Kleinste Mengen von chemischen Stoffen, mit den heute üblichen Messgeräten kaum oder gar nicht nachweisbar, können sich direkt auf die Gesundheit der Tiere auswirken oder indirekt ihre Verhaltensweisen beeinflussen (hormonaktive Stoffe).
- Bauliche Veränderungen der Flussbette führen zu eingeschränkten Wandermöglichkeiten und zu veränderten Fliessgeschwindigkeiten des Wassers.

Sehr wahrscheinlich führt die Kombination verschiedener Faktoren schliesslich zum Tod der Fische.

Werk der Gletscher

Bergseen sind erdgeschichtlich gesehen junge Phänomene. Sie haben ihre Existenz grösstenteils den Gletschern zu verdanken. Diese hinterliessen nach ihrem Rückzug Mulden, die von Gletscherbächen mit staubfeinem Gesteinsmehl wasserundurchlässig ausgekleidet wurden und sich so mit Wasser füllen konnten. Auch durch Bergstürze (S. 73) kann es zum Aufstauen von Bächen und damit zur Entstehung von Bergseen kommen. Seen und Tümpel sind wichtige Lebensräume für Amphibien und Insekten, die meist ihr Larvenstadium im Wasser verbringen. Die Laichballen des Grasfroschs sind im Frühling stellenweise gut sichtbar. Auch Bergmolche (❖ S. 168) steigen bis in Höhen von 2300 m.

Lac d'Ascension
im Queyras-Massiv (F)

Blühende Seen

Viele Bergseen sind sehr klar. Dies ist nur möglich, weil sie äusserst nährstoffarm sind. Erst wenn aus der Luft oder aus benachbarten Weiden ungewöhnlich viele Nährstoffe ins Wasser gelangen, kann es plötzlich zu einer massenhaften Algenvermehrung kommen. Das Wasser trübt sich oder kann sich grün, blau oder rot verfärben (Algenblüten). Sterben die Algen ab, verbraucht ihre Zersetzung Sauerstoff. Dessen Gehalt im See kann dadurch so stark sinken, dass im Wasser lebende Tiere eingehen.

Trügerische Klarheit

Glasklare Seen sind nicht immer gesunde Seen. Schwefeldioxide und Stickoxide aus Abgasen gelangen mit dem Wind selbst in entlegene Gebiete. Mit Wasserdampf werden sie zu Säuren und fallen als saurer Regen auf die Erde. Wenn dadurch der Säuregrad der Bergseen unter einen kritischen Wert sinkt, wird jegliches Leben unmöglich – der See ist zwar klar, aber in Wirklichkeit tot. Auf kalkhaltigem Untergrund ist das Problem weniger akut, da dort grosse Säuremengen durch den Kalk neutralisiert werden können.

Fisch-Seen

Stauseen und natürliche Bergseen werden vielerorts als «Fischteiche» genutzt. Im Frühling werden Fische (v.a. Bach- und Regenbogenforellen) ausgesetzt, die dann von Hobbyfischern gegen eine Lizenzgebühr herausgeangelt werden dürfen.

Grasfrosch (Rana Temporaria)

Lebensraum: bis 2500 m, feuchte Wiesen, Weiden und Wälder, zur Fortpflanzungszeit im Wasser

Besonderheiten: einziger Frosch oberhalb der Waldgrenze, Laichballen mit dunkler Färbung, wodurch die Sonnenenergie gut absorbiert wird

Bergmolch (Triturus Alpestris)

Lebensraum: bis 2500 m, stets in der Nähe stehender Gewässer, von März bis Juni in Tümpeln, Quellen oder Seen

Besonderheiten: oranger Bauch, Paarungszeremonie vollzieht sich im Wasser: Das Männchen fächelt dem Weibchen durch Schwanzbewegungen einen Sexuallockstoff zu, dann gibt es ein Samenpaket ab, welches vom Weibchen durch die Kloake aufgenommen wird.

Alpensalamander (Salamandra Atra)

Lebensraum: bis 2500 m, Zwergstrauchheiden, feuchte Umgebung, nicht direkt auf Gewässer angewiesen

Besonderheiten: nachtaktiv, keine Eiablage (einzige Ausnahme unter den Amphibien!) sondern vivipar (= lebend gebärend). Nach einer Tragzeit von 2–4 Jahren kommen jeweils 2 voll entwickelte Junge zur Welt

Nasse Füsse

Wo das Gelände flacher wird und keine künstlichen Verbauungen den natürlichen Flusslauf behindern, entstehen Auengebiete. Eine Auenlandschaft ist durch periodische Überflutungsereignisse charakterisiert, die zu Veränderungen des Flusslaufs führen. Als typische Vertreter der Auenvegetation gelten verschiedene Weidenarten. Sie ertragen es problemlos, wenn ihr Wurzelbereich mehrere Tage überflutet wird.

Auenschutz

Auenregionen

Auen sind in der Schweiz selten geworden. Wasserkraftwerke, Hochwasserschutz und Landgewinnung für Landwirtschaft und Tourismus haben die meisten Bäche in ein vom Menschen vorbestimmtes Bett gezwängt. 1992 erliess der Bund eine Verordnung zum Schutz der Auen. Dort heisst es: «Auengebiete von nationaler Bedeutung sollen ungeschmälert erhalten werden.» Um als Objekt von nationaler Bedeutung zu gelten, muss die Auenlandschaft eine gewisse Mindestgrösse sowie eine reiche Vielfalt an Geländeformen und Lebewesen aufweisen.

Auenlandschaft Rhein bei Rhäzüns

Simme bei Lenk: kein Platz für Feuchtgebiete

Fichtenwald mit Lawinenschneisen

Gebirgswälder

Schattenspender

Eine Bergtour beginnt und endet meistens im Wald. Wenn im Sommer die Sonne brennt, ist man froh, möglichst viele Höhenmeter im Schatten von Fichten, Föhren oder Lärchen zurücklegen zu können. Im Winter bietet der Wald Schutz vor Wind und Sturm; daneben erfüllt er als Bannwald noch weit wichtigere Aufgaben. Das Erreichen der Waldgrenze ist auf jeder Tour ein Erlebnis: Plötzlich öffnet sich der Blick auf die Gipfelwelt. Für Pflanzen und Tiere bringt die Waldgrenze einen bedeutenden Wechsel der Lebensbedingungen mit sich. Was im Wald wächst, muss mit wenig Sonnenlicht auskommen. Tieren bietet er Sichtschutz sowie Baumsamen als Nahrung. Grasfresser nutzen oft auch die Gebiete oberhalb der Waldgrenze als Fressplätze, da der Unterwuchs im Wald manchmal eher spärlich ist.

Lautlose Eroberung der Alpen

Heute sind etwa 30 % der Fläche der Schweizer Alpen bewaldet. Betrachtet man nur die Regionen unterhalb der Waldgrenze, erhöht sich der Prozentsatz auf 40–50 %. Dies war aber nicht immer so. Noch vor 20 000 Jahren war ein Grossteil der Alpen von Gletschern bedeckt. Nach dem Ende der letzten Eiszeit sind die Wälder den zurückweichenden Gletschern gefolgt, bis sie in der Höhe wegen des immer unwirtlicher werdenden Klimas gestoppt wurden.

Klima und Mensch setzen Grenzen

Waldgrenze

Ohne menschlichen Einfluss wären heute die gesamten Alpen unterhalb von 1800–2400 m bewaldet. In der Realität liegt die Waldgrenze durchschnittlich 200 m tiefer. Durch Rodung und Beweidung hat der Mensch die Waldgrenze gesenkt. Im Bereich der Waldgrenze wachsen die Bäume meist in Gruppen, denn gemeinsam sind sie stärker im Kampf gegen Schnee und Wind (S. 80 f.).
Frosttrocknis gilt heute als Hauptursache dafür, dass Bäume nicht in höheren Lagen gedeihen können. Die Verdunstung über die Spaltöffnungen (S. 88) kann nicht genügend eingeschränkt werden, was bei gefrorenem Boden zu einer negativen Wasserbilanz und damit zum «Verdursten» der Pflanze führt.

Vielfältiger Nutzen

Der Bergwald besitzt eine vielfältige Schutzfunktion, ohne die das Leben in heute üblicher Weise in grossen Teilen der Alpen nicht möglich wäre.

Katastrophenschutz

Das Wurzelgeflecht der einzelnen Bäume hält die Erde zusammen und verhindert so Hangrutsche und Murgänge. Gesunder Bergwald wirkt bei Niederschlägen wie ein Schwamm, in dem er das Wasser in Wurzeln und Blättern speichert. So spielt er eine entscheidende Rolle beim Hochwasserschutz. Im Winter erfüllt er als Bannwald eine wichtige Funktion.

Künstliche Lawinenverbauungen sind sehr teuer, stören das Landschaftsbild und sind kaum so wirkungsvoll wie ein Schutzwald. Schon früh wurde vielerorts diese lebenswichtige Schutzfunktion erkannt (S. 75). Aus Andermatt kennt man einen Bannbrief aus dem Jahr 1397, in dem die Wälder bei harter Strafe unter Schutz gestellt wurden. Das Schweizer Forstgesetz von 1876 verbot das Verringern der Schutzwaldfläche, ein Grundsatz, der später auf alle Schweizer Wälder ausgedehnt wurde und heute noch gilt.

Lebensraum

Wald schafft ein ausgeglichenes Mikroklima und bietet so je nach Bedarf Schutz vor Hitze oder Kälte, vor Trockenheit oder Nässe und vor Wind. Dies macht ihn zu einem wertvollen Lebensraum für Pflanzen und Tiere sowie zu einem unvergleichlichen Erholungsraum für den Menschen.

Rohstoff

Seit Jahrhunderten ist der Bergwald Rohstofflieferant. Er liefert Bau- und Brennholz. Heute stellen tiefe Erdölpreise eine grosse Konkurrenz für den nachwachsenden Rohstoff Holz dar.

Luftreiniger

Nicht vergeblich werden die Wälder als Lunge der Erde bezeichnet. Auch die Alpenwälder haben eine wichtige Funktion als Luftreiniger und Sauerstofflieferanten.

Wald ist nicht gleich Wald

Waldtypen

Je nach Höhenlage, Exposition und Beschaffenheit des Untergrunds trifft man auf unterschiedliche Baumarten und Waldtypen. Nadelbäume sind den spezifischen Anforderungen des Gebirgsklimas generell besser gewachsen als Laubbäume. Während unterhalb von 1000 m natürlicherweise Laubbäume (Buche, Kastanie etc.) vorherrschen, überwiegen ab 1400 m Nadelbäume (Fichte, Lärche, Arve, Föhre). Dazwischen wechseln sich Laub- und Nadelbäume je nach Standort ab. Nach wissenschaftlichen Kriterien lassen sich in der Schweiz etwa 30 Waldtypen unterscheiden. Vereinfacht man die Unterscheidung und beschränkt sich auf den Alpenraum, sind der Tannen-Fichten-Wald, der Lärchen-Arven-Wald, der Ulmen-Ahorn-Wald, der Bergföhrenwald und der Kastanienwald die am häufigsten vorkommenden Waldtypen.

Lärchen-Arven-Wald

Vorkommen:	Zentralalpen oberhalb 1900 m, vorwiegend auf Silikat
Besonderes:	mit Zwergstrauchheide als Unterwuchs (Alpenrosen, Heidelbeere, Preiselbeere)
Kennzeichen Arve:	5 Nadeln in Büscheln; kleine, dreikantige Nüsse
Kennzeichen Lärche:	viele kurze Nadeln in Büscheln, nicht stechend, im Herbst abfallend

Ca. 70-jährige Arve im Aletschwald (Pinus cembra)

Knorrige Greise

Die Arve erträgt Temperaturen von bis zu –40 °C. Allerdings gehen die Strapazen des hochalpinen Klimas nicht spurlos an ihr vorüber: Ihre Wuchsform ist oft knorrig gewunden, und nicht selten sterben ganze Baumteile ab. Sie wächst sehr langsam: Ein 4 m hoher Baum kann schon hundert Jahre alt sein. Der charakteristische Duft des Arvenholzes macht es zu einem bevorzugten Baumaterial («Arvenstube»). Die Nadeln der Arve werden 5 bis 6 Jahre alt. Im Spätsommer vergilben jeweils die ältesten Nadeljahrgänge und fallen ab, wodurch fälschlicherweise der Eindruck von kranken Bäumen entstehen kann.

Lärche (Larix decidua): berühmt für ihre goldgelbe Herbstfarbe

Hart und heilkräftig

Die Lärche wurde vielerorts als heiliger und heilkräftiger Baum verehrt. Lärchenharz diente als Nieren- und Blasenmittel, und die mit Essig gesottenen Nadeln sollen gegen schlechte Zähne helfen. Lärchenholz ist das härteste und dauerhafteste Holz im Alpenraum. Auf Grund seines hohen Harzgehalts ist es sehr wetterfest und wird deshalb als Bauholz für Brücken, Fensterrahmen und Fussböden verwendet. Als einziger Nadelbaum wirft die Lärche ihre Nadeln jeden Herbst ab. Vorher verfärbt sie sich und verwandelt so ganze Täler in goldgelbe Landschaften.

Tannen-Fichten-Wald

Vorkommen:	Nord- und Zentralalpen, meist auf feuchten, sauren, nährstoffarmen Böden zwischen 1000 m und 1600 m
Besonderes:	viele Moose und säureliebende Pflanzen wie Heidelbeere
Kennzeichen Fichte:	Nadeln allseitig abstehend, vierkantig; reife Zapfen hängend und als Ganzes abfallend
Kennzeichen Tanne:	Nadeln in einer Ebene, Unterseite weisslich, reife Zapfen stehend und in Schuppen abfallend

Vom Menschen gefördert

Die Fichte oder Rottanne ist der häufigste Schweizer Baum. Vielerorts ist sie ausserhalb ihres natürlichen Verbreitungsgebietes anzutreffen, da sie wegen ihres schnellen Wachstums oft auf ehemaligen Laubwaldflächen angepflanzt wurde. Seit einigen Jahren versucht man, durch gezielte Verjüngung wieder standortangepasste Baumarten zu fördern. Dies hat zwischen 1985 und 1995 zu einem Rückgang der Fichten um 2,2 % geführt, während die Gesamtzahl der Bäume um 4 % stieg.

Dort wo die Fichte mit der Alpenrose vergesellschaftet ist, treten häufig Goldrost-Epidemien auf. Dieser Pilz verlangsamt das Wachstum der Fichten und verändert ihr Aussehen, führt aber nicht direkt zu ihrem Absterben.

Junge Verbiss-Fichte (Picea abies) am Riederhorn (VS)

Goldrost auf Fichtenzweig

Wild-Delikatesse

Stärker als andere Nadelbäume leidet die Weisstanne unter hohen Schalenwildbeständen. Die Spitzen junger Tannen werden bevorzugt gefressen, was ihr Nachwachsen empfindlich behindert. Dies ist neben der menschlichen Nutzung einer der Hauptgründe, weshalb in vielen Tannen-Fichten-Wäldern die vom Wild weniger begehrte Fichte dominiert.

Weisstanne (Abies Alba) inmitten von Borkenkäfern befallener Fichten

Bergföhrenwald

Vorkommen:	Meist auf steilen, trockenen, nährstoffarmen Südlagen, lichte Baumbestände
Besonderes:	mit Erika und Steinröschen (Daphne Striata)
Kennzeichen:	Nadeln in Paaren (Unterscheidungsmerkmal zur Arve)

Bergföhre in der Rosenlaui (BE)

Föhren-Trio

Die Waldföhre (Pinus Silvestris) hat einen rötlichen Stamm und auf der Innenseite bläulich schimmernde Nadeln. Sie steigt in den Zentralalpen bis 2000 m, doch beschränkt sich ihr Hauptvorkommen auf tiefere, trockene Lagen.

Die Bergföhre (Pinus Mugo) kommt in zwei Unterarten vor. In den Westalpen (F) herrscht die bis 25 m hohe Aufrechte Bergföhre vor, in den Ostalpen (A) gibt es nur die Leg-Föhre. Letztere wird höchstens 5 m hoch. In der Schweiz überschneidet sich das Verbreitungsgebiet der beiden Arten. Dank ihren elastischen Ästen wächst die Leg-Föhre oft in Lawinenrunsen. Aus den jungen Trieben aller Föhrenarten lässt sich ein angenehm duftendes Öl gewinnen und als Badeessenz oder Inhalationsmittel verwenden.

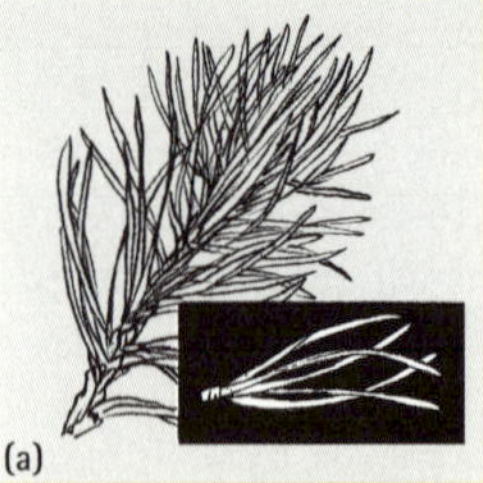
(a)

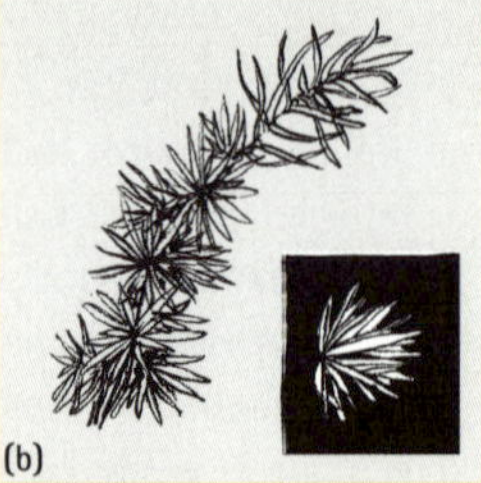
(b)

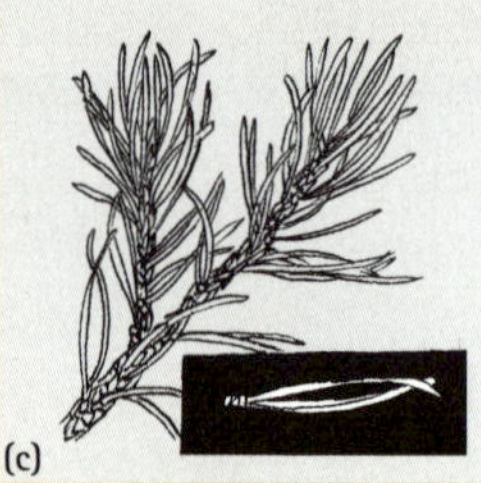
(c)

An ihrer unterschiedlichen Nadelanordnung sind Arve (a), Lärche (b) und Föhre (c) gut zu unterscheiden.

Ulmen-Ahorn-Wald

Vorkommen:	steile Hänge auf Kalkschutt, niederschlagsreich, nährstoffreiche Böden
Besonderes:	mit Esche, Ulme und Farnen
Kennzeichen Bergahorn:	typische Blattform (Kanada-Wappen)

Hexenzapfen

Ahornholz ist beliebt bei Möbelschreinern und Geigenbauern; auch für Parkettböden und Billardstöcke wird es benutzt. Früher schlug man Zapfen aus Ahornholz in Haustüren oder Türschwellen, um Hexen abzuhalten.

Bergahorn (Acer pseudoplatanus) auf der Schwarzwaldalp (BE)

Kastanienwald

Vorkommen:	Tessin und Südbünden bis maximal 1250 m, auf sauren, eher trockenen Böden
Besonderes:	oft gemeinsam mit Eichen
Kennzeichen Kastanie:	stachlige Fruchthüllen, länglich-ovale Blätter mit Spitze, Rand stachelig gezähnt

Kastanienselva (CASTANEA SATIVA) im Bergell

Brot der Armen

Die Kastanie wurde von den Römern in die Schweiz gebracht. Bis ins 20. Jahrhundert hinein kam ihr zentrale Bedeutung bei der Ernährungssicherung zu. Zum Teil wurden Kastanienbäume als Hochstamm-Anlagen (ital. selva) gepflanzt, häufiger war die Niederwald-Bewirtschaftung (ital. palina), bei der man mehr Brennholz und Rebpfähle gewann. Kastanienlaub verrottet sehr langsam und erhöht in Trockenzeiten die Waldbrandgefahr. Was beim Menschen als Katastrophe gilt, bringt den Kastanien Vorteile gegenüber anderen Baumarten: Nach einem Waldbrand produzieren die Kastanien kräftige Stocktriebe und bilden so schnell wieder lebensfähige Zweige, während andere Arten zu Grunde gehen.

Hut ab vor den Pilzen

Pilze

Auch auf Wiesen und Weiden kann man Pilze antreffen, ihr Hauptlebensraum ist jedoch der Wald. Hier erfüllen sie eine Reihe wichtiger Aufgaben:

- Mykorrhizapilze leben in Gemeinschaft mit Baumwurzeln. Durch diese *Symbiose* erhält der Pilz Zucker, der Baum Nährsalze und Wasser, daneben eine bessere Widerstandskraft gegen Krankheiten. Da jede Baumart ihre bevorzugten Pilzpartner hat, findet man gewisse Pilze stets in Gesellschaft «ihrer Lieblingsbäume», z.B. den Lärchenröhrling unter Lärchen, Eierschwämme bei Fichten usw.
- Spezialisierte Pilze zersetzen abgestorbene Wurzeln, Blätter, Nadeln und Holz zu Humus. Dadurch sind sie wichtige Akteure im Nährstoffkreislauf des Waldes.

Auf Totholz findet man oft ganze Pilzkolonien.

- Verschiedene Pilze dienen als Nahrungsquelle für Mäuse, Rehe, Eichhörnchen, Schnecken und Insekten. Auch in der menschlichen Küche erfreuen sich einzelne Pilzarten grosser Beliebtheit.

Nur ein kleiner Teil der existierenden Pilzarten bildet im Verlauf ihres Lebens einen Hut aus. Daneben gibt es unzählige andere Pilzformen. Was wir normalerweise als Pilz bezeichnen, ist eigentlich nur der Fruchtkörper eines feinmaschigen Pilzgeflechts (Mycel), welches im Boden verborgen ist.

Bärtige Baumbewohner

Bartflechten

Eine besondere Flechtengruppe (S. 123) sind die Bartflechten. Sie wachsen bevorzugt auf Holz in Gebieten mit hoher Luftfeuchtigkeit. Da sie sehr empfindlich auf Luftverunreinigungen reagieren, trifft man sie in Städten nur selten an.
Die Wolfsflechte bevorzugt Lärchenstämme und fällt durch ihre leuchtend grün-gelbe Färbung auf. Früher wurde die giftige Flechte in pulverisierter Form in Fleischköder gegeben, um damit Wölfe zu töten.

Wolfsflechte

Nachhaltigkeit

Holz als erneuerbare Ressource

Seit der Umweltkonferenz in Rio 1992 ist der Begriff «Nachhaltigkeit» zum Modewort geworden. Nachhaltig ist eine Wirtschaftsweise dann, wenn sie unsere Bedürfnisse so befriedigt, dass auch künftige Generationen noch gleich gute Lebensbedingungen vorfinden. Konkret heisst das: Wir dürfen nicht mehr natürliche Ressourcen verbrauchen, als im selben Zeitraum neu gebildet werden.

In der Waldbewirtschaftung gilt das Nachhaltigkeitsprinzip schon seit dem 19. Jahrhundert. Die Menschen wussten um ihre Abhängigkeit von intakten Wäldern als Schutz vor Lawinen und Steinschlag. In den letzten 10 Jahren hat die Waldfläche infolge fortschreitender Vergandung (S. 139) im Schweizer Berggebiet sogar um 6,5 % zugenommen. Es bleibt die Frage, wie lange es dauern wird, bis wir auch mit Boden, Wasser und Luft nachhaltig umgehen?

Holznutzung als Beitrag zur Nachhaltigkeit

Pro Sekunde wächst im Schweizer Wald insgesamt ein Holzwürfel von 68 cm Kantenlänge neu heran. In allen Gebieten der Schweiz übersteigt momentan der jährliche Holzzuwachs die Nutzung um 25–100 %. Dies, obwohl der Pro-Kopf-Konsum an Holz deutlich über dem europäischen Mittel liegt. Der Grad der Selbstversorgung beträgt in der Schweiz nur 44 %, obwohl 100 % möglich wären. Holz ist ein erneuerbarer Energieträger, der in naher Zukunft vermehrt genutzt werden sollte. Dafür sprechen mehrere Gründe:

- Mit jedem Kubikmeter Holz, der anstelle von Beton oder Stahl verbaut wird, kann der CO_2-Ausstoss um eine Tonne gesenkt werden.
- Mit jedem Kubikmeter Holz, der anstelle von fossilen Energieträgern genutzt wird, reduziert sich die CO_2-Emission um 0,6 Tonnen.
- Holzwirtschaft schafft Arbeitsplätze, insbesondere in Bergregionen.
- Schutzwälder brauchen Pflege und Nutzung, um ihre Stabilität zu erhalten.
- Ökologisch fragwürdige Transporte von Energieträgern lassen sich vermindern.

Waldschäden

Waldsterben gestorben?

Anfangs der 80er-Jahre war das Thema Waldsterben in aller Munde. Seither ist es still geworden um den Wald – ein gutes oder schlechtes Zeichen? Seit 1985 wird der Zustand des Schweizer Waldes regelmässig wissenschaftlich erfasst und im so genannten Sanasilva-Bericht publiziert. Heute weiss man, dass die Ursachen der Waldschäden vielfältig und komplex sind. Als Hauptgründe für die Zunahme der Kronenverlichtung werden hohe Stickstoffeinträge aus der Luft, Trockenperioden, natürliche Alterung und erhöhte Schadstoff-Konzentrationen vermutet. Seit 1985 nimmt die Kronenverlichtung im Durchschnitt immer zu.

Waldschäden sind in Bergregionen allgemein grösser als im Flachland. Kronenverlichtung deutet auf Stress hin. Die Bäume der Gebirgswälder werden bereits durch natürliche Faktoren wie Trockenheit, Kälte, Wind und Nährstoffmangel stark gefordert. Kommt erhöhte Luftverschmutzung hinzu, wird der Stress zu gross und Schäden werden sichtbar. Einige absterbende Bäume sind aber auch für einen gesunden Wald durchaus normal. Sie erfüllen eine wichtige Aufgabe als Nistplätze für Höhlenbrüter und als Lebensraum für Totholzinsekten.

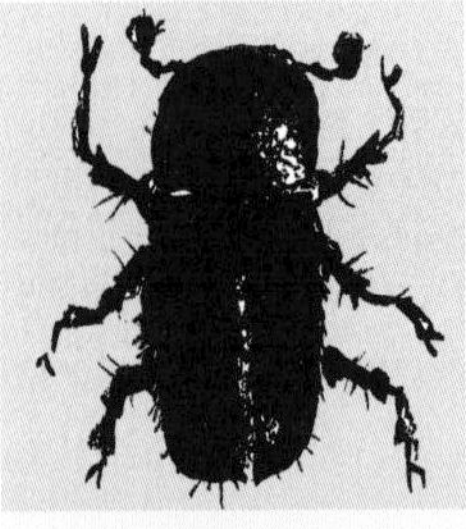

Borkenkäfer, ca. 20-mal vergrössert

Sündenbock Borkenkäfer

Das Massenauftreten des Borkenkäfers wird oft direkt mit dem Waldsterben in Verbindung gebracht. Borkenkäfer sind aber nicht allein verantwortlich, wenn ein Baum stirbt. Gesunde Bäume mit normaler Harzproduktion dienen kaum als Brutstätte; zu gross ist die Gefahr für die eierlegenden Weibchen, im Harz stecken zu bleiben. Erst wenn der Baum durch Umwelteinflüsse geschwächt wird und seine Harzproduktion drosselt, werden Eier unter der Rinde abgelegt. Die Borkenkäfer-Larven hinterlassen typische Frassspuren und unterbrechen dadurch den Saftstrom aus den Wurzeln zur Krone. Die Rinde beginnt sich vom Baum zu lösen, und mit der Zeit stirbt er.

Typische Frassspuren

Spurendetektive

Sammlung verschiedenen Tierkotes

Viele Alpentiere sind aktiv, wenn wir schlafen. Will man beispielsweise Schneehasen oder Gämsen beobachten, begibt man sich am besten frühmorgens oder spätabends nach draussen. Auch dann ist oft Geduld gefragt, da viele Alpentiere den Menschen wenn immer möglich aus dem Weg gehen. Zum Glück hinterlassen Tiere aber Spuren, welche uns zuverlässig und zu jeder Tageszeit Auskunft über ihre versteckte Anwesenheit geben. Ein geübtes Auge und die Kenntnis einiger Fuss-, Kot- und Frassspuren genügen, um als Detektiv erfolgreich zu sein.

Hufe, Pfoten, Zehen

Fussspuren

Fussspuren sind mit ein wenig Übung einfach auseinander zu halten, allerdings ist Schnee oder feuchter Boden nötig, damit sie überhaupt sichtbar bleiben. Am besten begibt man sich nach einer Regennacht oder im Winter auf Spurensuche.

Tischabfall

Frassspuren

Frassspuren von Pflanzenfressern sind fast immer und überall zu finden. An Zapfen findet man Frassspuren von Eichhörnchen und Mäusen; Triebe von Jungbäumen werden mit Vorliebe von Hirschen und Rehen abgefressen. Blätter von Bäumen und Kräutern sind bei Insekten besonders beliebt. Frassspuren von Fleischfressern sind seltener und bestehen meistens aus nicht vertilgten Haaren, Federn und Knochen. Welches Tier der Täter war, lässt sich am besten an den Tritt- oder Kotspuren in der Umgebung ablesen.

Eichhörnchen-Fressplatz

Dreck oder Bohnen?

Kotspuren

Um Tierkot zu finden, braucht man häufig den Wanderweg nicht zu verlassen. Nach Überwindung des anfänglichen Ekels liefern die Kotreste Hinweise zur Anwesenheit einzelner Tierarten. Je nach Jahreszeit und Nahrungsangebot kann sich der Kot derselben Tierart beträchtlich unterscheiden. Die Bohnen von Pflanzenfressern wie Reh und Gämse sind im Sommer weicher als im Winter und kleben deshalb aneinander. Im Herbst verfärbt sich der Kot von Füchsen und Vögeln je nach ihrer bevorzugten Beerennahrung blauviolett oder rötlich.

Nicht alles ist gut verdaulich

Gewölle

Gewölle stammen ausschliesslich von Greifvögeln und bestehen aus unverdaulichen Nahrungsresten, die wieder ausgewürgt werden. Zu finden sind sie meist in der Nähe von Nestern und Sitzwarten. Untersucht man die kleinen Ballen genauer, finden sich Knochen, Haare, Federn und Insektenpanzer. So kann man bestimmen, von welchem Vogel ein Gewölle stammt, und erhält Auskunft über seine Nahrungsgewohnheiten.

Stichwunden

Gallen

Gallen sind Brutstätten bestimmter Insektenarten. Die Weibchen von Gallmücken, Gallwespen und Gallläusen stechen Blätter, Nadeln oder Knospen an und legen ihre Eier darin ab. Die Pflanze reagiert auf die Verletzung mit der Bildung von Wuchergewebe. Für das Ei ist dies ein willkommener Schutz und für die geschlüpfte Larve zugleich Nahrungsvorrat. Öffnet man eine Galle sorgfältig, wird man darin meistens eine Larve finden, es sei denn, sie wäre bereits geschlüpft. Das Auftreten von Gallen schwächt zwar die Wirtspflanze, führt aber nicht zu ihrem Absterben.

Galle auf Netzweide

Labyrinth aus Gängen

Unter den Alpentieren graben in erster Linie Murmeltiere (❖ S. 144) und Wühlmäuse Erdbauten. Durch die unterschiedliche Grösse ihrer Eingänge sind die Bauten leicht voneinander zu unterscheiden. Im Frühling trifft man oft auf labyrinthartige Spuren mitten auf Wiesen oder Weiden. Diese stammen von Mäusen, welche sich im Winter unmittelbar an der Grenze zwischen Erde und Schnee fortbewegen, weil es dort am wärmsten ist.

Jaunpass (BE): Mäusegänge im Frühling

Füchse graben kaum selbst Höhlen, sondern bewohnen verlassene Dachsbauten. Wo es keine solchen gibt, begnügen sie sich mit einem geschützten Platz unter Felsvorsprüngen oder im Unterholz.

Schaumbad

Schaumzikaden

Im Sommer tragen Gräser und Kräuter manchmal merkwürdige Schaumkrönchen in ihren Blattachseln oder am Stängel. Was man auf den ersten Blick mit menschlichem Speichel verwechseln könnte, stammt von den Schaumzikaden. Sie sondern eine eiweisshaltige Flüssigkeit ab und pressen ganz schnell Luft hinein. So entsteht Schaum, analog zum Schlagen von Eiweiss mit einem Schneebesen. Wozu er den Zikaden dient, ist noch nicht genau erforscht. Denkbar ist eine Schutzwirkung vor dem Austrocknen oder vor Feinden.

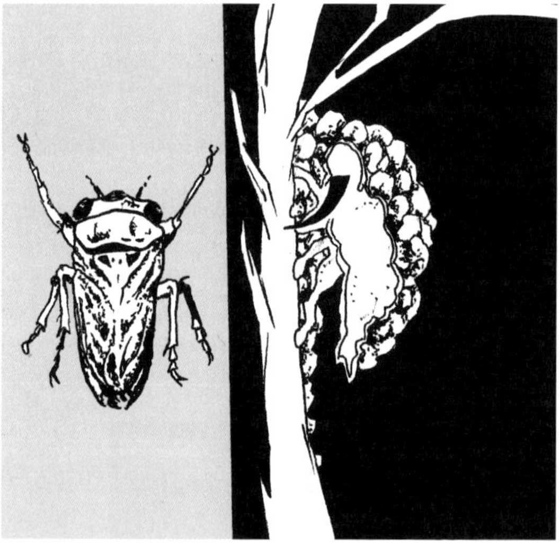

Schaumzikade von oben und an Pflanzenstängel, mit Schaumschicht bedeckt

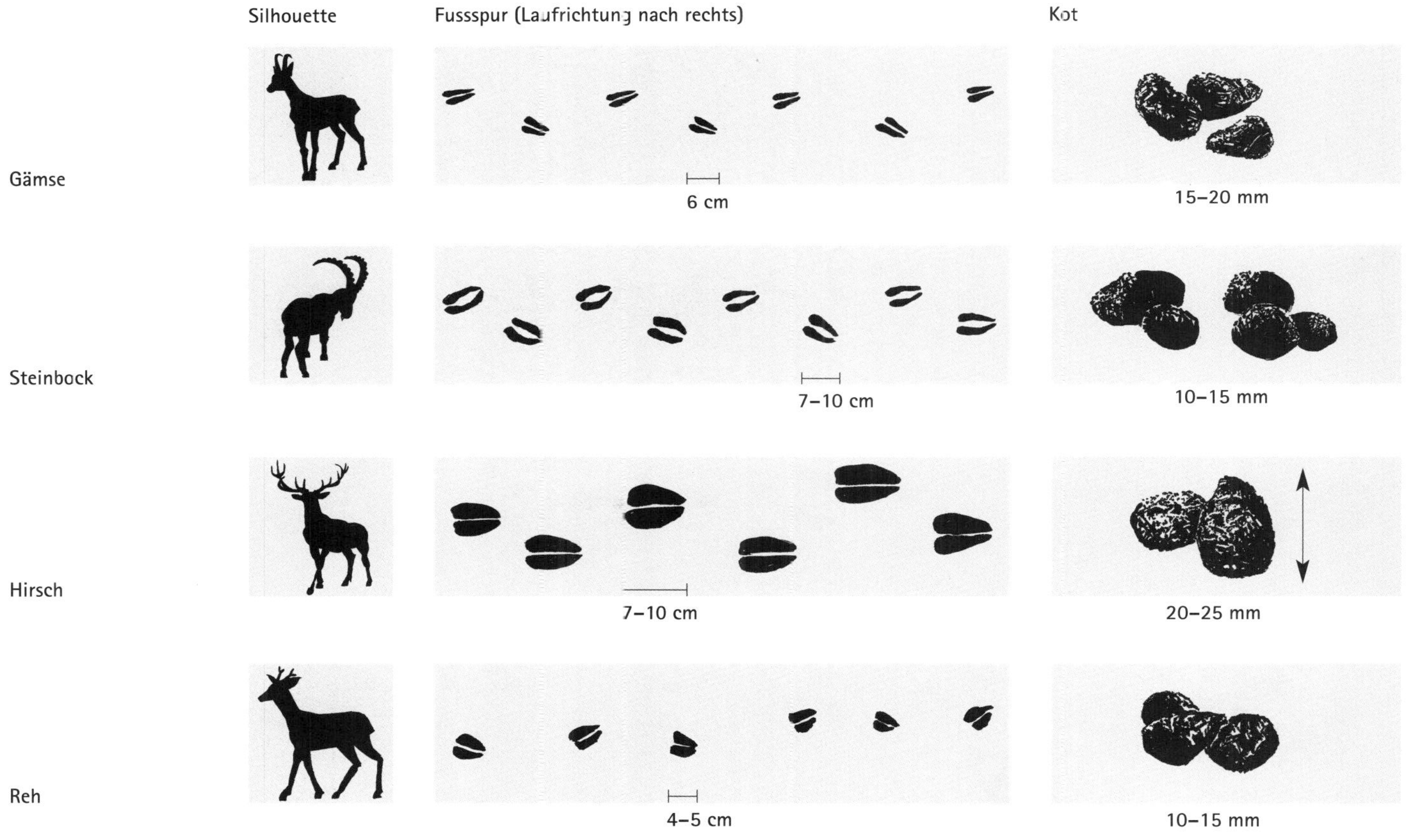
Silhouette
Fussspur (Laufrichtung nach rechts)
Kot
Gämse
6 cm
15–20 mm
Steinbock
7–10 cm
10–15 mm
Hirsch
7–10 cm
20–25 mm
Reh
4–5 cm
10–15 mm

	Silhouette	Fussspur	Kot
Murmeltier		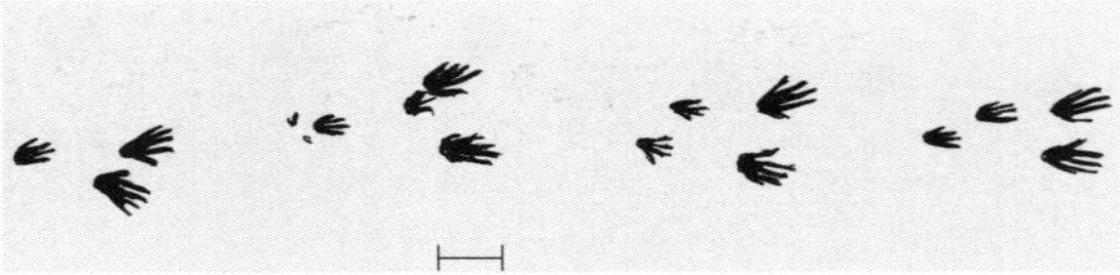 5–6 cm	 10–20 mm
Schneehase		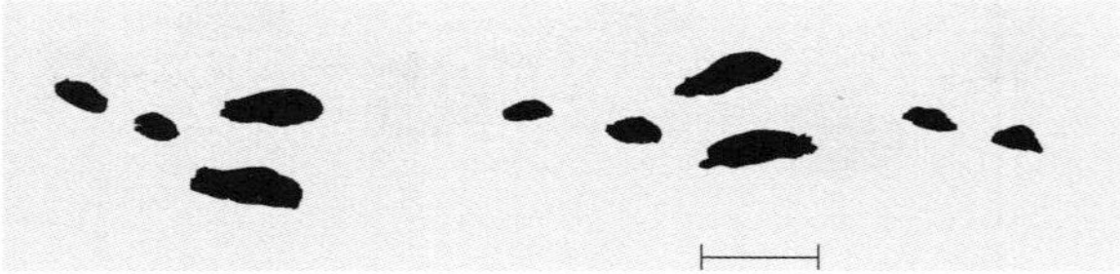 7–12 cm	 10–15 mm
Schneehuhn		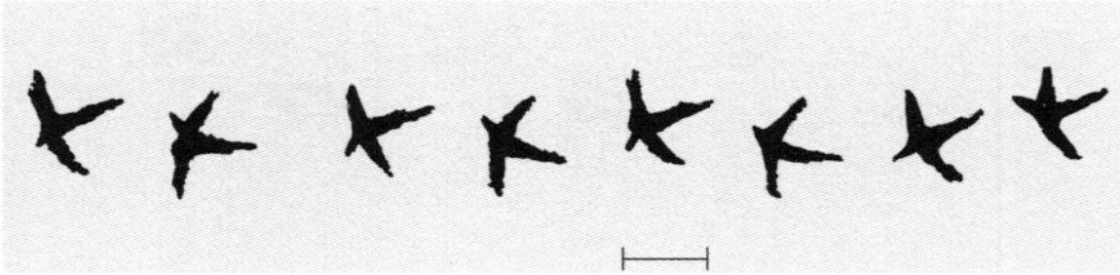 4–5 cm	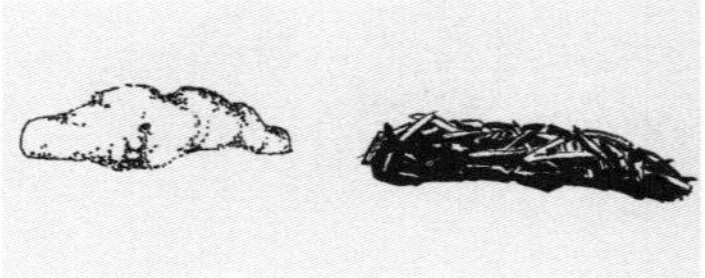 15–20 mm
Luchs		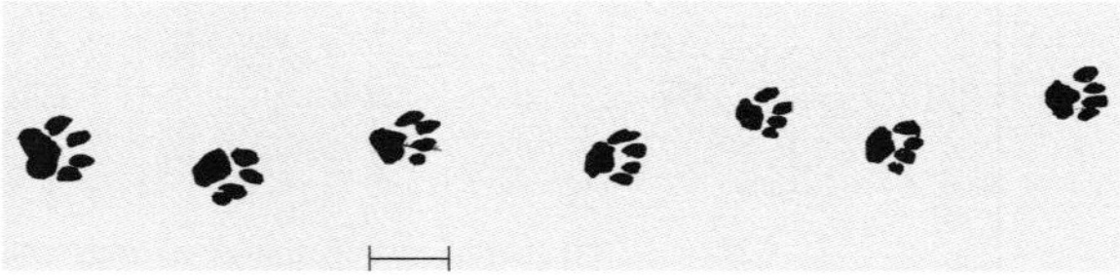 6–8 cm	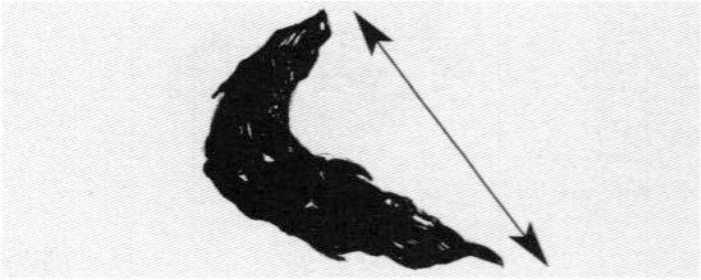 bis 10 cm

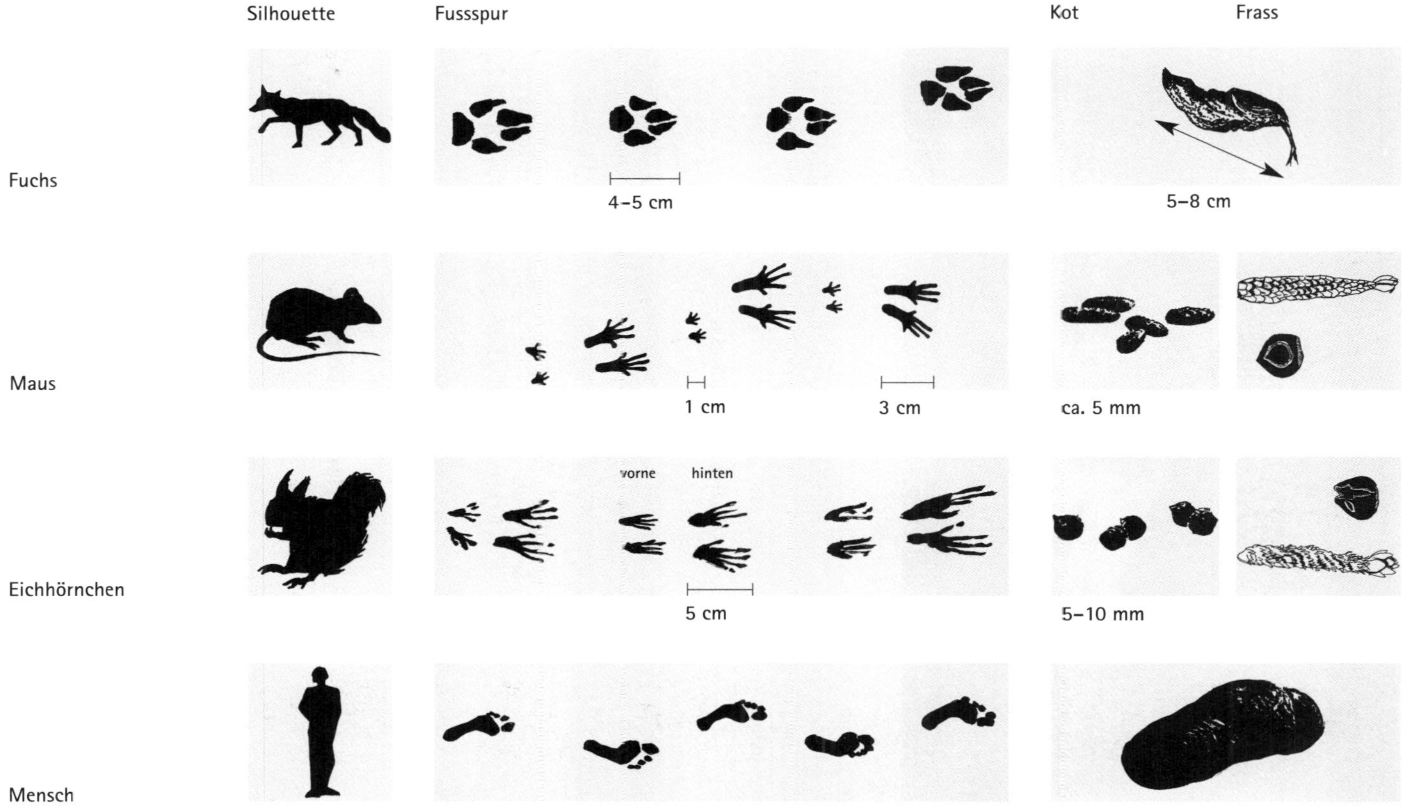
Silhouette
Fussspur
Kot
Frass
Fuchs
4–5 cm
5–8 cm
Maus
1 cm
3 cm
ca. 5 mm
Eichhörnchen
vorne
hinten
5 cm
5–10 mm
Mensch

Wolf im Tierpark Dählhölzli (BE): in der Schweiz mit kurzfristigen Ausnahmen nur in Gefangenschaft anzutreffen

Rückkehr und Wiederansiedlung

Geliebt und gehasst

Luchs, Wolf, Bartgeier und Bär sind in der Schweiz um die Jahrhundertwende ausgerottet worden. Da sie in breiten Bevölkerungsschichten als Bedrohung für Vieh und Mensch empfunden wurden, war ihre Ausrottung damals ein gesellschaftlich erstrebenswertes Ziel. Nebst der direkten Verfolgung trug auch die Zerstörung und Zerstückelung des Lebensraums zu ihrem Verschwinden bei.

Geplante Rückkehr

Ansiedlung

Dank *Wiederansiedlungs*-Projekten mit wissenschaftlicher Begleitung sind Luchs und Bartgeier (❖ S. 190 f.) heute wieder in der Schweiz anzutreffen. Solche Projekte sind nur dann sinnvoll, wenn sich die Bedingungen seit dem Zeitpunkt der Ausrottung verbessert haben. Dies ist in der Schweiz der Fall, seit strengere gesetzliche Rahmenbedingungen gelten und sich das Bewusstsein für den Artenschutz in breiten Bevölkerungskreisen erhöht hat.

Die Angst sitzt tief

Rückkehr

Wolf und Bär bleiben vorderhand im Ausland. Die wenigen Wölfe, die sich im 20. Jahrhundert nachweislich über die Schweizer Grenze gewagt haben, mussten erfahren, dass sie noch ungebetene Gäste sind: Sie wurden alle abgeschossen. Solange der Wille zum Zusammenleben bei vielen Menschen nicht vorhanden ist, werden es die Einwanderer auch im 21. Jahrhundert schwer haben, eine Bleibe zu finden. Gegenüber den beiden Grossraubtieren scheinen Vorurteile und Ängste in der Bevölkerung besonders gross zu sein. Für den Tourismus aber könnte die Rückkehr von Wolf und Bär durchaus positiv sein – man denke nur an die amerikanischen Nationalparks oder die italienischen Abruzzen, welche gerade durch die Präsenz von Grossraubtieren eine besondere Anziehungskraft geniessen.

Erfolgsstories

Steinbock

Auch Steinbock, Wildschwein und Adler waren um 1900 fast ausgerottet.
Der Steinbock überlebte nur in einer kleinen Kolonie am Gran Paradiso dank der Schutzbemühungen des italienischen Königs, dem dieses Jagdgebiet gehörte. Heute schätzt man den Steinbockbestand in den Alpen auf etwa 25000 Tiere, 14 000 davon in der Schweiz.

Wildschwein

Das Wildschwein hat vom Rückzug der Landwirtschaft und vom Maisanbau (Futterquelle) profitiert und sich in den letzten Jahren zum Teil so stark vermehrt, dass erhebliche Schäden auf Äckern und Alpweiden zu verzeichnen sind. Die Tiere weichen Nachstellungen geschickt aus: Ein Jäger braucht im Schnitt etwa 80 Stunden, um ein Wildschwein abzuschiessen.

Steinadler

Der Steinadler wurde 1925 unter Schutz gestellt, was der arg dezimierten Population ermöglichte, sich wieder zu erholen. Heute leben etwa 1200 Adlerpaare im Alpenraum, womit der grösste Teil der Reviere besetzt ist. Neuerdings werden auch Bruten am Alpennordrand und im Jura beobachtet.

Luchs (Lynx lynx)

Lebensraum: sowohl im Gebirge als auch in tieferen Lagen, wichtig ist ein genügend grosser Waldanteil

Nahrung: v.a. Rehe und Gämsen

Lebensweise: nacht- und dämmerungsaktiv, Einzelgänger, lebt in grossen Territorien und verteidigt diese gegen Artgenossen

Der Luchs ist ein Waldtier.

Im Clinch mit Schafbesitzern ...

Um 1900 galt der Luchs in der Schweiz als ausgestorben. Zwischen 1971 und 1976 wurden in den Alpen und im Jura Luchse aus den tschechischen Karpaten ausgesetzt. Heute wird der Schweizer Bestand auf 100–150 Individuen geschätzt. Ihre erfolgreiche Vermehrung beweist, dass sich die Schweiz trotz tief greifender Landschaftsveränderungen weiterhin als Lebensraum für den Luchs eignet. Noch ist die scheue Raubkatze aber nicht überall akzeptiert. Im Gegensatz zu Naturschützern beobachten Schafzüchter die Zunahme des Luchsbestandes mit Besorgnis. Obwohl es sich bei der Anzahl gerissener Schafe um einen Bruchteil der natürlichen Todesfälle handelt, bedeutet der Tod eines Schafes einen emotionalen Verlust, den auch die finanzielle Entschädigung durch den Staat nicht völlig aufwiegen kann. Viele Probleme könnten durch geeignete Massnahmen wie Einsatz von Hirtenhunden und Blinklichtlampen entschärft werden. Versuche dazu sind in verschiedenen Regionen der Alpen im Gang. Wenn ein Luchs regelmässig Schafe reisst, können die kantonalen Behörden eine Abschussbewilligung erteilen.

... und Jägern

Auch Jäger tun sich schwer, den Luchs zu akzeptieren. Sie befürchten, dass Reh- und Gämsbestände massiv zurückgehen und so für die Jagd kaum mehr Tiere übrig bleiben. Reh und Gämse bilden mit einem Anteil von ca. 90 % an seiner Diät die Hauptnahrung des Luchses. Ein erwachsenes Tier reisst pro Woche etwa eine Beute. Ob dies allerdings in der Praxis zu einer spürbaren Dezimierung der Schalenwildbestände führt, ist Gegenstand aktueller Forschungen und wurde bisher nicht bestätigt.

Bartgeier (Gypaetus barbatus)

Lebensraum: Hochgebirge, oberhalb der Waldgrenze
Nahrung: hauptsächlich Aas und Knochen
Fortpflanzung: geschlechtsreif mit ca. 6 Jahren, feste Paare, 1–2 Junge im Januar

Der Bartgeier hat eine Flügelspannweite von bis zu 3 m.

Zu Unrecht verdächtigt

Seine majestätische Grösse und die kräftigen Krallen haben dem Bartgeier den Ruf eingetragen, kleine Kinder und Lämmer zu rauben und zu töten. Deshalb wurde er im letzten Jahrhundert bejagt, bis um 1900 im Alpenraum kein einziges Exemplar mehr übrig war. In Tat und Wahrheit frisst ein Bartgeier vor allem Knochen und Fleischreste von liegen gebliebenem Aas. Grosse Knochen trägt er hoch in die Luft und lässt sie so lange auf harte, ebene Steinplatten fallen, bis sie in schnabelgerechte Stücke zerbrechen.

Bartgeier-Projekt

Seit 1986 wurden im gesamten Alpenraum etwa 80 junge Bartgeier ausgesetzt. Da sie erst mit sechs Jahren geschlechtsreif werden, war lange ungewiss, ob eine natürliche Vermehrung stattfinden würde. Nach elf Jahren war es dann soweit: 1997 konnte man die erste erfolgreiche Brut beobachten. Trotzdem bleibt offen, wie die Zukunft der Bartgeier aussehen wird. Die ersten Bruterfolge lassen aber hoffen, dass bald eine sich selbst erhaltende Population entstehen kann – vorausgesetzt, dass es nicht mehr zu Abschüssen durch Jäger kommt, wie dies 1998 im Wallis geschehen ist.

Taktik zum Zerkleinern von Knochen

Grindelwaldgletscher

Alpenbilder - eine Zeitreise in Zitaten und Anekdoten

Lust vom Berg zu schauen oder: Vom Erhabenen zum Rennplatz

Das Bild der Alpen in unseren Köpfen ist geprägt durch die Alpenbilder der vergangenen Jahrhunderte. Dabei hat sich der Eindruck, den die Alpen auf die Betrachter gemacht haben, im Laufe der Zeit gewandelt.

Vom Unordentlichen ...

Titus Livius, römischer Geschichtsschreiber, prägt den Begriff *«Scheusslichkeit der Alpen»*.

«Da gehen die Menschen, die Höhe der Berge zu bewundern (...) und verlieren dabei sich selber».
Petrarca zitiert Augustinus bei seiner metaphorischen Mont-Ventoux-Besteigung (1336).

1661 beschreibt der englische Theologe Thomas Burtner in seiner «Theory of the Earth» die Alpen als *«eines von den vornehmlichsten und augenscheinlichsten Exempel der Unordnung»*.

... zum Erhabenen ...

Ich empfand bei meiner Reise durch die Alpen *«... ein herrliches Entsetzen, eine entsetzliche Wonne, und im selben Moment, in dem ich unendlich erfreut war, erschauderte ich ...»*
John Ruskin (engl. Schriftsteller, The Entousiastic Terrour, 1688).

Im 18. Jahrhundert werden die verschiedenen Landschafts-Charaktere und ihre Wirkung auf die Seele des Menschen ein Lieblingsthema von Literatur und Gesellschaft. Die hohen Gebirge gelten als die Region für die Empfindung des Erhabenen, die Mittelgebirge dagegen sind die Region für die Empfindung des Schönen.
In J.G. Sulzers Ästhetik-Enzyklopädie 1771/74 findet sich unter dem Stichwort *«erhaben»* an erster Stelle *«die Majestät der Natur in den Alpen»*.

... und zum Schönen ...

Das hymnische Lehrgedicht «Die Alpen» (1732) von Albrecht von Haller macht die Alpen (vorher ein locus terribilis: Ort des Schreckens und des Chaos) salonfähig und zu einem Ziel der städtischen Sehnsucht.

Mer de Glace, Mt. Blanc

1761 löst J.J. Rosseau mit seinem Epochenwerk «Julie oder Die neue Héloise – Briefe zweier Liebenden aus einer Stadt am Fusse der Alpen» eine internationale Alpenhysterie aus. Rosseau gelang es, die Sicht auf die Alpen vom Erhabenen (und gleichzeitig Distanzierten) ins Schöne zu transformieren.

Zwischen 1774 und 1778 malte Caspar Wolf über 170 Alpenlandschaften. Sein Auftraggeber war der Berner Verleger Abraham Wagner, der sich von der Serie ein gutes Geschäft erhoffte.

Zu Ende des 18. Jahrhunderts entwickelte sich interessanterweise Paris zu einem Zentrum der Massenherstellung von Gebirgsbildern.

Gondelei

«... Kühne überhängende gleichsam drohende Felsen (...) machen unser Vermögen zu widerstehen, in Vergleichung mit ihrer Macht, zur unbedeutenden Kleinigkeit. Aber ihr Anblick wird nur desto anziehender, je furchtbarer er ist, wenn wir uns nur in Sicherheit befinden, und wir nennen diese Gegenstände gern erhaben, weil sie die Seelenstärke über ihr gewöhnliches Mittelmass erhöhen und ein Vermögen zu widerstehen von ganz anderer Art in uns entdecken lassen, welches uns Mut macht, uns mit der scheinbaren Allgewalt der Natur messen zu können.»
Kant (Kritik der Urteilskraft, 1790)

Noch um 1800 existierte keine brauchbare Alpenkarte. Um 1850 war der Alpentourismus etabliert.

... bis hin zum Trivialen ...

«Weder das Auge noch die Einbildungskraft findet auf dieser formlosen Masse einen Punkt, auf dem jenes mit Wohlgefallen ruhen, oder wo diese Beschäftigung oder ein Spiel finden könnte. (...) Der Anblick dieser ewig todten Masse gab mir nichts als die einfömige und in die Länge langweilige Vorstellung: es ist so.»
Hegel über die Alpen, mit Blasen an den Füssen nach einer Fussreise durch die Alpen 1796.

«Die französische Revolution hat aus Kathedralen Ställe gemacht, der Tourismus aus den Alpen, diesen Kathedralen der Erde, Rennstrecken. Man tut, als wären sie eingeseifte Bäume in einem Biergarten, auf die man hinaufklettert und wieder herunter rutscht und dabei Schreie des Entzückens von sich gibt.»
John Ruskin (1865)

Das 19. Jahrhundert ist die Zeit der Aussichtstürme (Belvedere) und der gemalten Panoramen. Beides erlaubte den Bürgern, sich kollektiv und gefahrlos den Sensationen und Gefahren des Hochgebirges auf möglichst realistische Art und Weise anzunähern und sie zu bestaunen.

... und am Schluss

«Der Mensch hat ein moralisches Interesse an diesem Schein, der die Schönheit der Berge ausmacht, er vergisst, dass ers war, der den Bergen diesen Schein gegeben hat, indem er sich zu ihnen bemühte.»
Elfriede Jelinek (Die Kinder der Toten, Rowohlt Taschenbuch Verlag GmbH, Reinbek 1995)

A WALK ACROSS SWITZERLAND
PASSWANG
NAPF
HILFERENPASS
GLAUBENSBÜELENPASS
BRÜNIGPASS
GRIMSELPASS
NUFENENPASS
PASSO DI NARET
FROM BASEL TO DIRINELLA FROM BORDER TO BORDER FROM PASS TO PASS A SOUTHWARD WALK OF 222 MILES IN 71/2 DAYS BY ROADS AND FOOTPATHS 1993
(Richard Long, aus: A. Hoormann, Land Art, Dietrich Reimer Verlag, Berlin 1996)

Gämse, tot

«Rettet die Alpen»
Mit diesem programmatischen Buchtitel erklärt Reinhold Messner die Alpen zum Patienten (1998).

«Wir Bergler in den Bergen sind eigentlich nicht schuld, dass wir da sind.»
(Fredi M. Murer, Filmemacher)

Spuren des Menschen aus der Bronzezeit (ca. 3000 v. Chr.), Steinritzung im Vallée des Merveilles, Seealpen (F)

Vom Anfang bis zur Neuzeit

Wann die ersten Menschen im Alpenraum siedelten, ist nicht genau bekannt. Die ältesten Spuren finden sich am südwestlichen Rand bei Monaco und dürften etwa eine Million Jahre alt sein. Diese Menschen waren vermutlich mehr Ufer- als Alpenbewohner. Mittelmeerbewohner. Vor 100 000 Jahren drangen dann Jäger und Sammler in die eigentlichen Alpen vor, temporär und saisonal.

Zwei Ereignisse ermöglichten es dem Menschen, sich im Alpenraum dauerhaft niederzulassen:

- Vor 20 000 bis 10 000 Jahren zogen sich die Gletscher der letzten Eiszeit allmählich zurück und gaben im Laufe der Zeit Flächen frei, die bald von Pflanzen besiedelt wurden. Wiesen in der Höhe und Wald in den Tälern.
- Die Erfindung von Ackerbau und Viehwirtschaft im Neolithikum (ca. 10 000 v. Chr.) ermöglichte eine ortsgebundene Lebensform. Einzelhöfe wurden gebaut und Weiler entstanden.

Neolithikum

Die Menschen besiedelten zunächst die inneralpinen Trockentäler und den mediterranen Südrand. Um etwa 2000 v. Chr. waren die gesamten Alpen bewohnt; zur Zeit der Römer lebten bereits etwa zwei Millionen Menschen im Alpenraum. Die Römer interessierten sich aber weniger für den Siedlungsraum, sie betrachteten die Alpen vorwiegend als strategisches Verkehrshindernis. Aus der Römerzeit stammen denn auch die ersten Transitstrassen in den Alpen. Neuere Forschun-

Römerzeit

gen zeigen aber, dass nicht jeder als Römerstrasse deklarierte Passweg auch tatsächlich ein von den Römern gebauter und benutzter Weg war. Die römischen Legionäre umgingen die Alpen lieber, als dass sie über sie hinwegzogen.

Kleine Eiszeit

Nach einem starken Bevölkerungswachstum wurde um 1350 ein vorläufiges Maximum von drei Millionen Menschen erreicht. Die Pest und der Beginn der kleinen Eiszeit führten dann zu einem starken Bevölkerungsrückgang. Erst ab dem 16. Jahrhundert nahmen die Bevölkerungszahlen wieder kontinuierlich, in der Zeit der Vorindustrialisierung des 18. Jahrhunderts dann rasant zu.

Die Mehrheit der Bevölkerung lebte auf dem Lande, die Landwirtschaft bildete wie überall in Europa noch lange, bis weit ins 20. Jahrhundert hinein, das Rückgrat des Wirtschaftens.

Landleben ...

Das 20. Jahrhundert: Verstädterung und Abwanderung

Auf den farbigen Fotos aus aktuellen Ferienprospekten gleichen sich die verschiedenen Lebensräume und Landschaften der Alpen oft wie ein Ei dem andern:

... bis weit ins 20. Jahrhundert hinein. Lebensraum Alpenstadt: Davos

Bauernhaus und Chalet, Kuh, Bauer und sehr, sehr viel Berglandschaft. Unberührte Landschaft meistens. Würde man nur diesen Bildern Glauben schenken, könnte man meinen, dass die Mehrheit der Alpenbevölkerung immer noch im Bauernhaus wohne, immer noch als Bäuerin oder Bauer das Vieh auf den Weiden hüte. Dem aber ist beileibe nicht so: Bereits leben zwei Drittel der Bevölkerung in Städten – Tendenz zunehmend.

Bevölkerungszahlen

Belief sich die Bevölkerung im gesamten Alpenraum 1870 auf ca. 7 Millionen Menschen, so ist sie bis ins Jahr 2000 auf 11 Millionen angewachsen. Dieses (im europäischen Vergleich allerdings geringe) durchschnittliche Bevölkerungswachstum der letzten 130 Jahre verteilt sich sehr ungleich auf die ca. 6000 Alpengemeinden:

- 43 % der Alpengemeinden verloren zwischen 1870 und 1990 im Durchschnitt die Hälfte oder mehr ihrer Einwohner,
- 47% aller Alpengemeinden wuchsen zwischen 1870 und 1990 im Durchschnitt um das Doppelte.

Bevölkerungswachstum

Bis zum zweiten Weltkrieg lag das Bevölkerungswachstum in den Alpen immer deutlicher unter den europäischen Werten, danach glich es sich langsam an, seit 1981 liegen die Wachstumsraten der Alpenbevölkerung regelmäßig über denen der europäischen Staaten. Durch dieses starke Bevölkerungs- und das damit einhergehende Wirtschaftswachstum verlieren viele Regionen der Alpen ihre Position als strukturschwacher Raum in Europa. Aber nicht alle Alpentäler bzw. Alpenregionen nehmen an dieser Entwicklung teil, denn immerhin 1750 Gemeinden (oder knapp ein Drittel) verlieren seit 1981 weiterhin Einwohner.

Abwanderung

Betrachten wir die räumliche Verteilung der Gemeinden, die Einwohner verlieren oder im Gegenteil wachsen (Karte S. 201), fällt in vielen Alpenregionen das kleinräumige Mosaik von Abwanderung und Wachstum auf. Zwei Grossregionen zeigen dagegen eine einheitliche Tendenz: In den Tälern der Südwestalpen (Frankreich, Piemont und Ligurien) können wir eine mehr oder minder flächenhafte Entvölkerung feststellen. Die Abwanderung in diesen Tälern, die meistens fast ohne Tourismus sind, hat dort auch die grösseren Dörfer in den Tälern erfasst.

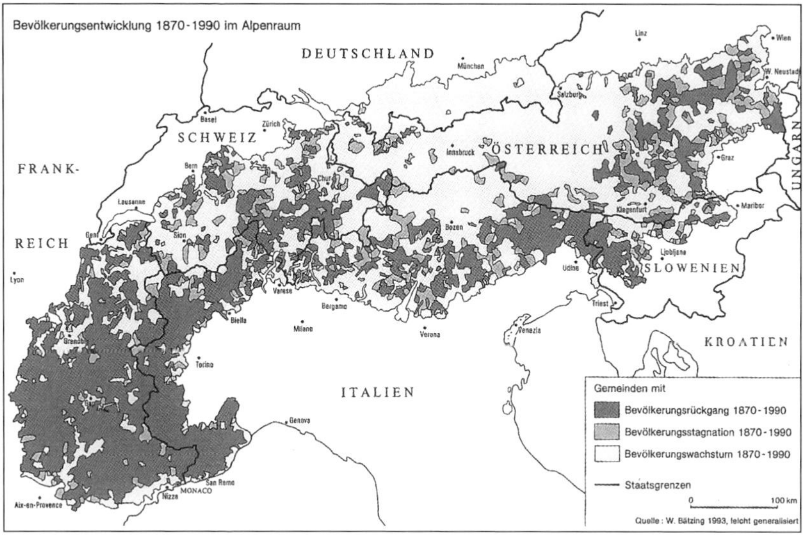

Bevölkerungsentwicklung 1870–1990 (nach W. Bätzing)

Die küstennahen Gemeinden in Frankreich profitieren auf besondere Art und Weise vom Tourismus an der Mittelmeerküste: Nicht wenige Einheimische fliehen aus den Städten und Tourismuszentren am Mittelmeer in die ruhigeren Ortschaften gegen die Berge hin, so dass einzelne Gemeinden in der Haute-Provence seit einigen Jahren ein leichtes Bevölkerungswachstum feststellen können. Ganz anders als in den Westalpen sieht das Bild in den Ostalpen (Bayern, Voralberg, Salzburg und Tirol) aus. Dort verstädtern mehr oder weniger alle Gemeinden in den Tälern, und selbst die Siedlungen in höheren Lagen wachsen dank der starken Tourismusindustrie.

Ostalpen

Schweiz

In der Schweiz existieren boomende und städtisch wirkende Tourismuszentren (Davos, St. Moritz, Zermatt) neben Gemeinden, die an Bevölkerung verloren haben und immer noch verlieren. Wir stellen aber ausser in einigen wenigen Tälern des Nordtessins kaum flächenhafte Abwanderung fest.

Den Alpenstädten gehört die Zukunft!?

Die Alpen liegen trotz der Osterweiterung der EU nach wie vor im Kreuzpunkt der grossen Wirtschaftszentren Europas. Die Alpenstädte, die meistens an wichtigen Transitachsen liegen, könnten (und werden wohl auch) in naher Zukunft von ihrer Position als Schnittstelle zwischen fernen Wirtschaftszentren und inneralpinen Tourismus-Zentren profitieren. So werden die Einwohnerzahlen in städtischen (und touristischen) Regionen der Alpen weiterhin zunehmen. Auch die grossen alpinen Zentren werden, zumindest in naher Zukunft, wirtschaftlich auf Kosten der kleinen und strukturschwachen wachsen. Denn das Gros der Touristen will zwar die Aussicht vom Balkon der Ferienwohnung oder des Hotels auf unberührte Landschaften, aber Sport-, Kultur- und Freizeitangebot sollten demjenigen der Stadt nicht nachstehen. In den immer weniger unterstützten Randregionen werden die Arbeitsplätze knapper, die Menschen werden zum Abwandern gezwungen, oder sie müssen grössere Pendlerstrecken zwischen Wohn- und Arbeitsort in Kauf nehmen.

Tourismus-Zentren

Randregionen

	Alpenstädte und Umfeld	Ländliche Regionen
Bevölkerung im Alpenraum	59 %	41 %
Arbeitsplätze	66 %	34 %
Anzahl Gemeinden	36 %	64 %
Fläche der Gemeinden	26 %	74 %

Schon fast zwei Drittel der Menschen in den Alpen leben und arbeiten in einer Stadt oder ihrem Umfeld, obschon diese Regionen nur einen Viertel der Fläche des Alpenraumes einnehmen (Quelle: Montana 5/2000).

Alpenstädten gehört die Zukunft!? Innsbruck

Die Walser

Eine besondere Rolle in der Besiedlungsgeschichte der Alpen nehmen die Walser ein. Ursprünglich aus dem alemannischen Kulturkreis nördlich der Alpen stammend, wanderten sie, aus nicht ganz geklärten Motiven, im frühen Mittelalter ins Oberwallis ein. Dort entwickelten sie im Laufe der Zeit eine hochspezialisierte Bauernwirtschaft. Infolge starken Geburtenüberschusses im Hochmittelalter war aber das kleine Tal bald zu eng für die vielen Mäuler. Gleichzeitig ermunterte die Verleihung besonderer Freiheiten durch kleinere Grundherren und Klöster, deren Interesse darin bestand, ihr Einflussgebiet zu vergrössern, viele Walserfamilien zwischen 1200 und 1360 zum Verlassen ihres Heimattales. So erhielten die Neusiedler z.B. das Recht, den urbar gemachten Boden innerhalb der Familie zu vererben. Der Pachtzins auf Grund und Boden war meistens klein und auf alle Zeiten unveränderlich! Damit erhielten Bauern, im übrigen Europa oft mittel- und rechtlos, zum ersten Mal in der Geschichte ihres Standes die Sicherheit, unabhängig von den Launen eines Feudalherren oder eines Klostervogtes selbst zu planen, Land zu bearbeiten und langfristig zu bewirtschaften. Da das erworbene Land meist nicht durch Erbe aufgeteilt werden durfte, waren die leer ausgegangenen Kinder immer wieder gezwungen, neues Land zu suchen.

Walserzüge

Die Walserzuge begannen im Oberwallis, von wo aus die Menschen zuerst nach Süden (Pomatt, Südtäler des Monte Rosa) und danach gegen Osten (Graubünden, Vorarlberg) wanderten, wo sie sich in hochgelegenen Talabschlüssen oberhalb der damals meist romanischen Dörfer niederliessen. Während der Klimaverschlechterung der «kleinen Eiszeit» mussten viele dieser hoch gelegenen Höfe und Siedlungen wieder aufgegeben werden oder wurden in Alpen (Almen) umgewandelt.
Lange Zeit bildete der Bauernhof als geschlossene, familiäre Einheit den Kern der Walserökonomie. Im Gegensatz zu anderen Regionen der Alpen, wo sich die Bauern zu Genossenschaften und Korporationen zusammenschlossen, waren für die frühen Walser Streusiedlungen, Einzelhöfe und sogar Familienalpen (Almen) typisch. Die Walserdörfer, wie wir sie beispielsweise im Goms finden, sind meist später entstanden.

Heute versucht die Walsergemeinschaft durch eine alpenweite Zusammenarbeit, ihre gemeinsame Identität zu stärken. Das wirklich Gemeinsame und Bindende dieser Kultur, der Walserdialekt, ist aber in den meisten Gemeinden bereits ausgestorben oder nur noch als Relikt vorhanden.

Mis Hüs im Herbscht

Z larschtzit êscht um,
mis Hüs ferlêrt älli Hoffart:
inkheit roti Schpêtzli
uf de Balku
uf de Forlöibu
un z Geranisch Kschmakch
fertagt ...

Etz mis Hüs treltschi-ê
in äs warums
lärchis Beltziê
un schmekcht Lercena,
äs atmut ä lewä Röich
und lögt rêwig
di erscht Bisa
z Tälli tekchä.

Anna Marie Bacher

Walsersiedlung Davos Dorf (Zeichnung H.C. Escher von der Linth, 1813)

Mein Haus im Herbst

Die Jahreszeit ist vorbei,
mein Haus verliert jegliche Eitelkeit:
kein roter Sperling mehr
auf dem Fenstersims
auf der Laube,
und auch der Duft der Geranien
lässt nach ...

Jetzt hüllt sich mein Haus
in einen warmen
lärchenen Pelz
und duftet nach Harz,
es atmet lauen Rauch
und betrachtet gelassen
den ersten Nebel,
der das Tal umfängt.

(Übertragung aus dem Pomattertitsch von Kurt Wanner, zitiert aus: Die Schwerkraft der Berge, Stroemfeld Verlag, Basel / Frankfurt a. M. 1997)

Heimelig – Das Chalet macht Schule

Chalet Suisse I

Chalet Suisse II

Chalet hier, Chalet da. Kein Baustil in den Schweizer Alpen wird derart stark mit bäuerlichem Bergdorf in Verbindung gebracht wie das Chalet aus Holz mit seinem Unterbau aus Stein (heute meist aus Beton).

Diese alte Bautradition kann aber vor allem als Kind der «geistigen Landesverteidigung» der Zwischenkriegsjahre bezeichnet werden. Erst in dieser Zeit wurde aus dem alpinen Bauernhaus ein Identifikationsobjekt für die ganzen Alpen. Die Idee des bäuerlichen Dorfes mit den Baumaterialien Holz und Naturstein wurde zur Bastion gegen das Fremde und Neue, gegen die avantgardistischen Bauten aus Beton und Blech, gegen Bolschewismus und Verstädterung erhoben. Der damals national und ideologisch gefärbte schweizerische Heimatschutz orientierte sich stark an einer rückwärtsgewandten Ortsbild-Politik. Und damit wurde der Chaletstil zur Alpenarchitektur par excellence, obwohl er kaum dem frühen bäuerlichen Wohnen entspricht, auf das er sich beruft, noch dem touristischem Baubedarf der Nachkriegsjahre gerecht werden konnte. Aus dem anfänglich regionalen Baustil wurde der alpenumfassende Heimatstil.

Die Abneigung und der Kampf gegen architektonische Neuerungen und die architektonisch-heimatschützlerische Monokultur führte im ganzen Alpenraum zu Ortsbildern, wo diese scheinbare Tradition und Baureglemente den Chaletstil zum einzig zulässigen Baustil erklärten. Mit dem Aufkommen des Massentourismus und mit der Sehnsucht der Touristen nach einer ländlichen und dörf-

lichen (Gegen-)Welt wurde das Chalet auch von den Touristikern zum verkaufsfördernden Sinnbild alpiner Architektur gemacht. Dies führte in den siebziger Jahren zu den bekannten Ortsbildern mit Appartementhäusern und Hotels im Jumbo-Chalet-Stil. Heidi im Riesenchalet. Die bieder-bürgerliche Chalet-Architektur wurde im Laufe der Zeit auch von den Einheimischen als die ortsübliche akzeptiert und entspricht nach wie vor der touristischen Nachfrage nach dem Ländlichen und Gemütlichkeit.

Chalet Suisse III

Überall Stelahc

Neues Leben in entvölkerte Alpentäler?

Südwestalpen

Valle Susa, Val Sangone, Val Chisone, Val Germanasca, Val Pellice, Valle Po, Valle Varaita, Valle Maira, Val Grana, Valle Stura. Die Täler der italienischen Südwestalpen sind vielleicht einigen Wanderern ein Begriff, sonst aber hat die touristische Entwicklung einen Bogen um dieses Gebiet gemacht. Diese Gebirgszüge zwischen dem Susatal im Norden und dem Sturatal im Süden gehören zu den am stärksten grossflächig entvölkerten Regionen des ganzen Alpenbogens. Der Alpenforscher Werner Bätzing, Professor für Kulturgeografie an der Universität Erlangen, der sich seit 20 Jahren intensiv mit dieser Region und den Menschen dieser Täler auseinander setzt, berichtet im Interview mit Jürg Frischknecht und Ursula Bauer über Chancen und Zukunft dieser im deutschen Sprachraum wenig bekannten Alpenregion. Die Entwicklung in den Südwestalpen ist beispielhaft für andere strukturschwache Alpenregionen.

Sie verfolgen die Entwicklung seit über zwei Jahrzehnten. Gab es besondere Hoffnungen und Enttäuschungen?

Eine Hoffnung, die sich ein Stück weit erfüllt hat, ist die GTA, die Grande Traversata delle Alpi, ein Weitwanderweg von der Schweizer Grenze zum Mittelmeer, die der Region gewisse Chancen und Möglichkeiten gibt, auch wenn es sehr lange gedauert hat. Ich hatte Hoffnungen, dass sich das ausweitet, doch mit den Projekten für Rundwanderwege in andern Tälern ist es schlecht gelaufen. Ein anderer Hoffnungsschimmer ist die gelungene Aufwertung der Sambucana-Schafe. Zwei Brüder aus dem Neraissatal, die ich seit 1978 kenne, hielten damals fast als einzige diese autochthone Rasse rein. Eine Enttäuschung ist die Begeisterung fast aller Politiker für die Autobahn Cuneo–Nizza mit einem Tunnel im Sturatal. Zum Glück haben bei den französischen Wahlen die Linken gewonnen; es scheint, dass sich die Franzosen aus dem Projekt zurückziehen. In den fünfziger, sechziger Jahren gab es auch im Mairatal solche Strassenprojekte.

Am Colle S. Giovanni

Nirgends ist der Alpenbogen entvölkerter. Weshalb gerade in diesen Tälern?

Es gibt eine ganze Reihe vergleichbarer Täler, Täler, die ein steiles Relief haben und in einem grossräumigen Passivraum liegen, die in jeder Hinsicht entwertet werden, in denen es keinen Tourismus gibt, in denen die Voraussetzungen für die Landwirtschaft schlecht sind. Viele dieser Gebiete zeigen in den letzten ein, zwei Jahrzehnten wieder leichte Aufwärtstendenzen, allerdings auf einem sehr niedrigen Niveau. In den südfranzösischen Alpen führt der Druck aus dem sehr dynamischen Raum Nizza-Cannes-Grasse dazu, dass der Alpenraum wieder aufgewertet wird.

Weshalb bleibt diese Trendwende auf der italienischen Seite aus?

Die nationalen Rahmenbedingungen spielen offensichtlich eine wichtige Rolle. Die Bevölkerungsentwicklung der italienischen Alpen unterscheidet sich signifikant von denen der Schweizer oder der österreichischen Alpen. In Italien hat das Berggebiet mental keine Bedeutung. Blockierend wirken auch die chaotische italienische Politik, die Probleme mit der Mafia und den Tangenti. Dass sich so grosse Passivräume erhalten können, hat mit diesen Rahmenbedingungen zu tun.

Am Colle di Bellino

Bleiben die Täler eine «besiegte Welt»?

Ich erkenne noch keine Ansätze für eine Wiederaufwertung, für eine Trendwende. Die Bevölkerungszahlen gehen in praktisch allen Gemeinden weiter zurück. Auch auf der persönlichen Ebene, wenn ich frage, ob sich etwas tut, sehe ich keine Wiederaufwertung. Es geht weiter den Weg runter.

Wie könnte eine nachhaltige Entwicklung in Gang kommen?

Sie kann nur von unten kommen. Man müsste die bestehenden Potenziale innovativ ausnutzen und miteinander verknüpfen, die Kombination Handwerk-Landwirtschaft-Tourismus-Nebenerwerb auf eine intelligente Weise bündeln. Dazu braucht es vor allem innovative Persönlichkeiten. Doch gerade die fehlen. Die Menschen, die übriggeblieben sind, haben oft weder die Fähigkeiten noch den Willen und bleiben dem Phänomen der kulturellen Erstarrung verhaftet.

Der Wald übernimmt grosse Teile der einstigen Kulturlandschaft. Hat die Landwirtschaft nur noch auf den Alpweiden eine Zukunft?

Eine Aufwertung der Landwirtschaft ist im Mairatal schwieriger als in den Nachbartälern, weil das Haupttal so eng und schluchtartig ist. Die grossen ebenen Flächen finden sich eigentlich nur oben, auf den Almen. Zentral ist deshalb die Viehwirtschaft und eine angepasste Waldwirtschaft.

Welche Rolle könnte der Tourismus spielen?

Als Monostruktur wäre er schnell unverträglich. Doch als Impulsgeber kann er Menschen motivieren, etwas Neues zu machen und ihre Existenz auf mehrere Standbeine abzustützen. Wichtig ist, dass der Tourismus in Kombination mit anderen Aktivitäten ausgeübt wird, dass Kombinationen geschaffen werden. Die Percorsi Occitani, Weitwanderweg im Mairatal, sind eine ideale Struktur, um einen flächenhaften Tourismus aufzubauen – in Ergänzung zur linienhaften GTA. Wo prinzipiell wenig Hoffnung ist, können die kleinen, aber konkreten Erfolge der GTA oder der Percorsi Occitani wieder Hoffnung wachsen lassen und die Leute veranlassen, sich zu engagieren.

Wie kommt es, dass es in den Nachbartälern keinen ähnlichen Rundwanderweg gibt?

Kriegsschauplatz, Monte Vaccia

Livio Quaranta, dem Präsidenten der Comunità montana Valle Stura, habe ich die Idee eines Rundwanderweges für das Sturatal bereits 1988 vorgeschlagen. Er sagte, diese Idee aus den siebziger Jahren interessiere niemanden. Es fehlte jedes Verständnis, dass ein solcher Ansatz sinnvoll sein könnte. Wenn man sieht, wie sich die Italiener im Gebirge aufhalten, dann ist ein Rundwanderweg tatsächlich absurd. Das ist eine Idee, die Leuten von nördlich der Alpen spontan einleuchtet, die aber bei Italienern erst mal auf sehr wenig Verständnis trifft.

Im Valle Maira und in den Nachbartälern gibt es ein neues okzitanisches Selbstbewusstsein. Hilft die kulturelle Identität auch wirtschaftlich?

Für die Aufwertung der lokalen Produkte der Täler ist die okzitanische Kultur extrem wichtig. Ohne ein kulturelles Selbstbewusstsein sind in den Augen der Einheimischen auch ihre Produkte nichts wert. Ein Bewusstwerden der eigenen okzitanischen Kultur ist Voraussetzung für eine eigenständige wirtschaftliche Entwicklung in den Tälern. Auch die internationalen Kontakte mit anderen Minderheitengruppen in Europa können Innovationen auslösen, etwa, wie man die lokalen Produkte als Qualitätsprodukte besser ausweist und besser vermarktet. Ein Beispiel ist die Aufwertung der Sambucana-Schafrasse. Im Mairatal werden mit dem geplanten Espace ocitan wichtige Arbeitsplätze im Bereich Direktvermarktung und Produkt-Labeling geschaffen.

Früher gab es enge Kontakte mit Frankreich. Ist eine Wiederbelebung der alten Beziehungen denkbar?

Eigentlich besteht eine solche Struktur mit dem Projekt Paesi del Viso. Das ist im Kern eine touristische Sache. Aber es war von Anfang an als grösseres Projekt angelegt, das auch als Label dienen sollte für ländliche Qualitätsprodukte. Es ist schade, dass das Projekt nicht recht vom Fleck kommt. Da die gesamte Region ähnliche Strukturen und Probleme hat und insgesamt wenig technischen Tourismus, wäre ein gemeinsamer Auftritt als Paesi del Viso sehr sinnvoll. Für den Tourismus könnte das ein zweites Bein werden neben Mairaweg und GTA. Und ein Label für ländliche Qualitätsprodukte der Gegend. Bei der Lancierung eines solchen Labels für das Gebiet der Cottischen Alpen, in Italien wie in Frankreich, könnten Interreg-Programme einen wichtigen Beitrag leisten. Aber die Initiative dazu müsste aus der Region kommen, von den Gemeinden, den Comunità montane und den entsprechenden Strukturen in Frankreich. So könnte die Region um den Monviso ein spezifisches Profil entwickeln und sich nach aussen besser präsentieren.

Valle di Susa

(Quelle: Ausschnitt aus dem Interview in: Bauer/Frischknecht, Antipasti und alte Wege, Rotpunkt Verlag, Zürich 2000)

«...und sah, mit welch unendlicher Mühe unsere Alten ein bisschen Erde zusammengekratzt hatten, gerade genug, um nicht Hungers sterben zu müssen. Sie hatten an unzugänglichsten Stellen Sennhütten und Wege gebaut, um die Wiesen und für die sòstene kilometerweise Mäuerchen errichtet, den Fluss und die Wildbäche eingedämmt und sogar Erde auf die grösseren Erdblöcke hinaufgeschleppt, um ein paar Gemüsebeete anzulegen oder ein Stückchen Wiese, das vielleicht eine Handvoll Heu lieferte. Jahrhundertelange, beharrliche Mühe, und dann rutscht der Berg ab, kaum dass man Zeit hatte, ein Ave zu sagen, oder das Hochwasser durchbrach die Dämme, fegte die Felder hinweg und riss die ganzen Ställe mitsamt dem Heu und den Kühen mit sich fort. Wenn der Fluss heute keine Verheerungen anrichtet, so nur weil er uns schon alles angetan hat, was in seiner Macht stand, das sage ich dir.»
Plinio Martini (Nicht Anfang und nicht Ende, Werner Classen Verlag, Zürich 1991)

«Mein Vater hat als 13-jähriger beim Tunnelbau des Lötschbergs gearbeitet. Geld hatte man keines. Er war der älteste der Familie und musste auf Verdienst gehen. Im Sommer war er in Goppenstein und hat dort Bohrer und Spitzmeissel getragen. Im Winter ging er wieder in die Schule. Er starb an Staublunge, denn später hat er noch oft in den Stollen gearbeitet, in Marécottes, im Wägital, im ersten und zweiten Weltkrieg natürlich in den Kohleminen von Ferden».
H. Blötzer, Ferden/VS (zitiert aus: Tausend Grüsse aus den Bergen, Henzen-Bellwald, Arlesheim 1992)

Holzschlitten aus dem Münstertal (GR)

Vom Jäger und Sammler zum Bauern

Seit mehreren tausend Jahren wohnen und arbeiten Menschen in den Alpen. Jäger und Sammler durchstreiften die Weiden und Täler des südwestlichen Alpenrandes bereits vor 100 000 Jahren. Im Neolithikum entstanden in den vorderasiatischen Gebirgen Ackerbau und Viehwirtschaft, die damaligen Jäger und Sammler wurden zu sesshaften Bauern.

Landwirtschaft

Südalpen

Nordalpen

Bereits ab ca. 5000 v. Chr. siedelten die ersten Bauernfamilien am mediterran geprägten Südsaum der Alpen und in den inneralpinen Trockentälern. Die Landwirtschaft blieb in den Alpen bis weit ins 19. Jahrhundert hinein die wichtigste Lebensgrundlage der Menschen und die Basis des Wirtschaftens. Während in den Südalpen dank der klimatischen Gunst der Getreideanbau eine sehr wichtige Stellung einnahm, dominierte in den Nordalpen die Viehwirtschaft mit Käseproduktion. In vielen Tälern und Gemeinden der Alpen blühte eine reiche bäuerliche Kultur mit reichem Kunsthandwerk und einer hoch stehenden und kunstvollen Architektur.

Bönigen BE

Museumsstück zum Sitzen

Saanen BE

Ardez (GR)

Bauernarbeit formt die Landschaft

Bergbäuerliche Arbeit hat lange Zeit die Landschaft gestaltet und tut es immer noch.

Seit die ersten Bauern in den Alpen siedeln, verändern die Menschen ständig das Gesicht, die Landschaft, dieses Gebigsraumes. Die bergbäuerliche Arbeit brachte eine erste radikale Veränderung der Natur, eine ökologische und landschaftliche Umwälzung. In sehr grossem Masse wurden Wälder für Ackerbau und Weiden gerodet, Mauern und Wege angelegt, Wiesen bewässert, Unkräuter ausgerottet. Die unterschiedlichen Anbaumethoden und die verschiedensten naturräumlichen Voraussetzungen schufen im Laufe der Zeit eine ökologische und landschaftliche Vielfalt auf kleinstem Raum, die für Europa einzigartig ist.

Selbstversorgung und Handel

Wirtschaftsräume

Die Wirtschaftsräume in den Alpen waren im Mittelalter noch relativ eng und regional begrenzt (ca. 50 km Radius). Wegen dem langsamen und teuren Transport der Waren baute man so viel wie möglich selber an. Dem Charakter des bergbäuerlichen Denkens entsprechend galt als Ziel der Familienbetriebe ein möglichst hoher Grad an Selbstversorgung: Besitz von Boden, Gütern und Vieh garantierten nicht nur materielle Sicherheit, sondern waren gleichzeitig Gradmesser der sozialen Stellung. Wer mehr produzierte, als er für seine Familie benötigte, konnte dies gegen Notwendiges (z.B. Salz und Eisen) oder weniger Notwendiges

Selbstversorgung

(z.B. Luxusgüter) eintauschen. Entgegen dem landläufigen Bild gab es in den Alpen aber bereits im Mittelalter nicht nur Landwirtschaft: In beinahe jedem Tal wurden Bodenschätze (vgl. S. 68 oben) abgebaut oder verarbeitet, eine intensive Waldwirtschaft belieferte die europäischen Städte mit Holz, das Handwerk blühte und an den Transitpässen fanden viele Menschen Arbeit im überregionalen Saumverkehr.

Bodenschätze

Säumerkolonne am Grimselpass

Schmelzofen Trachsellauenen im Lauterbrunnental (BE)

Die Alpen im Zeitalter der Maschinen

«Unsere Jugend sucht sich immer mehr dem schweren landwirtschaftlichen Beruf zu entziehen und irgendwie auf andere Weise ein besseres und sichereres Durchkommen zu finden. Die alten und einfachen Gebräuche verschwinden. Mögen unsere Söhne und Töchter den altehrwürdigen Beruf unserer Väter nicht gering achten. Er bildet doch immer noch die Grundlage und die feste Stütze der staatlichen und gesellschaftlichen Ordnung.»
Aufruf an die Jugend (Walliser Bote 1899, zitiert nach: Verreiste Berge, Studienverlag GmbH, Innsbruck 1995)

Industriealisierung

Die eigentliche Industrialisierung (der Bau von Eisenbahnen und Industrieanlagen) setzt in den Alpen etwas später ein (ab 1870/1880) als in andern Teilen Europas. Die Alpenbewohner bekamen die Industrialisierung des restlichen Europa aber indirekt schon vorher zu spüren: Bergbauern und Kleingewerbe erhielten Konkurrenz aus der Ebene, der arbeitsintensive Erzabbau und die lokale Verhüttung wurden um 1850 beinahe überall eingestellt. Zu hoch waren die Kosten im Gebirge, das traditionelle Handwerk und das Gewerbe sahen sich durch billigere, industriell hergestellte Waren aus dem Unterland bedrängt. Die vielfältige Wirtschaftsstruktur in den Alpen reduzierte sich im Laufe weniger Jahrzehnte auf die Landwirtschaft, die durch die erschwerten naturräumlichen Bedingungen um ihr Überleben kämpfen musste. Der Alpenraum wurde in dieser Zeit zur strukturschwachen Region Europas. Nur wenige Täler und Gemeinden konnten vom Wirtschaftsaufschwung dieser Zeit profitieren: Dies waren in erster Linie die gut erreichbaren Tallagen mit Eisenbahnanschluss und in zweiter Linie die sich entwickelnden Tourismuszentren.

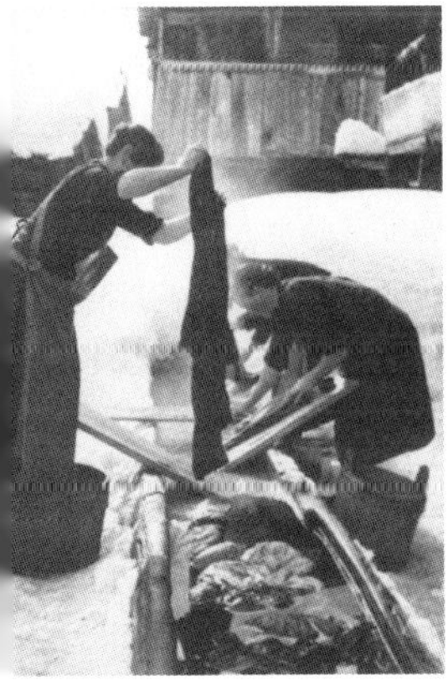

Vormaschinell:
Waschtag im Lötschental (VS)

In der Schweiz wirkte sich die Industrialisierung schnell und stark auf die wirtschaftlichen Rahmenbedingungen im Alpenraum aus. Da die Schweiz nicht über eigene Kohle verfügt, setzte die Industrie auf Wasserkraft.

Wasserkraft

Bevor man mit Wasser transportierbaren Strom erzeugte, mussten die Maschinen direkt durch Wasserräder angetrieben werden. Unter anderem deshalb entstanden in der Schweiz die ersten Industriebetriebe in den Voralpen (Zürcher Oberland, Glarus, Toggenburg), wo genügend Wasser floss. Erst später zogen die Fabriken in die Städte, als der Transport von Strom billiger wurde als der von fertigen Gütern.

Strukturwandel

Der importierte Strukturwandel von der bergbäuerlichen zur industriell geprägten Gesellschaft veränderte die Lebens- und Arbeitsbedingungen in den Alpen innerhalb weniger Jahrzehnte stärker als in allen vorhergehenden Jahrhunderten.

Industrieanlagen prägen so manches Alpental (VS).

Die erschlossenen Alpen

Die Entwicklung der Wirtschaft hin zum Tourismus und der Boom in ganz Europa nach dem Krieg führte auch in den Alpen zum beschleunigten Wirtschaftswachstum der 60er- und 70er-Jahre. Weite Teile des Gebirges wurden für den Autoverkehr erschlossen, in der Schweiz wurde zudem das öffentliche Verkehrsnetz stark ausgebaut. Die gute Erschliessung vieler Alpentäler hatte nicht nur den (gewünschten) Effekt, dass mehr Touristen kamen und die einheimische Wirtschaft stärkten, sondern sie führte vielerorts zu beträchtlichem Pendelverkehr, da die Einheimischen leichter auswärts arbeiten konnten.

Vorindustriell: Buttern am Wasser

Die neuen Technologien, die Computerisierung unserer Gesellschaft verändert die Arbeitssituation auch für die Menschen in den Alpen. Die hochfliegenden Pläne in den 80er- und 90er-Jahren, die aus ganzen Alpentälern einen einzigen vernetzten Arbeitsplatz machen wollen, lösen sich in Schall und Rauch auf. Es wird sich weisen, in welchem Masse die Strukturen und die Menschen in den Alpen den Herausforderungen der modernen Zeit (hoher Grad an persönlicher Mobilität, Flexibilität, Fachkenntnisse und laufende Weiterbildung) gewachsen sein werden.

Flüssiges Gold aus den Schweizer Bergen

Eine kurze Geschichte der Elektrizität

Ein Tal, dem Strom geweiht (Oberaar, BE)

Die Angst vor der Öffnung

War die Geschichte der Wasserkraftnutzung in den 80er- und 90er-Jahren geprägt durch den Kampf für oder gegen neue Stauwerke (z.B. Curciusa, Grimsel West), dreht sich die aktuelle Energiediskussion um die Öffnung und Liberalisierung der Strommärkte. Wenn die EU wie beschlossen ihren Strommarkt liberalisiert, kommt auch die Schweiz nicht darum herum. Für die Bergkantone ergibt sich dadurch ein Problem. Im freien Wettbewerb kann ihre relativ teure Wasserkraft nämlich nur schwer bestehen. Ihr droht unter anderem die Konkurrenz der billigen Gas-Kombi-Kraftwerke. Besonders Gebirgskantone haben ein vitales Interesse an der Wasserkraft, denn die Wasserzinsen tragen ihnen jährlich rund 400 Millionen Franken ein. Mit 120 Millionen streicht das Wallis den grössten Betrag ein, der Kanton Glarus beispielsweise erhält lediglich rund fünf Millionen. Während dies im Wallis umgerechnet auf die gesamten Staatseinnahmen rund 10 Prozent ausmacht, sind es in Glarus deutlich weniger.

Die Anfänge

Die Geschichte der schweizerischen Wasserkraftnutzung in den Alpen reicht mittlerweile 100 Jahre zurück.
Die Ausnutzung der Wasserkraft zur Erzeugung elektrischer Energie geht in der Schweiz auf das Jahr 1879 zurück. Damals wurde in St. Moritz eine 7-kW-Anlage in Betrieb genommen. Elektrische Energie wurde in unserem Land bezeichnenderweise zuerst zum Amüsement gut betuchter Gäste und nicht für Industrieanlagen produziert. Mit dem steten und forcierten Wachstum der hydroelektrischen Industrie in der Schweiz begannen

schon bald die Diskussionen über das Nutzungsrecht der Wasserkraft. Der Bund erhielt in der Bundesverfassung von 1908 die Oberaufsicht über den Ausbau der Wasserkräfte. Der Schweizerische Föderalismus legte die eigentliche Entscheidungskompetenz zur Konzessionserteilung in die Hände der Kantone oder der Gemeinden. Dabei mag der Umstand mitgeholfen haben, dass zu Beginn der Elektrifizierung der eigentliche Energietransport über grosse Distanzen noch nicht möglich war und sich deshalb eine regionale Lösung anbot. Diese Entwicklung mit regionalen Autarkiebestrebungen hielt bis in die 40er- und 50er-Jahre an.
Zu Beginn des Jahrhunderts war die Energiewirtschaft im Wesentlichen zweigeteilt. Die staatlichen Gesellschaften beschränkten sich auf die lokale Verteilung und den Bau von Überlandleitungen, die privaten konzentrierten sich auf Energieerzeugung und -export. Die zunehmende Elektrifizierung der Schweiz – sie war in dieser Beziehung bis über den zweiten Weltkrieg hinaus lange das am besten erschlossene Land der Welt – und der stetig wachsende Energiebedarf verlangten immer grössere Investitionen. Die einzelnen Gesellschaften waren oft nicht mehr in der Lage, diese Mittel allein aufzutreiben. So schlossen sich in der ersten Hälfte des Jahrhunderts private und öffentliche Unternehmungen zusammen. Die grossen hydroelektrischen Verbände in der Schweiz, der SEV und der VSE, versuchten diese Einheitsbestrebungen und eine gemeinsame Forschung zu fördern.

Die Elektrifizierung der Schweiz

Der wachsende Konsum elektrischer Energie wurde in unserem Land lange Zeit gewünscht und gefördert. Die Wasserkraft als nationale Ressource war Sinnbild von Unabhängigkeit und wirtschaftlichem Wohlergehen. Sogar der zweite Weltkrieg konnte das stete Wachstum der einheimischen Energieproduktion nicht bremsen. Während dieser Zeit wurde die Verwendung einheimischer Energieträger speziell gefördert. So wurden in den Kriegsjahren Brennstoffe wie Torf, Anthrazit, Braun- oder Schieferkohle abgebaut. Nach dem Krieg wurde der Abbau dieser wenig ergiebigen Vorkommen aber wieder eingestellt. Waren es bis zu Beginn des Krieges vor allem

Über dem Wasser geblieben (Greina, GR/TI)

feste Brennstoffe gewesen, davon ein wesentlicher Anteil Holz, und die Wasserkraft, die die Pfeiler der schweizerischen Energieproduktion waren, stieg nach Kriegsende der Verbrauch von Erdöl massiv an. Die Schweiz erlebte wie die übrigen Länder des Westens eine Phase verstärkter Motorisierung, eine noch einmal forcierte Elektrifizierung und den beinahe vollständigen Ersatz des Holzes für Heizzwecke durch Erdöl.
Bis zum Ende des zweiten Weltkrieges konnte die Eigenproduktion elektrischer Energie aus Wasserkraftwerken den Eigenbedarf ohne weiteres decken. Die geringen Importe dienten vorwiegend der Deckung gelegentlicher Engpässe im Winterhalbjahr. In den Kriegsjahren regelte der Bund den Energieverbrauch. So wurde der Verbrauch von flüssigen Brennstoffen für Motorfahrzeuge stark eingeschränkt. Den Eisenbahnen wurde im Jahre 1942 eine Einsparung von Energie um 10 % auferlegt, obschon die Schweiz im selben Jahr bedeutende Mengen elektrischer Energie exportierte. Die Ambivalenz der Schweizerischen Energiepolitik, den Ausbau der Wasserkraft zur Deckung des Eigenbedarfs und Strom als Exportgut zu produzieren, war schon in den 40er-Jahren spürbar. So überstieg trotz staatlich auferlegter Einschränkungen des inländischen Konsums die Menge der exportierten Energie diejenige, die eingeführt wurde, um ein Vielfa-

ches. Selbst nach dem Krieg blieben die Verbrauchseinschränkungen eine gewisse Zeit bestehen. In den 50er-, 60er- und noch in den 70er-Jahren wurden in den Schweizer Alpen viele der grossen Stauseen gebaut. Die Bedeutung der Wasserkraft als Energieträger ist nach wie vor hoch, werden doch in der Schweiz immer noch etwa 2/3 der elektrischen Energie durch eigene Wasserkraftwerke gedeckt (vgl. auch S. 164, Restwassermenge).

«Mit der beständigen Zunahme der Bevölkerung, der Haushaltungen und der industriellen Verbraucher steigt ganz einfach auch der Strombedarf», erklärte Steiger. *«In trockenen Wintern ist die Versorgung schon jetzt knapp, vom internationalen Bedarf gar nicht zu reden, und sie kann nur durch neue Kraftwerke sichergestellt werden. Ausserdem müssen wir Energie zu Kompensationszwecken ausführen können, was vorläufig nur im Sommer möglich ist. Unsere Volkswirtschaft ist auf die Krafterzeugung angewiesen, und ich begreife nicht, dass du dich dagegen wehren kannst.»*
«Unsinn, Erich!» rief der Major. *«Ich wehre mich nicht gegen die Krafterzeugung, fällt mir nicht ein. Kraftwerke sind unentbehrlich. Sie dürfen aber nicht zur Vernichtung ganzer Täler führen, und sie sollen nicht die Industrie veranlassen, ohne Rücksicht auf das Ganze weiter zu wuchern, Landwirtschaft, Gewerbe und Handwerk zu verdrängen und die Natur zu verhunzen. Wir würden gar nicht soviel mehr Strom brauchen, wenn die Stromerzeugung nicht ein so gutes Geschäft wäre. Prosperität, blühende Wirtschaft, Wohlstand – alles schön und recht, aber der materielle Wohlstand ist nicht unser höchstes Ziel, es gibt noch höhere Werte, und es ist eine Schande, wenn wir auf Kosten dieser Werte unseren Geldsack füllen. Der innere Wohlstand ist wichtiger als der äussere.»*
Meinrad Inglin (Urwang, Atlantis Verlag, Zürich/Freiburg i. Br. 1954)

Ernte aus Stein

Gedanken zu einem Bild, aufgenommen auf der ehemaligen Göscheneralp / Kt. Uri, die in den 60er-Jahren für immer in den Fluten eines Stausees verschwunden ist.

«Hier ist ja der Stein auf dem sass ich gestern am Morgen; und hier trat der Wahrsager zu mir, und hier hörte ich zuerst den Schrei, den ich eben hörte, den grossen Notschrei.»
Friedrich Nietzsche (Also sprach Zarathustra)

Stehen wir vor einem Stein, der die Grösse desjenigen hat, auf dem die Frau mit der Hacke arbeitet, sagen wir vielleicht zum Vergleich: «Der Stein ist so gross wie ein Haus.» Betrachten wir die Fotografie etwas genauer, stimmt der Satz für den Stein mit der Frau, nicht aber für das Haus, denn die Häuser im Hintergrund sind weitaus grösser: Zweistöckige Holzhäuser.
Der Stein auf dem Bild liegt am Rande einer flachen Ebene, in deren Mitte sich die Holzhauser zusammenscharen. Gerade so, als gäben sie sich gemeinsam etwas Wärme und Geborgenheit. Sie stehen als Gruppe etwas abseits der Bergflanke, von der Muren und Lawinen dro-

Unter Wasser: Die ehemalige Göscheneralp

hen. Mit etwas Distanz zu den Wohnhäusern, wie verloren und etwas einsam, steht die Kirche. In dieser dörflichen Gemeinschaft steht die Kirche nicht über, sondern neben den Menschen, etwas abseits. So als ob Gott zu den Menschen Distanz genommen hätte, da oben in der Göscheneralp. Doch die Kirche steht zwischen Berghang und Siedlung. Käme die Lawine aus diesen Hängen herab, würde sie zu allererst durch das Gotteshaus fahren und würde vielleicht gebremst, bevor sie die Häuser der Menschen erreicht.

Wären die Frau auf dem Stein und die beiden Kinder nicht, die Fotografie könnte ein verlassenes Dorf zeigen. Es leben aber Menschen da. Und vielleicht ergibt sich der Eindruck von Verlassenheit und Tod, weil ich um das spätere Ende des Dorfes und der Menschen weiss. Weil ich denke, dass trotz des ewigen Wandels in der Welt der Untergang eines Dorfes in einem Stausee nicht normal ist und nicht normal sein darf. Weil ich weiss, dass zum Zeitpunkt dieses Fotos, als nur wenige Begüterte und Privilegierte das Recht auf Reisen besassen, die Menschen in ihrem Dorf blieben und in den Häusern ihrer Ahnen starben. In der Zeit, in der das Bild aufgenommen wurde, blieben die Menschen meistens ein Leben lang in ihrer Dorfgemeinschaft. Und die Dörfer überdauerten die Menschen.

Die Menschen der Göscheneralp lebten in einer Landschaft, die geprägt war von Granit. Von Stein. Steinerne Formen. Wandelbar. Die granitene Bergwelt ist streng mit klaren Formen. Sie zeugt von Notwendigkeit. Und Fruchtbarkeit. Trotzdem. Das Zusammenspiel von Gletscher und Granit bildet grosszügige Landschaften aus. Die Formen dieses Gesteins sind weit und offen. Ihre Oberflächenfarben sind grau, braun und rot. Sie sind nahe bei der Farbe des fruchtbaren Bodens.

Die Frau auf dem Steinblock hackt in einem Kartoffelacker. Kartoffeln wachsen auch unterhalb des Steins. Das flache Land im Hintergrund dient etwas anderem als dem Anbau von Getreide, Kartoffeln oder Gemüse. Wiese oder Weide. Das gute Land gehört dem Vieh.

Wo Steine lagen, war schwieriges Land. Erst, wer die Steine aus dem Land geschafft hatte, konnte mähen. So liegen sie am Rand. Die Erde auf dem Stein haben die Menschen auf den Stein getragen. Ein paar Kartoffeln für den Winter. Aus Notwendigkeit. Die Zeiten der Notwendigkeit.

Genau wie die ehemaligen Bewohner der Göscheneralp häuften die Arbeiter des Kraftwerkkonsortiums für den Stausee auf der Göscheneralp Steine an den Rand der Ebene. Ein Erd- und Steindamm entstand: 155 m hoch, 540 m breit. Die Mauer der Kraftwerkerbauer hat andere Dimensionen als die Mäuerchen der Bauern auf der Göscheneralp. Die verschiedenen Mauern, die Wahl von Grösse und Zweck, sind Produkte menschlichen Geistes. Die Steinmäuerchen der Bauern grenzen die Natur zum Zwecke der Erfüllung körperlicher Arbeit ab, die Mauer des Sees grenzt die Natur zum Zwecke der Reduzierung menschlicher Arbeit aus.

Was war das für eine Zeit, in der Menschen ihre Äcker auch in unserem Land auf Steinblöcken anlegten? Wo die Erde knapp war. Wo die Steine in den Himmel wuchsen. Wir alle kennen die Terrassen von Nepal, die hängenden Reisfelder der Philippinen. Bilder von arbeitenden Bauern. Bilder. Dass diese Bilder, aus welchen Zeiten und Winkeln sie auch kommen, unsere Welt zeigen, vergessen wir allzu leicht.

Kunst, Kultur und Leben in den Alpen

Ein Interview mit Adolf Urweider

Ist Kunst die Brücke?

So vielfältig der Naturraum, so vielfältig ist auch das kulturelle und künstlerische Erbe in den Alpen. In jedem Tal wurden besondere Feste gefeiert, da und dort sind Reste uralter Dialekte erhalten geblieben, eine halb verfallene Kapelle mit Fresken aus vergangenen Zeiten begegnet uns am Wegrand oder ein Wirt serviert uns Spezialitäten, die wir in den Städten nicht finden. Doch diese Vielfalt ist am verschwinden. Globalisierung, Kommerz, Wohlstand und die virtuelle Zauberei fordern auch im Alpenraum ihren Tribut, eröffnen aber auch zusätzliche Möglichkeiten.
Wo steht die Kultur im Alpenraum, in welchem Verhältnis steht sie zur Natur und wie lebt es sich als Künstler in den Alpen?
Nachfolgende Textpassagen entstammen einem Gespräch vom 11.7.2000 mit Adolf Urweider. Er lebt als Maler und Bildhauer in den Bergen oberhalb Meringen im Berner Oberland. Sein künstlerisches Werk ist reich und vielfältig und er hat sich als Künstler und als Bewohner des Alpenraums immer auch für den Lebens- und Naturraum eingesetzt.

Lebensraum Alpen

Die Alpen sind ein Gebiet, wo man unter extremen Bedingungen gelebt hat. Immer. Die Natur und alles ist extrem, man lebt in einer Grenzregion, wo es gerade noch möglich ist zu leben. Ich vergleiche die Leute in den Alpen mit Leuten, die in der Wüste leben oder am Meer. Die Alpenbewohner sind Menschen, die unter extremen Naturbedingungen leben oder lebten – im Gegensatz zu den Flachlandbewohnern, wo die Bedrohung durch die Natur weniger gross ist. Wie weit dieser Unterschied heute noch besteht, wie echt er noch ist, kann ich nicht sagen. Im Alpenraum muss man sich einfach mehr mit der Natur beschäftigen, in der Stadt eher mit den Mitmenschen, da unterscheiden sich Stadt und Alpen.

Das Leben unter extremen Naturbedingungen wie in den Alpen erfordert eine sehr genaue Beobachtung der Natur. Man muss sehr genau wissen, was läuft – Wetter, Gefahren, die warten, Steinschlag, Lawinen –, um überleben zu können. Man lebte in fast abgeschlossenen Räumen. Die Menschen waren gezwungen zusammenzuarbeiten. Dies ist heute kaum mehr so.

Stein I

Stein II

Dann ist da auch das nomadische Leben der Bauern zu erwähnen. Sie bewohnen im Winter den Talboden, gehen dann mit allem, Familie, Hühnern und Katzen, ins Maiensäss und danach auch noch auf die Alp. Wie bei den Beduinen ist man dem Vieh nachgezogen, manche machen das immer noch so.

Dieses Nomadenleben ist für mich typisch für den Alpenraum. Zum Nomadenleben gehört auch, dass man zu gewissen Zeiten auswärts Arbeit suchen musste. Dies hat den Menschen im Alpenraum ebenfalls geprägt.

Es hat in letzter Zeit eine Nivellierung, eine Angleichung stattgefunden zwischen Stadt und Land, beziehungsweise zwischen Stadt und Alpenraum. Vor allem wegen der

Eine Reise wohin?

Kommunikationstechnik und dem Tourismus. Die Stadt und die Alpen sind für mich nicht mehr zwei getrennte Gebiete, das ist ein Gebiet. Man sagt zum Beispiel, die Alpen sind das Naherholungsgebiet von Mailand. Ich kehre das um und sage, ich lebe in den Alpen und für mich ist mein Naherholungsgebiet Zürich oder Mailand. Mein Naherholungsgebiet ist also die Stadt, und da kann ich die Sache auch einmal umkehren: Die sollen zu ihren Städten Sorge tragen. Und der Alpenraum sollte aufgewertet werden, er ist wie die Stadt auch Lebensraum, er ist nicht nur Naherholungsgebiet und Sportarena. Wir müssten die Landschaft besser verkaufen: Wenn die Städter unsere Landschaft anschauen kommen, dann sollen sie bezahlen, so wie in der Stadt, wo ich im Museum oder sonst wo für alles bezahlen muss. Wieso soll die Landschaft gratis sein? Aufwerten geht heute ja nur über den ökonomischen Weg. Eintritt zahlen für den Alpenraum, wieso nicht? Wir haben nicht nur Kühe und schieben den Menschen die Sessel unter ihre Hintern. Wir benötigen ein neues Selbstbewusstsein.

Über Berge und Steine

Ich habe keine sentimentale Beziehung zu einem einzelnen Berg. Ich habe viele Berge bestiegen. Es war schön, darüber hinaus zu schauen, der Blick darüber hinaus ist für mich das schöne am Berg.
Die wichtigsten Erlebnisse mit Stein haben für mich weniger mit Kunst zu tun als mit der Bergsteigerei. Wenn der Fels am Morgen auf einer Tour nass ist, und dann kommt die Sonne rein und der Stein wird warm. Das sind enorm sinnliche Erlebnisse, die ein inniges Verhältnis zum Stein erlauben.
Als ich angefangen habe mit der Bildhauerei, habe ich vor allem mit Granit gearbeitet, mit Stein aus der Region.
Ich habe Steine gerne, sie haben Energie schon wegen ihres Gewichts und ihrer Dichte. Sie sind aber auch erbarmungslos, wenn man runterfällt auf einen Stein, der wird dann nicht einfach weich, das ist und bleibt Stein.
Das Material Stein wurde oft vergewaltigt, z.B. in der Neoklassik haben sie ihn ja gebraucht wie Marzipan, Marmor wurde gebraucht wie Marzipan. Ich bedaure manchmal, dass Michelangelo Marmor gehabt hat und nicht Granit; Granit ist viel interessanter.
Stein als Material wird in der Kunst oft gebraucht, um eine Form dauerhaft ausdrücken zu können. Man schaut die Steine aber kaum als Individuen an. Ich habe Steine sehr gerne, die individuellen Charakter haben. Beispielsweise habe ich Steine gefunden, in die der Blitz eingeschlagen hat, und das interessiert mich dann sehr, das Resultat dieses natürlichen Prozesses. Ich gebrauche Steine noch für Installationen, aber nicht mehr, um etwas heraus zu hämmern, das interessiert mich nicht mehr. Obschon ich über Stein zur Bildhauerei gekommen bin, aber die Zeit fliesst heute so schnell, ich fülle lieber ein Skizzenbuch mit hundert Zeichnungen, als dass ich einen Tag an einem Stein herumklopfe. Obschon es eine schöne Arbeit ist, eine entspan-

Die Alpen?

Naturlandschaft?
Kulturlandschaft?

nende Tätigkeit, man braucht nicht soviel zu denken, aber das kann ich auch beim Holzspalten erleben.

Landschaft - Zivilisation - Natur

Landschaft gibt es für mich erst über 1800 m, oberhalb der Waldgrenze. Über der Waldgrenze sehe ich die Entstehung der Landschaft am besten, ich sehe die Erosion, sehe die ganzen geologischen Faltungen. Es ist nicht alles zugedeckt, wie unten in der Ebene, ich kann hier das Gerippe der Landschaft erkennen und eben auch die Entstehung. Das interessiert mich auch künstlerisch. Wie am Meer und wie in der Wüste, wo man die Entstehung und die Veränderungen der Landschaft besser sieht.

Die Landschaft der Alpen ist unzähmbar, dies im Gegensatz zum Flachland. Die Natur hier oben ist anarchisch, und dies ist für mich sehr wichtig. Deshalb lebe ich aber auch gerne in grossen Städten, die sind dem Gebirge sehr ähnlich, unkontrollierbar und unzähmbar, da passiert es einfach. Und das liebe ich. Das Chaotische und Anarchische. In den Städten entstehen Quartiere und fallen wieder zusammen. Dies hat beinahe eine geologische Komponente.

Wenn ich an die Alpen denke, tauchen vor mir vor allem wüstenartige Landschaften auf, archaische, oder dann so Orte wie Gletsch, Orte, wo man die Zivilisation im Alpenraum spürt. Gletsch an der Furka interessiert mich stark. Oder eine Stadt wie Davos, das Nebeneinander von Zivilisation und Natur.

Der Kampf gegen die Natur, die Forststrassen beispielsweise, die haben zum Teil etwas Irrationales. Man weiss, dass sie irgendwann wieder verschwinden, dass sie gegen die Natur keine Chance haben. Es ist der irrationale Versuch des Menschen, sich irgendwo festzusetzen.

Heute mit all den technischen Möglichkeiten können wir den Alpenraum immer höher hinauf besetzen; die

Frage ist, wie lange. Ich will den Menschen aber nicht gegen die Natur setzen. Das gehört zusammen.

Künstler sein in den Alpen

Alpine Kunst als solches gibt es meiner Meinung nach nicht. Hodler hat Berge gemalt und hat nicht in den Alpen gewohnt, und auf der anderen Seite Giacometti, der Bergler, der sich vor allem für den Menschen in der Stadt interessiert hat. Es gibt vielleicht Künstler, die sich für die Alpen interessieren.

Vielleicht sind es die physischen Grenzen, die so etwas wie alpine Kunst definieren könnten. Zeigen, dass nicht alles möglich ist.

Marschieren, das ist alpine Kunst, über die Pässe gehen, subtile Zeichen hinterlassen: «Habe das und das beobachtet und mein Kunstwerk der Natur preisgegeben, ohne Ewigkeitsanspruch.» Richard Long ist für mich alpiner Künstler par exellence, wenn wir so etwas definieren wollen.

Alpine Kunst ist vielleicht auch durch die Frage umschrieben: Wie weit wollen wir als Künstler und Menschen in die Natur eingreifen? Irgend einmal muss die Natur das Kunstwerk wieder zum Verschwinden bringen können. Das ist mein Zugang.

Es gibt vielleicht zwei Arten von Künstlern: Macher und Sucher. Mich interessiert das Suchen mehr, auch wenn es beides braucht. Und da gehört Malerei dazu und v.a. das Zeichnen. Man muss genau beobachten, und beim genauen Beobachten sucht und findet man, manchmal etwas, was man gar nicht will. Du malst, du malst, du malst und glaubst, du malst die Oberfläche, und dabei kommt etwas ganz anderes heraus, was du während diesem Malen gar nicht kontrollieren kannst und vielleicht gar nicht wahrnimmst.

Ich male auch draussen, weil das Wetter zum Malen gehört. Es macht nichts, wenn es mich einmal an die Finger friert oder wenn es aufs Bild regnet, das gehört zum Prozess, zum Arbeiten und Leben in den Alpen und gehört zur Kunst in den Alpen.

Die Alpen
in den Kühlschrank?

Der Künstler ist notwendig im Alpenraum

Ein Schlagwort wäre: Kunst ist Nahrung für die Seele, wie Käse Nahrung für den Magen ist. – Es ist aber nicht unbedingt die Kunst, sondern es sind die Künstler, die notwendig sind, also die Personen. Es braucht Leute, die sich Zeit nehmen, so genannt Nutzlosem nachstudieren und sich mit Themen befassen, die andere Leute nicht als notwendig, vielleicht sogar als überflüssig anschauen.

Das Beobachten gehört in den Alpenraum. Es gibt Leute, die nehmen sich viel Zeit zu beobachten, ohne wirtschaftlichen Hintergedanken. Einfach offen beobachten, was passiert in der Natur, was passiert unter den Menschen, ohne moralische Wertung, einfach mal beobachten. Künstler sind Leute, die aufnehmen, sie sind Seismographen, die manchmal etwas besser oder früher sehen, die anderen Leuten die Augen aufmachen. Und das ist besonders auch im Alpenraum wichtig, wo aus wirtschaftlichen Gründen so viel zerstört wird.

Für die, die scheinbar nichts produzieren und kritisch sind, für die ist es in den Alpen nicht leicht. Aber umso wichtiger ist es, dass hier zwischen den Machern auch Künstler leben und arbeiten. Man muss den Machern Grenzen setzen, und das ist eine Aufgabe der Künstler im Alpenraum.

Ein künstlerisches Gesamt-Alpen-Bewusstsein ist vielleicht nicht so wichtig. Es gibt ja auch keine Vereinigung, die sagt, jetzt machen wir Flachlandkunst zwischen der Poebene und der Pusta.
Alpine Kunst hat wohl etwas mit der Natur zu tun, weil die Natur hier stark ist. Dies könnte alpine Kunst definieren: Dass sie immer etwas mit der Spannung zwischen Natur und Gesellschaft zu tun hat. Jedenfalls mehr als in der Stadt, dort hat Kunst vielleicht mehr mit der Spannung zwischen den Menschen zu tun. Denn dort leben die Menschen enger aufeinander, und die Lebensbedingungen in der Stadt werden wohl vor allem durch die anderen Menschen geprägt. Dies könnte eine Definition sein, die aber natürlich nicht hundertprozentig stimmt.

WALKING ON ROCK
LIGHTING FIRES ON ROCK
MARKING ROCK
SLEEPING ON STONES
THROWING STONES
PLACING STONES
(Richard Long, aus: A. Hoormann, Land Art, Dietrich Reimer Verlag, Berlin 1996)

... und verlassen dabei sich selbst

«Und es gehen die Menschen hin, zu bewundern die Höhen der Berge und die gewaltigen Fluten des Meeres und das Fliessen der breitesten Ströme und des Ozeans Umlauf und die Kreisbahnen der Gestirne und verlassen dabei sich selbst.»
(Francesco Petrarca liest Augustinus)

Die Entdeckung der Alpen

Mont Ventoux (Provence, F)

Francesco Petrarca, der gemäss neueren Forschungen nie auf dem Mont Ventoux war – seine Besteigungsgeschichte ist demgemäss vor allem als Selbstanklage gegen die Verweltlichung der menschlichen Sehnsüchte zu lesen –, gilt (noch) als einer der Urahnen der Alpinisten. Der zweiunddreissig Jahre alte Literat, Geistliche und Poet bestieg laut seinem eigenen Bericht am 26. April 1336 den fast 2000 m hohen Mont Ventoux der speziellen Erfahrung und des Erlebnisses willen, eine besondere Tat in einer Zeit, in der Berggipfel noch sagenumhüllt und geheimnisumwoben waren. Petrarca hätte vor der Besteigung auf die Frage, wieso er auf den Berge steige, wie der englische Alpinist Mallory ein paar Jahrhunderte später geantwortet: *«Weil der Berg da ist.»* Zu Zeiten Petrarcas waren weite Teile der Alpen und vor allem das Hochgebirge noch weisse Flecken auf der Landkarte, eine terra incognita mitten im mehr oder weniger zivilisierten und urbar gemachten Europa. Die Berge mussten damals erst noch entdeckt werden: So wurde beispielsweise der Pilatus (mit seinen 2132 m ein nicht sehr hoher Berg in der Zentralschweiz) erst 1515 durch den Geistlichen Joachim von Watt und dann 1555 durch den Gelehrten Konrad Gesner bestiegen. Etliche Jahre nach der (so genannten) Entdeckung Amerikas also.

Vom Ort des Schreckens zum Idyll

Natürlich durchstreiften Hirten und Jäger schon lange vor den Gelehrten, Künstlern und Naturforschern die Alpen, und über viele der grossen Pässe führten schon seit der Römerzeit wichtige Verkehrsverbindungen. Dennoch waren die Alpen für die allermeisten Menschen noch zu Beginn des 18. Jahrhunderts ein Ort des Schreckens, der Finsternis und des Grauens. Für die Menschen der damaligen Zeit galt eine Landschaft nämlich nur dann als schön, wenn sie flach, eventuell leicht hügelig war. Nur wenige, wie Johann Jacob Scheuchzer, sahen, dass auch im Gebirge *«bekömmliche Wohnorte für Menschen seien, die dort zum Leben alles notwendige finden»*.

Landschaftsästhetik

Neue Alpenbilder im 18. Jahrhundert

Es brauchte eine neue Zeit und eine andere Sichtweise, um das Bild der Menschen von den Alpen zu verändern. Es waren dann vor allem Künstler des 18. Jahrhunderts, die ein neues Alpenbild schufen. Allen voran der französische Gesellschaftskritiker und Schriftsteller Jean-Jacques Rousseau mit seinen Romanen sowie der Berner Universalgelehrte Albrecht von Haller mit seinem 1732 erschienen Lehrgedicht «Die Alpen». Ihre Werke trugen in wesentlichem Masse zu einem populären Idealbild von der Alpenwelt bei. Durch die Verbreitung dieser Werke wandelte sie sich von einer Landschaft des (Er-)Schreckens zu etwas Schönem, Berauschendem und Anmutigem: Die Alpen wurden zu einem Hort der Freiheit emporstilisiert, ihre Bewohner galten als Inbegriff des unverdorbenen Menschen, des edlen Wilden schlechthin. Alpenbilder, die wir zum Teil auch heute noch in uns tragen. Als Folge dieser Popularisierung begannen sich immer mehr Menschen für diesen Gebirgsraum zu interessieren.

Die edlen Wilden

Die Schönen und Reichen kommen – Die Alpen als Lustpavillon

«Im Sommer sind jeweils viele fremde Gäste zum Gornergletscher spazieren gegangen, der damals nur drei Viertelstunden von Zermatt entfernt war. Oft haben wir den Fremden den Weg zum Gletscher gezeigt und

damit auch noch einige wenige Rappen verdient. Das war denn eine Freude, wenn man ein paar Rappen zusammengebracht hat und auf die Seite legen konnte, um dann am Markt (...) etwas zu kaufen. Zum Beispiel ein Weissbrot (...). Denn Weissbrot war sehr selten, denn hier war keine Bäckerei, die Weissbrot gemacht hat, mit Ausnahme der Hotels Seiler für ihren eigenen Bedarf.»
(Bergführer Rudolf Taugwalder über seine Jugend Mitte/Ende 19. Jahrhunderts, zitiert aus: Verreiste Berge, Innsbruck 1995)

19. Jahrhundert

In der zweiten Hälfte des 19. Jahrhunderts besuchten Menschen aus allen Weltgegenden die Alpen, welche damals einen ersten Boom erlebten. Bahnen und Hotels wurden gebaut, und die Gäste erfreuten sich der neu entdeckten Schönheiten der Landschaft oder langweilten sich an den Empfängen in den Luxushotels. Wie auch heute noch, benötigte der Tourist der damaligen Epoche etwas Zeit und Geld. Das hatte in jenen Zeiten vornehmlich die europäische Oberschicht (reiche Handelsfamilien, Adelige, emporstrebende Industrielle), die es sich in den neuen, noblen Hotels und Bädern gut gehen liess. Für diese Reisenden des ausgehenden 19. Jahrhunderts war die Hochgebirgslandschaft mit ihren wilden, schroffen Berghängen und ihren Gletschern ein zentrales Element ihrer Sehnsucht.

Vom Dorf der Kuh- und Geisshirten zum Einkaufs- und Ferienparadies

Sehnsucht

Gegen Ende des 19. Jahrhunderts waren dann weite Teile der Alpen bereits touristisch erschlossen. Im Gegensatz zu heute besuchten die damaligen Reisenden das Gebirge vor allem im Sommer. Die Alltagswelt der Einheimischen und die der Feriengäste existierten noch mehr oder weniger unberührt nebeneinander – zu gross war die kulturelle und wirtschaftliche Kluft. Diese Zweiteilung in Feriengäste hier, Einheimische dort fand ihre Entsprechung auch im Ortsbild der neu entstehenden touristischen Zentren: Diese waren sehr oft vom starken

Hotelpaläste

Kontrast zwischen der bäuerlichen Architektur (einfach, viel Holz) und den palastartigen Hotelbauten (pompös, meist aus Stein) geprägt. Diese Hotelbauten mit ihren oft parkähnlichen Gärten prägten das bäuerliche Siedlungsbild, wie das bis dahin nur die Kirchen taten.

Belle Epoque

Die erste Phase des alpinen Tourismus erreichte ihren Höhepunkt Ende des 19. Jahrhunderts beziehungsweise Anfang des 20. Jahrhunderts. In dieser Zeit, der so genannten «Belle Epoque», erhielten viele Alpentäler und Dörfer massgeblich durch den Fremdenverkehr Anschluss an die moderne Welt: Verkehrsnetz, Strom und neue Weltansichten. Ein gewisser Wohlstand stellte sich in diesen Orten ein. Noch immer aber waren die allermeisten Bergbewohner als Bauern tätig. Die beiden Weltkriege im 20. Jahrhundert zerstörten dann nicht nur weite Teile Europas, sondern beendeten die damalige Form des Tourismus radikal. Mit dem wirtschaftlichen Aufschwung nach dem 2. Weltkrieg – immer mehr Menschen in Europa verfügten über immer mehr Geld und mehr Freizeit – wurde eine neue Phase in der touristischen Entwicklung in den Alpen eingeläutet: Die Massen kamen, und das Hauptinteresse der Reisenden (und somit die Einnahmen) verlagerte sich vom Sommer in den Winter.

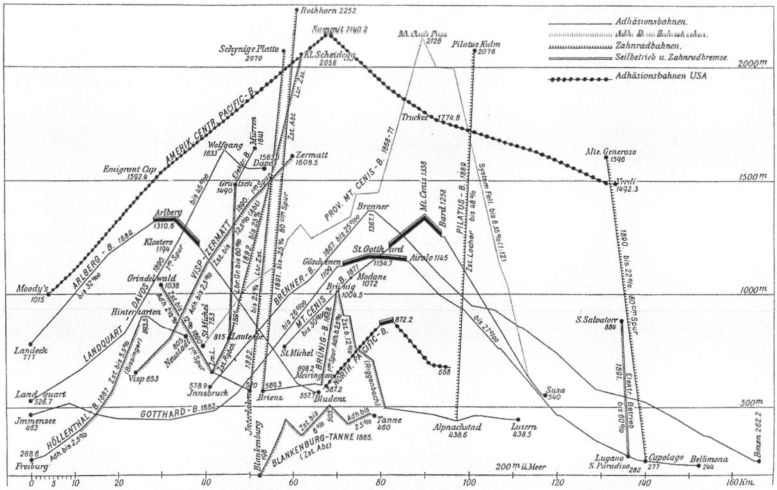

Die Erschliessung der Alpen durch Gebirgsbahnen vollzog sich zeitgleich mit der Erschliessung des Wilden Westens Amerikas durch die Eisenbahn! (© Trommer, Wildnis, S. 33)

Was bin ich? Maloja (GR) um die Jahrhundertwende 19./20. Jh.

Schöne neue Alpenwelt - Die Natur als Turngerät

Playground

Der britische Bergsteiger Leslie Stephen prägte für die Alpen schon im letzten Jahrhundert den Begriff «The Playground of Europe»: Der Spielplatz Europas. Der moderne alpine Tourismus war erfunden. Die Alpen wurden in der zweiten Hälfte des 20. Jahrhunderts zu einem der bevorzugten Ausflugs- und Ferienziele der Welt. Mehr als 100 Millionen Besucher verbringen heutzutage ihre Freizeit bzw. ihren Urlaub hier. Dieser Massentourismus hat die wirtschaftliche Struktur in den Alpen vollständig verändert. Viele Dörfer und Regionen wurden ausschliesslich vom Tourismus abhängig, die bäuerliche Welt wandelte sich zur Dienstleistungsgesellschaft. Der Tourismus hat sich seit dem zweiten Weltkrieg nicht nur quantitativ verändert, sondern auch qualitativ. Der heutige Konsument und Tourist ist nicht mehr der alte; Spaziergänge, Flanieren und Kontemplation sind out. Die Touristen des angehenden 21. Jahrhunderts suchen intensivere Freizeiterlebnisse: Fun, Wellness, Adrenalin. Schöne Natur und eine saubere Landschaft bilden dabei meist nur noch die Kulisse, bleiben aber, unterstützt von Werbebüros und Verkehrsvereinen, nach wie vor die Sehnsuchtsbilder naturferner Stadtbewohner.

Neuer Tourismus

Fun und Action

Der Ruf nach Fun und Action hat auch den klassischen Bergsport verändert. Waren zu Beginn der 80er-Jahre neue Spielarten wie Sportklettern, Canyoning, Rafting, Mountainbiken, Schneeschuhlaufen oder Snowboardfahren das Tummelfeld einiger weniger, so haben sich in den letzten Jahren gerade diese neuen Spielarten des

Bergsports rasant entwickelt, während beim klassischen Bergsteigen ein Stillstand zu verzeichnen ist. Die sportlichen Freizeitbeschäftigungen in den Bergen werden immer vielfältiger und sprechen, auch dank professionellem Marketing, ein immer grösseres Publikum an. Die neuen Sportarten entsprechen den veränderten Lebensbedingungen, werden doch auch räumliche Grenzen überwunden: Sportklettern an künstlichen Wänden oder Mountainbiken in der Stadt gehören zum alltäglichen Erscheinungsbild der modernen Freizeitgesellschaft.

Fit for fun

Körperliches «Zappen»

«Die Zeiteinteilung der sportlichen Freizeitaktivitäten in den Bergen steht in vollem Einklang mit der Zeitlogik der zeitgenössischen urbanen Gesellschaft: rascher Wechsel von Aktivität, Ort und Umfeld, Optimierung des Zeitbudgets. Das Resultat ist eine Art zeitlich-räumliches, körperliches und gefühlsmässiges ‹Zappen›.»
Philippe Bourdeau (Die Alpen als Turngerät Europas, in: Alpenreport 1, Cipra, 1998)

Vom Bergsteigen zum Alpinismus – Anregung, über sein eigenes Tun kritisch nachzudenken

Der nachfolgende Text von Helga Peskoller spricht für sich, will zeigen, dass dem Bergsteigen jenseits von Sport und Naturliebe immer auch eine politische und soziale Komponente innewohnt. Bergsteiger haben sich, wie andere Menschen auch, vereinnahmen lassen, auf die eine oder andere Weise und auf die eine oder andere Seite hin. Der heroische Glanz mancher Tat wird beim näheren Hinschauen leicht getrübt.

Bergsteigen

«Was steckt im Wort Bergsteigen? Zunächst der Berg. Er sagt, wo etwas stattfindet. Dann das Steigen, es spricht sich über das Wie aus. Bergsteigen ist somit nichts anderes als eine Bezeichnung für eine bestimmte Art der Fortbewegung. Laut Duden ist unter «Berg» jede grössere Erhebung im Gelände zu verstehen und unter «steigen» «sich aufwärts, in die Höhe bewegen». Somit wäre Bergsteigen eine bestimmte Art, auf ein höheres Niveau zu gelangen bzw. sich zwischen verschiedenen Niveaus (...) zu bewegen – Bergsteigen als Methode.

Der Alpinismus

Der Alpinismus ist ein System gesellschaftlicher (Welt-) Anschauung, bedingt und geprägt durch spezifische Gruppeninteressen (z.B. Alpenvereine), Verhaltensnormen und Wertungen. (...) Alpinismus beginnt mit einem willkürlichen Setzungsakt: anthropozentrisch (der Berg wird erst zu einem grossen Thema, seit bestimmte Menschen auf bestimmte Art auf ihn steigen), patriarchal (der erste Bergsteiger war ein Mann), eurozentrisch (auf

«Alpinismus ist wie alle Ismen Ideologie.» oder: Die Erstersteiger der Eiger-Nordwand

dem Dach Europas musste man stehen), logozentrisch (um Geschichte neu zu schreiben) und kolonialistisch (Alpinismus meint auch Bergsteigen im Himalaya).»
Helga Peskoller (BergDenken, Werner Eichbauer Verlag, Wien 1997)

Alpin-Tourismus der Zukunft

Wer ist hier gefordert?

«Die Massen der Städter haben, ich verstehe das, ein ehrliches Bedürfnis, mit der unverdorbenen Natur zu puffen, zu knutschen und zu lutschen; aber es sind ihrer zu viele, sie erschlagen alles, was vegetal und animal ist, ihre unausgesetzten Umarmungen schänden ein Land. Zu viele? Sie sind vielleicht nicht zu viele...»
Maurice Chappaz (Die Walliser/Kleiner Hexensabbat modern, Verlag zur alten Post, Brig 1998)

Es wird viel geredet von nachhaltiger Entwicklung, von sanftem Tourismus und von Natur- und Landschaftsschutz. Trotzdem ist qualitatives Wachstum auch in den Alpen für die allermeisten Touristiker (und seien wir ehrlich: auch für uns Touristen) ein Fremdwort. Allein selig machend sind Umsatz und Gewinn, die Touristen kommen in Scharen und wollen kurzfristige, neuartige und erlebnisreiche Naturerlebnisse. Koste es, was es wolle.

Einen anderen (vielleicht langsameren, sanften) Tourismus in den Alpen,

- der die wilde Natur und die bergbäuerliche Kulturlandschaft erhalten hilft,
- der diejenigen Hotels und Restaurants aufblühen lässt, die vorwiegend lokale Produkte verkaufen,
- der einheimische Kultur und die Menschen vor Ort als echte Partner einbezieht,
- der nicht auf kurzfristigen Gewinn aus ist, sondern langfristig denkt,
- der den öffentlichen Verkehr dem privaten Verkehr vorzieht,
- der auch von den Touristen Verantwortung für ihr Tun fordert,

wird es erst geben, wenn Gäste und Einheimische, welche die laufende Entwertung und Zerstörung von

Natur und Kultur nicht einfach hinnehmen wollen, aktiv und verantwortungsvoll mithelfen und diejenigen Initiativen unterstützen, die neue Wege in den Alpen, im Tourismus einschlagen wollen. Also: Ohne dich und mich wird's nicht gehen.

«Mit dem Begriff ‹sanfter Tourismus› wird im allgemeinen eine Bewegung im Sinne einer neuen touristischen Geisteshaltung oder Ethik verstanden. (...) Der anzustrebende Zustand entspricht einer Tourismusentwicklung im Gleichgewicht: Alle vier Ziele – intakte Landschaft, intakte Soziokultur der Einheimschen, optimale Erholung der Gäste, wirtschaftliche Wertschöpfung, stehen gleichberechtigt nebeneinander. Dem müsste als fünftes Ziel noch optimale Kommunikation (Begegnung, Kulturenaustausch) hinzugefügt werden. (...) Gegenüber dem heutigen Zustand bedeutet dieses Konzept v.a. eine Aufwertung der Umweltinteressen und eine relative Abwertung der rein wirtschaftlichen Interessen – eine sanfte Wende.»
Kurt Luger (Kulturen im Veränderungsstress, aus: Verreiste Berge, 1995)

Heidiland

«In New York pflegen Eltern ihren Kindern einen Besuch aus der Schweiz dergestalt vorzustellen: ‹Switzerland, don't you remember – that's where Heidi comes from!› Das Kind ist verzückt und findet keine Worte, betrachtet den Besucher sprachlos und überlegt sich wohl, wo bloss die zwei kleinen Ziegen geblieben sind.»
Jürg Federspiel (Die Schweiz von aussen gesehen, Suhrkamp Verlag, Frankfurt a. M. 1991)

Wir Schweizer auf dem Matterhorn

«Wir Schweizer picknickten Sonntag für Sonntag auf dem Matterhorn. So lernten wir Schweizer die Schweizer kennen, und die Schweizer uns Schweizer. Sie sprachen mit uns, wir sprachen von ihnen. Orangina kam aus der Schweiz, und die Ovomaltine war ein Schweizer Produkt, und die Häute der Würste warfen wir nicht auf das Matterhorn, und die Büchsen liessen wir nicht liegen, weil wir keine Europäer waren.»
Peter Bichsel (Ich habe im Traum die Schweiz gesehen, Suhrkamp Verlag, Frankfurt a. M.1982)

Acht Fragen

Rhätisches Grauvieh. Eine aussterbende Rasse?

Welche Alpen wollen wir?

Wie wichtig sind in den Alpen für dich, für deine Freunde, für deine Familie

- die Begegnung mit der einheimischen Bevölkerung?
- eine vielfältige Berglandschaft mit Wiesen, Weiden, Wäldern, unverbauten Tälern und einer wilden, unberührten Hochgebirgs landschaft?
- frei fliessende Bäche?
- saubere Luft?
- Stille und Einsamkeit?
- der einfache, ungeteerte Bergweg?
- Und wie weit willst du dich für all dies einsetzen, wie viel dafür bezahlen?
- Und wieso gehst du eigentlich in die Alpen, ins Hochgebirge?

Freizeit total mobil

Rund die Hälfte des Personenverkehrs in der Schweiz auf Schiene und Strasse ist Freizeitverkehr. Da besonders die bergsportlichen Aktivitäten selten vor der eigenen Haustüre ausgeübt werden können, muss gefahren werden. Das Auto ist bei 70 % der Urlauber in den Alpen das Verkehrsmittel Nr. 1. Und es wird es wohl noch eine Weile bleiben ...

Schauen wir uns als Beispiel die Wanderer an. In der Schweiz machen 1,5 Mio. Wanderer durchschnittlich 13 Wanderungen im Jahr und zusätzlich machen 450 000 von Ihnen noch Wanderferien. Alle zusammen fahren sie 1 471 129 000 km (eine Milliarde vierhunderteinundsiebzig Millionen einhundertneunundzwanzig Tausend Kilometer) pro Jahr, um Ihre Freizeitbeschäftigung ausüben zu können. Das macht wie viele Male eine Reise um den Erdball?

Schon fast bescheidene 420 000 000 km pro Jahr legen die 155 000 Bergsteiger, Skitourenfahrer und Sportkletterer von ihrem Wohnort in der Schweiz zum Urlaubs- oder Freizeitort in den Alpen zurück.

Und das Wachstum hält an: Immer kürzere, dafür immer mehr Ausflüge in die freie Natur. Trotz vielerlei Bemühungen ist keine Trendwende in Sicht. Alle wollen möglichst mobil sein und bleiben. Den unerwünschten Mehrverkehr machen ja immer die anderen.

Solange Mobilität für alle erschwinglich ist, bleibt alles schlussendlich eine Frage der Akzeptanz, der Einsicht und der Erfahrung: Langsamkeit, umweltfreundliche Mobilität und der Verzicht auf das eigene Fahrzeug bedeuten keine Einschränkung, sondern im Gegenteil mehr Freiheit und mehr Lebensqualität.

«Leuten in sausendem Automobil zeigte ich stets ein hartes Gesicht.»
Robert Walser

Seilbahnen so weit die Masten tragen

Spieglein, Spieglein (Leysin, VS)

Die erste touristische Bahn der Schweiz wurde nicht in den Alpen, sondern am Rheinfall bei Schaffhausen gebaut und 1866 eingeweiht. Im Lauf der folgenden Jahrzehnte wurden dann auch an verschiedenen Orten in den Alpen Standseilbahnen erbaut; zu nennen sind diejenigen von Giessbach, dem Bürgenstock oder in Lauterbrunnen. Diese Bahnen waren meistens maximal 2 bis 3 km lang, konnten aber bereits Ende des 19. Jahrhunderts eine beachtliche Zahl von Touristen befördern.

Als grosses Wunderwerk der Ingenieur- und Bahnkunst wurde dann der 1908 gebaute Wetterhorn-Aufzug bei Grindelwald gefeiert. Er war die erste Luftseilbahn der Welt, die Mittelstation ist am Berg noch zu bewundern, und veränderte die touristische Erschliessung der Alpen grundsätzlich. Von nun an gab es für die Bahnbauer keine unzugänglichen Landschaften mehr, der Bau einer Luftseilbahn war praktisch überallhin möglich.

Die beiden Weltkriege (1914–1918 und 1939–1945) beendeten schlagartig die begonnene Erschliessungswelle in den Alpen. In den Zwischenkriegsjahren wurden nur vereinzelte Bahnen gebaut, so beispielsweise 1934 in Davos der erste Bügelskilift.

Nach 1945 begann in der Schweiz, gleichzeitig mit dem Aufkommen des Massentourismus, die eigentliche Boomperiode im Seilbahnbau. Mit dem enormen Aufschwung des Wintersportes in den sechziger und siebziger Jahren entstand eine Vielzahl neuer Wintersportgebiete, die immer dichter mit Bahnen und Liften erschlossen wurden. Der Wintersport bildet bis heute das eigentliche Rückgrat der Seilbahn- und Tourismusbranche in den Schweizer Alpen.

Das stürmische Wachstum war dann Ende der siebziger Jahre vorbei und eine Phase der Konsolidierung und des Wachstums nach innen begann. Neue Transportanlagen wurden vom Bund nur noch zurückhaltend bewilligt, so dass die Seilbahnunternehmungen ihre Kräfte auf die Erhöhung der Transportkapazität konzentrierten. Die alten Anlagen wurden vielerorts durch schnellere und komfortablere Bahnen ersetzt – mit dem besonders für Ski- und Snowboardfahrer negativen Ergebnis, dass sich auf denselben Pisten heutzutage ein Mehrfaches an Personen tummelt.

Heute ist ein Grossteil der 2000 Schweizer Seilbahnen zu einem Sanierungsfall geworden, und nur die Zuschüsse der öffentlichen Hand oder die Unterstützung durch lokale Bevölkerungsgruppen verhindern, dass so manches Bähnlein zu seiner letzten Fahrt kommt.

Fun(i) Adelboden

Wintersport ohne Grenzen

Zen oder die Kunst, Winter zu sein

Eine neue Luftseilbahn gefällig, ein Gletscherskigebiet, gross und schneesicher, künstlicher Schnee oder falsche Hasen in der Schneebar: Der Wintertourismus hat sich zum Event gewandelt, die Branche erfindet einen Trend nach dem andern, wer zu spät kommt... Und wo sich früher Fuchs und Has Gutenacht sagten, stolpern naturverliebte Schneeschuhläufer durchs Gebüsch. Alle wollen etwas, und alle wollen den Winter, so wie sie ihn haben wollen.

Wer Zeitungen liest, Radio hört oder fern sieht, weiss um die allwinterlich wiederkehrenden Medien-Themen. Der nachfolgende Text, eine Collage aus Zeitungsmeldungen, listet deshalb keine neuen, altbekannten Fakten auf, sondern möchte vor allem Assoziationen und Bilder wecken. Auf dass im Kopf des Lesers Ideen und Gedanken entstehen, denen Taten folgen, die den Winter zu dem machen was er eigentlich ist: ein Erlebnis. Kein Event und kein Konsumartikel.

Partynächte in den Bergen Die Bars der Wintersportorte Hip Hop Electro Big Beats Crossover oder Trance Alpen Schon lange keine Fremdwörter Szenetreffs der urbanen Jugend Doors als Langspielplatte Erstes Snowboard-Hotel der Schweiz Die Gäste wollen Fun Piste auch Kulturangebot Und die Bars Nachtschwärmer Greift das städtische Leben immer stärker auf die Berge über **Das passt zu einem Trend den die moderne Tourismusforschung bestätigt Touristen wünschen sich von der Fremde vor allem dass sie nicht allzu fremd sei**

Ruhe vor dem Sturm auf das Hockenhorn Skigebiet Lauchernalp ausgeweitet **Viel Fahrt für wenig Anstrengung** Die Tage gezählt Gondelbahn von Gandegg über den Milibachgletscher auf den Grat nordöstlich des Hockenhorngipfels Grössere Schneesicherheit Längere Saison Tolles Skigelände Zwei rote zwei schwarze Aufgeschoben Bundesamt für Zivilluftfahrt 43 Gebirgslandeplätze Petersgrat **Ein Planungsboom hat die Alpen an der Schwelle zum 21. Jahrhundert befallen** Ski- und Snowboard-Zirkus auf dem benachbarten Wildstrubel

Ultimativer Kick im Pulverschnee Versuchung Gefahr Snowboard Verschneite Steilhänge Powder Kick Geschwindigkeitsrausch Schwerelosigkeit Euphorie Rausch Freiheitsgefühl Lust Kommerzialisieren Geschäft Beeinträchtigen Sterben Freeride und Fun Optimaler Spass neben den Pisten Neue geilste Winterträume Kids Lawinen Berge müssen alle Verantwortung

Lust auf Schnee Saison Wintersportregionen Kurzentschlossene Zimmer Tauwetter Melden alle Stationen gute Pistenverhältnisse Die Saison dank den frühen Schneefällen Zahl der Hotellogiernächte um 18 Prozent auf 45 000 auf 62 000 Rekordwinter Hochgejubelt Umsatzeinbussen und Ertragsausfälle Ja-

Landschaftsgestalter

Ferienställe

nuar ideale Pistenverhältnisse Nachholbedürfnis Gäste Ferienwohnungen gesucht In der Alpenregion freie Betten Parahotellerie Attraktive Alternativen vorhanden Schneefälle **Wer jetzt kurzfristig Sportferien buchen will kann dies praktisch noch überall tun**

Stille Berge geniessen Tourenski Snowboard Schneeschuhe Bedrohte Berglandschaften Stille Abgeschiedenheit Winterspur unberührte Schneelandschaft Keine Bahnen Die Gipfel und Gletscher **Das Wettrüsten unter den Tourismusregionen droht die letzten unberührten Berglandschaften zu** Bundesamt für Verkehr 44 Gesuche Neue Bahnprojekte Neue Erschliessungsprojekte gefährdet Gondelbahn Hockenhorngrat Lötschental Seilbahn Aletschgletscher Alpin-Express Saas Fee Gletscherbahn in Grindelwald Rosenhorn Bahnerschliessung Wildstrubel 650 000 Passagiere Klimaerwärmung Schneekompetenz unbegrenzte Kapazitätssteigerungen Stille Berge Liebt Schönheiten des Gebirges Grenzen des alpinen Massentourismus

Natur- und Landschaftsschutz in den Schweizer Alpen

«Eine helle, sanfte Gebirgslandschaft, (...) ein Raum mit unendlicher Ausdehnung, eigenständig, eigenartig. Weiche Wölbungen, kleine und grosse Hügel, aus denen mäandrierende Bäche strömen. Endlose Wüste, faszinierend und unheimlich.»
Andreas Neser (Die Gotthard-Connection in: Landschaft – Entwürfe für Literatur, Nr. 15, Zürich 1998)

In den Schweizer Alpen ist die Natur und die Landschaft grossen Belastungen ausgesetzt: Tourismus und Besiedlung wachsen in den Zentren kontinuierlich, Freizeit- und Transitverkehr haben in vielen Regionen eine problematische Dimension erreicht und die industrielle Landwirtschaft verändert, verkleinert oder zerstört Lebensräume frei lebender Tiere und wild wachsender Pflanzen. Trotzdem sind in den Schweizer Alpen wunderschöne Landschaften und unberührte Naturgebiete erhalten geblieben. Nicht zuletzt dank der politischen Arbeit der Umweltorganisationen. Zusätzlich haben Bund, Gemeinden und Kantone in den letzen 30 Jahren ein ausgereiftes Gesetzeswerk für Natur- und Landschaftsschutz erarbeitet und eine ehrgeizige Umweltpolitik auf die Beine gestellt. Davon sollten langfristig auch Natur und Landschaft in den Alpen profitieren.

Kultur- und Naturlandschaften

Die Landschaft der Schweizer Alpen bildet ein vielfältiges Puzzle von Kulturlandschaft und (mehr oder weniger) unberührten Naturgebieten. Der Druck auf diese natur- oder wildnisnahen Landschaften, die vor allem im Hochgebirge und in unzugänglichen Landschaftskammern zu finden sind, nimmt nach wie vor zu: Naturtourismus in allen Formen ist in, der Bau von Forst-, Wald- und Alpstrassen scheint kein Ende zu nehmen und immer wieder erschliessen (verschleissen) Tourismus- oder Elektroindustrie unberührte Landschaftskammern. Parallel dazu wächst vor allem in den

Kulturlandschaft

Naturlandschaft

Städten die Sehnsucht nach unberührter Natur, nach Wildnis. Diese verschiedenartigen Interessen münden in der Frage nach Nutzung, Nutzungsaufgabe bzw. Nichtnutzung der Natur. Tun oder Unterlassen. Handeln oder Nicht-Handeln. Bilden dabei verwilderte Natur und wildnisnahe Landschaften den Schlüssel für einen neuen Natur- und Landschaftsschutz, ja zu einem neuen Naturverständnis und zu einem neuen Umgang mit Natur in den Alpen?

Nationalparks und Wildnisgebiete als Lösung für Naturschutz und Tourismus?

Mittlerweile existieren in den Alpen 12 Nationalparks mit einer Gesamtfläche von 7800 Quadratkilometern oder gut 4 % der Fläche des Alpenbogens (Stand 2001). Diese Parks unterscheiden sich zwar in ihrer Art recht stark, gemeinsam ist ihnen aber, dass sie bis zu einem gewissen Grad die freie Naturentwicklung zulassen. Beispiele wie der Mercantour-Nationalpark in Frankreich oder der Nationalpark Hohe Tauern in Österreich zeigen auch, dass die Schaffung neuer Nationalparks zum Anreiz für sanften Tourismus werden kann. Nationalparks in den Alpen werden in Zukunft wohl dort entstehen, wo ein tragfähiger Kompromiss zwischen Nutzung und Schutz gefunden werden kann.

Beispielhaft: die Idee des Schweizerischen Nationalparks

Nationalparks

Dass nicht gennutzte und bearbeitete Natur an sich einen Wert darstellt, dass frei lebenden Tieren und Pflanzen Lebensraum zugestanden werden soll und kann, ist in Europa eine relativ neue Idee. Seit dem Mittelalter wurde Wildnis zivilisiert, die Natur urbar und nutzbar gemacht. Was nicht genutzt werden konnte, war nichts wert. So wurde freie Natur in Europa plötzlich Mangelware.

Die Idee, Gebiete einzurichten, wo sich die Natur frei vom Einfluss des Menschen entfalten kann, entstand im letzten Jahrhundert in den USA. Einer der Wegbereiter war der Naturschützer und Philosoph John Muir. 1872 wurde der erste Nationalpark der Welt, der

John Muir

Nationalparks in den Alpen (nach CIPRA)

Im Schweizerischen Nationalpark

Yellowstone Nationalpark, gegründet. Diese Idee fand auch in der Schweiz fruchtbaren Boden: Zu Beginn des 20. Jahrhunderts regten Kreise der Schweizerischen Naturforschenden Gesellschaft an, ein Grossreservat in der Schweiz zu gründen, in dem vor allem die unbeeinflusste Naturentwicklung und ihre wissenschaftliche Erforschung im Zentrum stehen sollten. Erst in zweiter Linie sollte er touristischen Bedürfnissen wie Wandern, Verweilen und Betrachten dienen. 1909 gelang es den Naturschutzaktivisten, das Val Cluozza für 25 Jahre zu pachten. Um die Finanzierung auch des zukünftigen Parks sicherzustellen, wurde in demselben Jahr der Schweizerische Bund für Naturschutz (heute: Pro Natura) gegründet. 1914 gab dann die Schweizerische Bundesversammlung grünes Licht, und der Schweizerische Nationalpark wurde als erster Nationalpark in den Alpen mit einer Fläche von 138 km^2 errichtet. Ganz reibungslos verlief die Entwicklung des Parks allerdings nicht. So konnte bis heute der bedeutende und schützenswerte Arvenwald Tamangur nicht in den Park eingegliedert werden, und in den fünfziger Jahren wurde der Streit um die Wassernutzungsrechte des Bergbaches Spöl in einem eher faulen Kompromiss zuungunsten der Natur beigelegt. Seit 1961 existiert der Schweizer Nationalpark nun auf einer Fläche von 168,7 km^2. Bestrebungen sind im Gange, den Nationalpark über die heutigen Grenzen auszudehnen, und so kam am 1. August 2000 die Seenplatte von Mangun neu zum Nationalpark hinzu. Obschon sich im übrigen Europa klar zeigen lässt, dass sich das Zusammenspiel von Tourismus und Naturschutz auch ökonomisch auszahlt, stehen der Parkerweiterung, einem Projekt, das touristische Nutzung mit Naturschutz verbinden will, verschiedenste Einzelinteressen entgegen. Die Realisierung wird wohl noch einige Zeit in Anspruch nehmen.

Wildnis als Chance

«Aus dem Chaos kann etwas kommen.»
Josef Beuys

Wildnis ist ein vielschichtiges Phänomen mit naturwissenschaftlicher, psychologischer, ethischer und zweckbestimmter Funktion oder Dimension. Diese verschiedensten Ebenen verhindern schlussendlich eine festgelegte Definition dessen, was denn genau Wildnis sei. Wir können uns da nur annähern. So kann beispielsweise Wildnis in ökologischer, naturwissenschaftlicher Sicht nicht als das Gebiet definiert werden, wo jeglicher menschliche Einfluss fehlt, da der Mensch mittlerweile flächendeckend auf die Erde Einfluss genommen hat. Wildnis ist nicht objektiv fassbar. Vielmehr handelt es sich bei Wildnis um ein kulturbezogenes Konzept, das durch den Menschen festgelegt werden muss.

Objektivität

Primärwildnis

Wildnisgebiete mit so genannter Primärwildnis wie in den USA existieren in den Alpen nicht. Europa ist auch in den Gebirgsgegenden meistens dicht besiedelt, Grossraubtiere (Wolf, Bär, Luchs) finden kaum Platz. Sie sind, mit Ausnahme des Luchses und trotz grossem Medienecho, in den Alpen nur vereinzelt vorhanden. Was in den Alpen als Wildnisgebiet gilt (z.B. der italienische Nationalpark Val Grande), ist nichts anderes als verlassene und aufgelassene Kulturlandschaft, Sekundärwildnis also.

Sekundärwildnis

Diese Sekundärwildnisse oder verwildernden Landschaften bieten aber eine nicht zu unterschätzende Chance. In den Alpen kann es in Fragen des Naturschutzes nicht darum gehen, die «letzten (flächenmässig meistens sehr kleinen) Natur- oder Wildnisreservate» zu schützen, sondern der «wilden» Natur (den chaotischen und vom Menschen wenig oder nicht beeinflussten Naturprozessen) wieder vermehrt Platz einzuräumen. Wir müssen die Natur wenigstens zum Teil aus unserer Kontrolle entlassen, d.h., wir müssen lernen zuzuschauen, was ohne unser Zutun wächst, und wir müssen auch bereit sein, Unerwartetes zuzulassen. Das heisst nichts anderes, als dass wir uns in gewissen Regionen aus dem aktiven Tun zurückziehen müssen, um den anderen Lebewesen und den unkon-

Naturprozess

trollierten Naturprozessen Autonomie zu gewähren. Damit stellt sich aber die Frage, ob wir, die wir in rasant wachsenden städtischen Zivilisationen leben, bereit sind, uns aus den Prozessen der freien Natur herauszuhalten, selbst dann, wenn in solchen Gebieten Kahlfrass, Wildfeuer, Sturmschäden oder Erosion drohen. Besitzen wir den Mut zur Wildnis?

Neuer Zugang

Wildnis und wilde Natur entstehen aber nicht nur dadurch, dass wir der freien Naturentwicklung vermehrt Raum geben. Wildnis und verwilderte Natur erfordern einen andern Zugang, ein anderes Auf-die-Natur-Zugehen. Wir müssen bereit sein, inne zu halten, Qualität vor Quantität und Schnelligkeit zu setzen. Kurztrips degradieren die Landschaft und die Natur zur Kulisse für unser Tun. Wildnis im Sinne der freien, autonomen Natur kann nicht auf die Schnelle konsumiert werden, sonst entzieht sie sich. Sie muss erlebt werden und in Beziehung zu uns stehen. Wir müssen uns Zeit nehmen. Erst dann erhält Wildnis einen neuen Wert: Wildnis und verwilderte Natur wird, als Gegenstück zu unserer schnelllebigen Zivilisation, zu einer seelisch und geistig wirksamen Erholungsressource.

Wildnisdefinitionen

Wildwuchs

«One man's wilderness may be another's roadside picnic ground.»
Roderick Nash (Wilderness and the American Mind, 1982)

«Die Wildnis liegt zwischen deinen Ohren.»
(Text auf einem Autokleber)

«Wildnisgebiete: Grosses, unverändertes oder nur leicht verändertes Land- und/oder Meeresgebiet, das seinen natürlichen Charakter und Einfluss bewahrt hat, nicht ständig oder nur unwesentlich bewohnt sowie geschützt ist und einem Management untersteht, um seinen natürlichen Zustand zu bewahren.»
(Definition nach der IUCN-Kommission für Nationalparks und Schutzgebiete)

Verwildern

«Die Wildnis ist eine Seelenlandschaft, in der wir unseren eigenen Projektionen begegnen.»
Rolf Haubl (Wild-fremd, in: Wa(h)re Wildnis, Politische Ökologie, April 1999)

«Für die Wildnis gilt es, eine pädagogische Kultur des kreativen Müssigganges, der Kontemplation zu entwickeln, eine Wahrnehmungsschulung, die hinhorcht und hinriecht, mit Übungen, die nicht beschädigen, eingreifen, sondern inne werden lassen.»
Gerhard Trommer (Wildnis, die pädagogische Herausforderung, Deutscher Studienverlag, Weinheim 1992)

Alpine Wildnisgebiete – Bericht aus einer (nicht mehr so) fernen Zukunft

Wir Menschen zu Beginn des zweiundzwanzigsten Jahrhunderts leben in einer hochtechnisierten, komplexen und unübersichtlichen Welt. Das Bedürfnis nach naturnahen Erholungsgebieten mit wilder Natur ist nach wie vor gross. Natur ist seit über einem Jahrhundert im Trend.
Zwischen dem Wallis und den Berner Voralpen, zwischen Uri und dem Lötschental liegen die weiten Gletscher und die Berge des Aarmassivs und des Aletschgebietes: Nur die Passstrasse über die Grimsel durchschnitt früher diese hochalpine Region. Irgend einmal im einundzwanzigsten Jahrhundert (wer erinnert sich noch an

Daten in dieser schnelllebigen Zeit) wurden aus Kostengründen die Grimselstauseen geleert und die Passstrasse für den Verkehr geschlossen. Ein paar wenige engagierte Bergsteiger nutzten die Gunst der Stunde und schufen zusammen mit dem Schweizer Alpen-Club das alpine Wildnisgebiet Zentralalpen-Aletsch. Die Idee war einfach und trug sogleich Früchte: Das Wildnisgebiet sollte den bergsteigenden und naturliebenden Menschen einen direkten und möglichst ungefilterten Zugang zur alpinen Natur ermöglichen. *«Enjoy nature – go easy and close»* war der Leitspruch der Initianten: Die Hütten des Schweizer Alpen-Clubs in der ganzen Region wurden abgebaut, die Wege im Gebiet wurden nicht mehr unterhalten und Helikopterflüge untersagt. Als dann auch noch die Jungfraubahnen (die dem Ansinnen zu Beginn skeptisch gegenüberstanden) den Zugang ins Gebiet vom Jungfraujoch her zumauerten, war das Wildnisgebeit Zentralalpen-Aletsch perfekt. Der Traum von der Wildnis erfüllte sich nun quasi vor der eigenen Haustüre, mitten im dichtbesiedelten Herzen Europas. Wer die Jungfrau von Süden her besteigen will, rechnet heute mit drei bis vier Tagen. Was vorher nur im Himalaya oder in Amerika möglich war, ist nun auch in Europa wieder machbar: Lange unterwegs sein in unberührter Natur. Der Erfolg gab den Initianten recht, und die Idee der direkten und intensiven Naturnähe fand Nachahmer, so dass nun, zu Beginn des zweiundzwanzigsten Jahrhunderts, mit dem Park «Alpes Sud-Ouest» bereits das vierte Wildernessgebiet in den Alpen eingerichtet werden kann.

Wildnisgebiet

Willkommen im Wildnisgebiet Zentralalpen - Aletsch

«Tatsächliche Wildnis gibt es bei uns in Mitteleuropa nicht mehr. Es gibt keine Urwälder, keine unbetretenen Gebirge. Wir könnten vielleicht wieder Naturwälder gedeihen lassen. Wir können vielleicht einzelne Berge von jeglicher Zivilisation entsorgen. Dann gibt es wieder ein wenig mehr wilde Natur. Und an ihr

kann sich unser Traum von Wildnis entzünden. Wir brauchen diesen Traum, inmitten der Trauer um das Verlorene. Uns treibt die Sehnsucht nach Wildnis.»
Helmuth Zebhauser (Sehnsucht nach Wildnis, in: Berg 99, Alpenvereinsjahrbuch DAV/ÖAV, München/Wien)

«Es ist aber heute schwieriger als man glaubt, der Wildnis zu begegnen.»
Alexis de Tocqueville (Quinze jours au désert, 1831)

Landschaftsschutz durch Inventare und Paragraphen; Gesetze für Natur- und Landschaftsschutz

Natur- und Heimatschutz

Die Schweiz besitzt ein umfassendes Gesetzeswerk, was den Natur- und Landschaftsschutz anbelangt. Eine besondere Bedeutung nimmt dabei das Natur- und Heimatschutzgesetz (NHG) ein, das beispielsweise sämtliche Bundesorgane zu Rücksicht gegenüber der Landschaft verpflichtet. Neben dem NHG sind das Raumplanungs-, das Jagd-, das Gewässer- und das Waldgesetz als eigentliche Stützpfeiler für Natur- und Landschaftsschutz in der Schweiz zu nennen (vgl. dazu auch S. 260 f.: Schweizer Natur und Landschaft in Planung).

Vortritt den Tieren

Eidgenössische Jagdbanngebiete

Die Schweiz kennt 41 Jagdbanngebiete, die auch für den Natursportler von einiger Bedeutung sind. Diese eidgenössischen Schutzgebiete sind meistens später entstanden als die kantonalen und bezwecken den Schutz von grossflächigen Lebensräumen seltener und bedrohter wildlebender Säugetiere und Vögel. In diesen Gebieten sollte die Störung der Tiere minimiert werden, Sport- und Freizeitaktivitäten können zu diesem Zweck massiv eingeschränkt werden. So können die Kantone ein Verbot für Deltas und Gleitschirme erlassen, das Skifahren ausserhalb markierter Pisten und Loipen wie auch Zelten und Campieren verbietet.
Bei geplanten Gruppen-Aktivitäten in Jagdbann- oder anderen Schutzgebieten empfiehlt es sich für Gruppenlei-

Adlern gleich

ter dringend, mit den lokalen Wildhütern Kontakt aufzunehmen. Diese können nicht nur auf die Besonderheiten der Gebiete aufmerksam machen, sondern bieten sich unter Umständen auch als Exkursionsbegleiter und Fachpersonen an. Die Adressen der lokalen Wildhüter sind in den jeweiligen kantonalen Verwaltungen erhältlich.

Geordnet schützen

Die Schweiz kennt verschiedenste Bundesinventare, die auch im Alpenraum bezüglich Natur- und Landschaftsschutz eine wichtige Rolle spielen. Für den Bergsteiger, Kletterer und Wanderer sind vor allem das «Bundesinventar der Landschaften und Naturdenkmäler von Nationaler Bedeutung», die «Moorinventare» von und das «Gletschervorfeld-Inventar» von Bedeutung.

Bundesinventar der Landschaften und Naturdenkmäler von nationaler Bedeutung (BLN)

Bundesinventare

Das BLN-Inventar listet bis zum heutigen Tag 152 kleinere und grössere Landschaften in der ganzen Schweiz auf. Das BLN-Inventar bezeichnet aussergewöhnliche Landschaften und Naturdenkmäler. Diese sollen auch den nächsten Generationen erhalten bleiben und

Landschaft von nationaler Bedeutung

erfordern dementsprechenden Schutz. Outdoor-Aktivitäten sollen in solchen Gebieten mit grösstmöglicher Sorgfalt und Sensibilität für die Schutzwürdigkeit geplant und durchgeführt werden. Diese Landschaften gelten für die Schweiz als einzigartig

- bezüglich ihrer landschaftlichen und erdgeschichtlichen Aussage und Schönheit oder
- wegen ihrer Bedetung als Kulturlandschaft oder
- weil sie besondere Lebensräume für Pflanzen und Tiere sind oder
- wegen ihrer landschaftlichen, für eine Gegend typische Eigenart.

Moorinventare - Moorverordnungen

Die Stimmberechtigten der Schweiz haben 1987 durch die Zustimmung zur Rothenturminitiative den Moorschutz in der Verfassung verankert. Im Laufe von 6 Jahren (1991–1996) traten dann die Verordnungen in Kraft:

Hoochmoor

- Hoch- und Übergangsmoore von nationaler Bedeutung (Hochmoorverordnung 1991, über 500 Objekte)
  - **Beispiele im Alpenraum:** vgl. S. 154 f.
  - **Bedeutung:** In solchen Gebieten muss sich die touristische Nutzung dem Schutz unterordnen.

Flachmoor

- Flachmoore von nationaler Bedeutung (Flachmoorverordnung 1994, über 1000 Objekte)
  - **Beispiele im Alpenraum:** vgl. S. 154 f.
  - **Bedeutung für sportliche und touristische Aktivitäten:** In Flachmooren sollte die touristische Nutzung mit den Schutzzielen zumindest im Einklang stehen.

Moorlandschaft

- Moorlandschaften von besonderer Schönheit und von nationaler Bedeutung (Moorlandschaftsverordnung 1996, 88 Objekte)
  - **Beispiele im Alpenraum:** Göscheneralp, Grimsel, Lauteraar
  - **Bedeutung für sportliche und touristische Aktivitäten:** Eine touristische Nutzung in Moorlandschaften von nationaler Bedeutung darf die typische Eigenheit dieser Landschaft nicht gefährden.

Schutz der Schönheit

Weitere schweizerische Bundesinventare beziehungsweise Verordnungen, die den Natur- und den Kulturraum Alpen betreffen:

- Auengebiete von nationaler Bedeutung (Auenverordnung, 169 Objekte)
- Inventar schützenswerter Gletschervorfelder der Schweiz IGLES (in Erarbeitung)
- Amphibienlaichgebiete von nationaler Bedeutung (897 Objekte)
- Wasser- und Zugvogelreservate von internationaler und nationaler Bedeutung WZVV (9 Objekte international, 2 Objekte national)
- Schützenswerte Ortsbilder der Schweiz VISOS (1041 Ortschaften)
- Historische Verkehrswege der Schweiz von nationaler Bedeutung IVS (in Erarbeitung)
- Kulturgüter von nationaler und regionaler Bedeutung (8300 Kulturgüter, Haager Abkommen von 1954)

Schweizer Natur und Landschaft in Planung

(Originaltext aus: Umwelt in der Schweiz 1997. Daten, Fakten, Perspektiven, Bundesamt für Statistik BFS / Bundesamt für Umwelt, Wald und Landschaft BUWAL, Kapitel 32: Raumplanung und Umweltvorsorge)

Der Natur- und Landschaftsschutz ist eine umfassende Aufgabe, die sehr viele Sachbereiche betrifft und oft koordiniert angegangen werden muss. Er basiert auf dem Bundesgesetz über den Natur- und Heimatschutz und der weiteren Umwelt- und Raumplanungsgesetzgebung. Neben dem Natur-, Landschafts- und Heimatschutz im engeren Sinn umfasst er auch Landschaftspflege und -gestaltung, den Ortsbildschutz sowie die Denkmalpflege.

Naturschutz

Der Naturschutz konzentriert sich auf Erhaltung und Förderung der wild lebenden Arten und ihrer Lebensräume (Artenschutz und Biotopschutz). Angestrebt wird eine optimale ökologische Vielfalt, ein Mosaik von Ökosystemen und die Vernetzung von isolierten Lebensräumen.

Landschaftsschutz

Der Landschaftsschutz ist die Gesamtheit der Massnahmen zur Erhaltung und Förderung der natürlichen Lebensgrundlagen und zur Sicherung von Landschaften und Landschaftsteilen in ihrer Vielfalt und Eigenart. Vielfältige Nutzungen der Landschaft sollen erhalten und gefördert, ökologische Defizitgebiete aufgewertet werden.

Der Landschaftsschutz legt zudem besonderes Gewicht auf die Gestaltung der Landschaft. Gestalterische, ästhetische und ökologische Werte gehen ineinander über. Insbesondere in Ballungsgebieten und in Siedlungen sollen diese Werte gefördert werden. Der Landschaftsschutz will zudem mit ruhigen Ausgleichs- und Freiräumen die Verbundenheit der Bevölkerung mit Natur und Landschaft fördern.

Heimatschutz

Heimatschutz und Denkmalpflege lassen sich nur schwer in zwei Teile trennen. Der Heimatschutz widmet sich der Erhaltung von Ortsbild und Ortsgestalt, die Denkmalpflege der Erforschung und Erhaltung von kunsthistorisch bedeutsamen Objekten – beide Themen greifen ineinander. Beim Bund ist der Schutz der Fuss- und Wanderwege sowie der historischen Verkehrswege dem Landschafts-

schutz zugewiesen. Die Kantone sind für Planung, Erstellung und Unterhalt der Fuss- und Wanderwegnetze verantwortlich. Die Hauptaufgabe liegt darin, Landschaft und Siedlung fussgängergerecht zugänglich zu halten oder den Zugang neu zu schaffen. Innerhalb von Siedlungen bedeutet «fussgängergerecht» vor allem kurze und sichere Fusswege. Gefördert werden sollen auch attraktive Wege für Kinder und Erwachsene zum Spielen und zum Entdecken der Natur im Siedlungsbereich.
Bei den Wanderwegen stehen der Erholungsaspekt und der Zugang zu schönen Landschaften im Vordergrund. Bevorzugt werden grasbewachsene, jedenfalls aber asphaltfreie Wege, möglichst abseits von belasteter Umwelt und grossflächigen Überbauungen.
Einen besonderen Stellenwert im Wanderwegnetz nehmen die historischen Verkehrswege ein, die für die Erholung reaktiviert werden.

Stille und Schönheit: Schützenswert! (Gauli, BE)

Nutzen und schützen I (FR)

Die Alpenkonvention

Die Alpenkonvention ist ein Vertrag zwischen den Alpenstaaten Österreich, Frankreich, Deutschland, Italien, Slowenien, Liechtenstein, Monaco und der Schweiz. Die Alpenkonvention verfolgt ein sehr ambitioniertes Ziel: Sie verpflichtet die unterzeichnenden Staaten zur umweltverträglichen, nachhaltigen Nutzung des Alpenraums. Die Idee zu einem solchen gesamtalpinen Vertragswerk wurde anfangs der fünfziger Jahre von der CIPRA (Internationale Alpenschutzkommission) entwickelt, es dauerte dann aber fast vierzig Jahre, bis in Berchtesgaden (D) die 1. Alpenkonferenz der Umweltminister stattfinden konnte. 1991 wurde dann von den obigen Staaten plus der EU die Rahmenkonvention, der organisatorische Überbau, unterzeichnet. Damit wird der ehrgeizige Versuch unternommen, acht Staaten und die EU mit 58 000 Gemeinden und fast 11 Millionen Einwohnern für ein gemeinsames Ziel zu gewinnen.

Die praktische und konkrete Umsetzung des Vertragswerkes ist in den so genannten Protokollen geregelt. Schon von Anfang an gaben die Texte dieser Protokolle (siehe unten) viel zu reden, und es wurde überall nach Kompromissen zwischen Alpenschutz und Nutzung gerungen, oft nicht zum Vorteil der einzelnen Protokolle. So sind denn sehr viele Formulierungen als «Kann-Formulierungen» ins Unverbindliche gewendet. Besonders um den Text des Verkehrsprotokolls wurde erbittert gerungen, und es dauerte ganze 10 Jahre, bis endlich ein gemeinsamer Nenner gefunden werden konnte. Trotz aller Hindernisse und einer ungewissen Zukunft ist die Alpenkonvention in Europa der derzeit einzige Versuch, grossflächig das Prinzip einer nachhaltigen Entwicklung und eines umweltgerechten Wirtschaftens verbindlich festzulegen. Wie weit sich die Alpenkonvention im täglichen Leben umsetzen lässt, wird sich weisen und hängt nicht zuletzt vom Willen aller Beteiligten ab. Bereits sind in den Alpen einige Beispiele staatsübergreifender Netzwerke entstanden. Als Beispiele gelten etwa das Gemeindenetzwerk Alianz in den Alpen, das Netzwerk alpiner Schutzgebiete oder Euromontana – Netzwerk zur Umsetzung des Alpenkonventionsprotokolles Berglandwirtschaft.

Die einzelnen Protokolle und ihre wichtigsten Grundsätze

Naturschutz und Landschaftspflege

- Schaffung von Netzen geschützter Grosslandschaften
- Erhaltung typischer Kulturlandschaften
- Biotypen- und Artenschutz

Berglandwirtschaft

- Unterstützung der Kooperation zwischen Landwirtschaft und Tourismus
- Subventionen v.a. für umweltschonende Produktionsweise
- Entwicklung kontrollierter Gütesiegel (Labels)
- Raumplanung und nachhaltige Entwicklung
- Einführung von Raumverträglichkeitsprüfungen für grössere Projekte
- Integrale, alpenweite Planung mit Mindest-Standards

Nutzen und schützen II (Göschenen)

Nutzen und schützen III (Tessin)

Bergwald

- Naturnahe Bewirtschaftung
- Ausweisung von Naturreservaten
- Abgeltungen der Waldbesitzer für Leistungen an die Öffentlichkeit

Tourismus

- Qualitativer Umbau der grossen touristischen Zentren bezüglich Verkehr, Energie, Ent- und Versorgung
- Verzicht auf belastende Tourismusformen (z.B. Helitourismus)
- Förderung der Langaufenthalte gegenüber Tagestourismus

Energie

- Förderung energiesparender Massnahmen und erneuerbarer Energien
- Revitalisierung der Gewässer durch naturnahen Wasserbau
- Abgeltung von Nutzungsverzichten

Verkehr

- möglichst Verzicht auf neue hochrangige Strassen
- Schaffung und Erhalt von ausreichenden Vekehrsinfrastrukturen in den Randgebieten

Natursport – mit oder gegen die Natur?

Bis vor rund 20 Jahren wurden in den Alpen abseits touristischer Infrastrukturen wenige Natursportarten ausgeübt: Bergwandern, Bergsteigen (mit Felsklettern), Skitouren, Wildwasserfahren. Man war meistens in kleinen Gruppen oder individuell, im Vereinsrahmen und noch wenig in kommerziellen Gruppen unterwegs. Die Natursportler (die sich wie die Alpinisten lange nicht als Sportler verstanden!) waren eine ziemlich kleine, eingeschworene Gemeinde.

Im Gegensatz dazu tummeln sich heute Sportler und Naturliebhaber in grosser Menge in den alpinen Naturräumen. Neue Sportarten wie Sportklettern, Klettersteigetouren, Eisklettern, Schneeschuhwandern, Mountainbiken, Gleitschirmfliegen, Canynoning, Riverrafting – um nur die wichtigsten zu nennen – hatten und haben noch heute zum Teil gewaltige Zuwachsraten. Grosse und kleine kommerzielle Anbieter, die einer breiten Masse «Fun» und «Adrenalinschübe» verkaufen, schiessen aus dem Boden. Dazu kommen neue und alte Wettkampfarten mit immer mehr Teilnehmern, die ebenfalls unerschlossene Naturräume beanspruchen, wie etwa Bergläufe, Mountainbike-Rennen, Skitourenwettkämpfe. Man kann, ohne zu übertreiben, von einem «Angriff am Boden, zu Wasser und aus der Luft auf die alpine Natur» sprechen. Wo bleibt da deren Schutz?

Verantwortung übernehmen (Falkenfluh bei Duggingen)

Natursport und Freizeit in alpiner Natur bedeuten eine Bereicherung für viele Menschen. Einige wenige Wanderer, ab und zu ein Kajak, zwei oder drei, die sich durch eine Schlucht abseilen: In vielen Fällen erträgt die Natur «geringe Störungen» und kleine Eingriffe des Menschen, der Natursportler. Es ist aber das Masslose, die Masse und oft die Unwissenheit von Menschen, die in den meisten Fällen Natur und Lebensräume von Tieren

und Pflanzen gefährden und zerstören. Problematisch für Tiere und Pflanzen ist die Beziehung Mensch – Natur in sensiblen Räumen wie Flussauen oder Moorlandschaften, bei grossflächigen Auswirkungen der Sportarten auf das Wild, wie etwa beim Gleitschirmfliegern, oder bei hoher Frequentierung, beispielsweise in Sportklettergärten. An solchen Orten ist der klassische Konflikt Nutzen – Schützen vorprogrammiert. Dabei gibt es keine allgemeingültigen Richlinien, keine unabhängige Gewichtung der jeweiligen Ansprüche. Ob wir eher nutzen oder schützen wollen, hängt immer vom Zeitgeist, von den politischen Konstellationen und lokalen und individuellen Gegebenheiten ab.
Auch in den so genannt alpinistischen Natursportarten kam es schon zu Konflikten zwischen den Nutzern und dem Naturschutz. Es zeigt sich, dass beide Seiten kompromiss- und dialogbereit sein müssen, will man zu gütlichen Regelungen kommen. Beides war und ist nicht immer der Fall. Ein naturverträgliches Nebeneinander von Natursport und Natur könnte aber meist durch eine der nachfolgenden Möglichkeiten erreicht werden:

1. Selbstregulation der Sportler durch selbst auferlegte Regeln und Verhaltenskodices. Dies ist der Idealfall und sollte wenn immer möglich angestrebt werden. Denn der möglichst freie Zugang zur Natur ist ein Gut, das für das Individuum nicht hoch genug eingeschätzt werden kann. Das Problem liegt in der heutigen Zeit unter anderem darin, dass viele Sportler nicht mehr in Vereinen organisiert sind und deshalb schwer erreicht, informiert und geleitet werden können. Als Beispiel von selbstauferlegten Regeln gilt der «Kodex für naturverträgliche Wintertouren», der vom SAC initiiert wurde.

2. Regulation durch Lenkungsmassnahmen, die im gemeinsamen Verfahren erarbeitet werden. Routenfestlegungen oder saisonale und örtliche Einschränkungen in Klettergebieten sind Beispiele dafür. Für das Riverrafting im Kanton Graubünden wurde vom Kanton auf diese Art und Weise ein neues Gesetz erarbeitet. Ebenso versuchten die Wildwasserkanuten und Gleitschirmflieger mittels Lenkungsmassnahmen Lösungen für ihre Probleme zu finden. Für kommerzielle Nutzungen scheint dies ebenfalls der richtige Weg zur Erarbeitung von «Leitplanken» zu sein. Beim kommerziellen Canyoning wird dieser Weg in der Schweiz zur Zeit beschritten.

3. Regulation durch Verbote. Dieser schlechteste aller Lösungswege ist manchmal trotzdem unumgänglich, besonders dort, wo es darum geht, sehr sensible oder besonders schützenswerte Räume zu erhalten.

Wenn alle Natursportler, alle Naturnutzer schlechthin, sich nach dem Grundsatz «Wir sind zu Gast im Hause der Natur» verhalten würden, bräuchte es keine Regelungen mehr! Deshalb auch unser Aufruf an unsere Leser: Bewegt euch mit Augenmass, Respekt und Verantwortungsgefühl in der alpinen Natur! – Beachtet dazu die Ausführungen auf Seite 13–15.

Was suchen denn diese Sportler hier bei uns in den Bergen?

Aarmassiv
Lang gestreckte tektonische Einheit (Vättis bis Martigny, Abb. S. 37) der Zentralalpen aus → metamorphen und → magmatischen Gesteinen, welche die hohen Gipfel der Urner und Berner Alpen aufbauen. Bis vor wenigen Jahren wurde angenommen, dass diese Einheit bei der Alpenbildung nicht verschoben, sondern nur gehoben wurde («autochthon» blieb). Aufgrund moderner geophysikalischer Forschungen weiss man heute, dass auch das Aarmassiv in grösserer Tiefe abgeschert und gegen Norden verschoben wurde (Abb. S. 38).

Absorption
Als Absorption bezeichnet man die Verminderung der Strahlungsenergie beim Durchgang durch Materie (z.B. durch die Atmosphäre). Die Strahlungsenergie wird dabei in andere Energie (meist Wärme) umgewandelt.

Altkristallin
Einheiten von metamorphen Gesteinen der Alpen, welche bei früheren Gebirgsbildungen entstanden sind.

Aplit → s. Ganggesteine

Basalt
Häufigstes vulkanisches Gestein der Erde, mit einer relativ SiO_2-armen chemischen Zusammensetzung, dafür reicher an Mg, Fe, Ca (→ basisches Gestein). Es besteht aus einem Ca-reichen → Feldspat und Pyroxen, mit oder ohne Olivin. Basalt entsteht durch teilweises Aufschmelzen von → Peridotit im oberen Mantel. Die grossen Schildvulkane der Erde (etwa Hawaii, Azoren) und die gesamte obere Schicht der → ozeanischen Erdkruste bestehen aus Basalt.

Basisch
Begriff aus der Chemie, Gegenteil von sauer, pH-Wert über 7. Ein kalkhaltiger Boden reagiert basisch. Bei Gesteinen nennt man solche basisch, die tiefe Gehalte an SiO_2 (sog. «Kieselsäure») aufweisen (z.B. → Basalt).

Blockgletscher
Blockmasse in der Zone des Permafrostes, welche unter der Oberfläche durch eine Eismatrix zusammengehalten wird und deshalb wie ein Gletscher talwärts fliessen kann. Die Oberfläche von Blockgletschern ist durch Stauchwülste geprägt und die Stirn und Seiten sind meist steilwandig. Blockgletscher fliessen wesentlich langsamer als normale Gletscher (cm-Bereich pro Jahr).

Calcit (Kalkspat)
Wichtiges Mineral der Erdkruste, Calciumkarbonat $CaCO_3$. Bildet sich vor allem im Meer aus Schalenmaterial von Meereslebewesen, welches zur Bildung von → Kalkstein führt. Calcit kommt in den Alpen auch als Spaltenfüllung und Kluftmineral vor. Relativ weich (Härte 3), sehr gut spaltbar.

C^{14}-Analysen
Normalerweise besitzen Kohlenstoffatome die Masse 12μ (C^{12}). Allerdings sind in der Natur immer auch C^{14}-Atome vorhanden, welche 14μ wiegen, radioaktiv sind und deshalb mit der Zeit zerfallen. Da Pflanzen bei der Fotosynthese immer auch C^{14}-Atome in charakteristischem Verhältnis miteinbauen, lässt sich aufgrund des C^{12}/C^{14}-Verhältnisses in Pflanzenresten das Alter einer Pflanze bestimmen. Je weniger C^{14} vorhanden ist, desto älter ist die Pflanze, da C^{14} wegen seiner Radioaktivität mit der Zeit verschwindet.

Decken
Bei der alpinen Gebirgsbildung überschobene, nicht mehr ortsfeste Gebirgsteile. Charakteristisch für grosse Gebirge, die durch Kollision von Kontinenten entstanden sind. Es gibt kleine Decken mit Dimensionen von wenigen km^2 Fläche und einigen Dekametern Dicke bis zu Riesendecken von vielen hundert km^2 Fläche und 2–3 km Dicke. Ebenso variieren die Verschiebungsdistanzen von wenigen hundert Metern bis zu mehr als 100 km. Decken können mehr oder weniger starr gebliebene Platten sein (z.B. oberostal-

pine Decken von Graubünden/Tirol) oder intensiv plastisch verfaltete Körper bilden (etwa penninische Gneisdecken des Tessins oder helvetische Sedimentgesteinsdecken des Alpennordhangs).

Dolomit
Mit Calcit verwandtes Mineral, bei dem die Hälfte des Calciums durch Magnesium ersetzt ist: $CaMg(CO_3)_2$. Wesentlich seltener als Calcit. Bildet Dolomitgesteine aus der Triaszeit, die im Unterengadin und – wie der Name besagt – in den Dolomiten vorherrschen.

Direktzahlungen
Subventionsgelder zur Unterstützung der Landwirte. Heute werden die Direktzahlungen vermehrt an ökologische Bedingungen geknüpft → ökologische Direktzahlungen.

Eiszeit, kleine
Als kleine Eiszeit gilt die relativ kühle und feuchte Klimaperiode zwischen 1600 und 1860 n. Chr. mit rund 1 °C tieferen Jahresmitteltemperaturen als heute, in der die Alpengletscher kräftig vorstiessen. Die Moränen dieses Hochstandes prägen heute fast jedes alpine Gletschertal. In dieser Zeit mussten viele hoch gelegene Bauernhöfe aufgegeben werden.

Erdkruste
Oberste 5–50 km der Erde, die aus festen Gesteinen verschiedenster Zusammensetzung und Entstehung bestehen. Die Kruste und der darunter liegende, ebenfalls feste und starre Teil des obersten Erdmantels (ca. 100–150 km dick) bilden zusammen die so genannte Lithosphäre, welche in Form von riesigen Platten in ständiger Bewegung auf dem plastischen Teil des oberen Mantels, der so genannten Asthenosphäre herumgleiten (→ Plattentektonik). Die → kontinentale Kruste der Kontinente ist normalerweise 30–50 km dick und besteht aus einer grossen Vielzahl verschiedener Gesteine, wobei Gneise und Granite vorherrschen. Die unter den Ozeanen liegende → ozeanische Kruste ist mit 5–7 km viel dünner und besteht ausschliesslich aus → basischen Gesteinen (→ Gabbro, → Basalt) mit mehr oder weniger → Sedimentgesteinen darüber.

Erdplatten
Die Erdoberfläche besteht aus sieben grossen und etlichen mittleren bis kleinen Platten der Lithosphäre, die, angetrieben durch Wärmekonvektionsströme des Mantels, in ständiger gegenseitiger Bewegung sind (→ Plattentektonik). Es gibt Platten, welche aus kontinentaler und ozeanischer und solche, die nur aus ozeanischer Lithosphäre bestehen.

Erosion
Sammelbegriff für Abtragungsprozesse verschiedenster Art, insbesondere von Boden. Bodenerosion führt zu Verminderung oder Verlust der Bodenfruchtbarkeit.
Glazial: Erosion durch Gletscher
Fluvial: Erosion durch Flüsse

Falte (Gesteinsfalte)
Gebogene Struktur in Gesteinen. Falten entstehen bei Kompression oder Überschiebung von Gesteinen durch plastische Deformation im festen Zustand (durch Gleitvorgänge in den Atomgittern der Gesteinsmineralien). Falten können verschiedenartigste Geometrien und Grössenordnungen aufweisen: von offen bis zu eng geschart, von mm- bis km-Grösse. In den Alpen sind Falten häufig zu beobachten. Viele der alpinen Gesteinsdecken wurden nach ihrer Überschiebung noch verfaltet

Feldspat
Häufigstes Mineral der → Erdkruste. Aluminium-haltiges → Silikatmineral mit unterschiedlichen Anteilen von Natrium, Kalium und Calcium. Nach deren Anteilen gibt man den Feldspäten verschiedene Namen. (Beispiel: Kalifeldspat mit Kalium, Plagioklase mit Na und Ca in wechselnden Anteilen. Beide Arten kommen zusammen als Hauptbestandteile im Granit vor.)

FCKW
Fluor-Chlor-Kohlenwasserstoffe; Familie von leicht flüchtigen chemischen Verbindungen, von denen viele nur sehr langsam zerfallen. FCKW-Moleküle steigen in der Atmosphäre bis in grosse Höhen und reagieren dort mit den Ozonmolekülen, wodurch die Ozonschicht abgebaut wird.

Findling
Auf einem Gletscher transportierter grosser

Felsblock, welcher beim Rückzug des Gletschers liegen bleibt. Die eiszeitlichen Gletscher der Alpen liessen Findlinge im Mittelland bis an den Jura-Südfuss zurück. Anhand von charakteristischen Gesteinen liessen sich so die Vorstösse der diversen Alpengletscher nachvollziehen (etwa Allalingabbro und Mont-Blanc-Granit für den Rhonegletscher). Viele Findlinge wurden früher als «Steinbrüche» benutzt, heute sind die meisten der grossen Exemplare geschützt.

Flyschgesteine
Während der Alpenbildung aus dem Abtragungsmaterial des werdenden Gebirges entstandene marine Sedimentgesteine. Meist in Form von Wechsellagerungen von Sandsteinen (auch teilweise kalkig) mit Mergeln und Tonen. Die Sandsteinlagen sind meistens durch untermeerische Trübestrom-Lawinen am Meeresabhang entstanden (sog. Turbidite). Diese Wechsellagerungen sind sehr leicht erodierbar und bilden in den Alpen meist gras- oder waldbedeckte Hügel, deren Hänge stark zu Rutschungen neigen (von daher das Wort Flysch). Als Wanderer oder Bergsteiger begegnet man deshalb diesen an sich häufigen Gesteinen nicht so oft.

Fossilien
Versteinerte Reste früherer Lebewesen (Tiere oder Pflanzen), die in Sedimentgesteinen eingelagert sind. Weitaus am häufigsten sind so genannte Mikrofossilien aus Meeresplankton-Skeletten, die gewisse Sedimentgesteine (z.B. bestimmte Arten von → Kalksteinen) aufbauen können. Fossilien sind wichtige Anzeiger früherer Lebensmilieus und dazu Zeitmarken für die relative Datierung von Sedimentgesteinen.

Fotosynthese
Biochemischer Vorgang, mit dem die Pflanzen aus Sonnenlicht, Wasser und CO_2 Biomasse aufbauen. Ein wichtiges Element des Fotosyntheseapparats der Pflanzen ist das Blattgrün (Chlorophyll), welches zugleich für die grüne Farbe der meisten Pflanzenteile verantwortlich ist.

Frostsprengung
Verwitterung infolge von in Felsritzen gefrierendem Wasser (Wasser ist eine der ganz wenigen chemischen Substanzen, welche sich beim Gefrieren ausdehnen und nicht schrumpfen).

Frosttrocknis
Phänomen, dass Pflanzen bei gefrorenem Boden unter Wassermangel leiden, auch wenn genügend Niederschlag fällt.

Gabbro
Ein → basisches Tiefengestein, das basische Pendant von Granit. Kommt vor allem in den tieferen Schichten der → ozeanischen Erdkruste vor, aber auch in grossen magmatischen Intrusionskörpern der → kontinentalen Kruste. Es ist das plutonische Äquivalent des → Basalts, und besteht demzufolge auch aus Plagioklas-Feldspat und Pyroxen, mit oder ohne Olivin.

Ganggesteine
Plattenförmige Gesteinskörper (Dicke meist cm bis Dekameter), die durch Eindringen und Erstarren von → Magma in Risse oder Zerrspalten des umgebenden Gesteins entstehen. Besonders typisch sind helle, feinkörnige Ganggesteine, die in schon verfestigten Granit oder dessen Umgebung eingedrungen sind (Aplite). Ebenfalls typisch für Granitkörper sind weisse, grobkörnige Ganggesteine, die häufig seltene Mineralien enthalten (→ Pegmatite). Beide Arten sind in den alpinen Granitkörpern häufig anzutreffen.

Geologisches Fenster
Durch Erosion freigelegte tiefere tektonische Baueinheit, umgeben von der darüber gelegenen Einheit. In den Alpen mit ihren tiefen Taleinschnitten und der regional unterschiedlichen Hebungsrate sind geologische Fenster in allen Grössenordnungen häufig. Berühmt sind etwa das grosse Unterengadiner Fenster (penninische Decken umrahmt von darüber liegenden ostalpinen Decken) oder das kleine Fenster von Vättis (Altkristallin des Aarmassives unter helvetischen Sediment-Decken). Das Gegenstück dazu ist die geologische Klippe – Erosionsrelikt einer höheren Einheit auf einer tiefer gelegenen. Eines der berühmtesten Beispiele ist das Matterhorn (ostalpine, afrikanische Gesteinseinheit über penninischen, eurasischen Einheiten).

Gesteinsfalten → s. Falten

Glimmer
Familie von Mineralien, die aufgrund ihres chemisch-atomaren Aufbaus plättchenförmige Kristalle bilden, wobei die Plättchen parallel zur Basis perfekt spaltbar sind (mit einem Messer lassen sich feinste transparente Schuppen abheben. Diese Eigenschaft wird technisch genutzt, z.B. für hitzebeständige Hochofenfenster. Wenn Glimmerplättchen in Gesteinen infolge von Scherdeformationen in einer Ebene eingeregelt werden, entsteht im Gestein eine → Schieferung. Die wichtigsten Vertreter sind der schwarze Biotit (Dunkelglimmer) und der silberglänzende Muskowit (Hellglimmer), beide häufig in Gneisen, Schiefern und Graniten der Alpen anzutreffen.

Grundgebirge
Allgemeiner geologischer Begriff für alte Erdkruste, welche die Basis für spätere sedimentäre (oder vulkanische) Ablagerungen bildet. In den Alpen wurde das Grundgebirge, auf welches die Sedimente des Tethys-Ozeans abgelagert wurden, erneut in Form von grossen Decken in die Alpenbildung einbezogen (z.B. Dent-Blanche- oder Silvretta-Decken).

Humus
Dunkle Oberschicht des Bodens, welche bei der Zersetzung von pflanzlichen und tierischen Stoffen entsteht und für die Bodenfruchtbarkeit von entscheidender Bedeutung ist.

Inneralpine Trockentäler
Täler oder Talschaften im Innern der Alpen, die auf allen Seiten von hohen Bergen umschlossen sind, dadurch wenig Niederschlag erhalten (ca. 500 mm/Jahr) und eine hohe Sonnenscheindauer aufweisen. Beispiele: Wallis, Engadin, Etschtal (I), Durance (F).

Kalksilikatfels
Metamorphes Gestein, das aus Sedimentgesteinen mergeliger Zusammensetzung entstanden ist (→ Mergel). Kalksilikatfelse bestehen aus Calcium- und Silikatmineralien. Weil normalerweise keine oder kaum Glimmer vorkommen, kann sich in diesen Gesteinen keine Schieferung ausbilden, es bleiben körnige Gesteine (sog. «Felse»).

Kar
Eine sesselförmige Felswanne in einem hoch gelegenen, steilen Berghang. Sehr häufige Glazialform, die durch die Erosionskraft des Gletschers entsteht. Manchmal sind noch Überreste des einst mächtigeren Kargletschers vorhanden. Die Wanne wird meist abgeschlossen durch eine Karschwelle, in deren Umgebung nach dem Rückzug des Gletschers oft Karseen entstehen.

Kohlendioxid CO_2
Molekül aus einem Kohlenstoff- und zwei Sauerstoff-Atomen (CO_2). Fällt bei allen Verbrennungsprozessen in grossen Mengen an. Hat in der Atmosphäre die Eigenschaft, langwellige Wärmestrahlung zu reflektieren und trägt damit zum Treibhauseffekt bei. Es ist die weitaus wichtigste Treibhaussubstanz. Sein durch menschliche Aktivitäten erhöhter Gehalt beträgt heute rund 360 ppm in der Atmoshpäre, etwa doppelt so viel, wie in den letzten 200 000 Jahren maximal je erreicht wurde.

Kollision
Aufeinanderprallen von zwei kontinentalen → Erdplatten, das unweigerlich zur Bildung eines Gebirges führt. Die kontinentale → Lithosphäre kann infolge ihrer Dicke und relativen Leichtigkeit im Gegensatz zur ozeanischen nicht in den Erdmantel subduziert und wieder aufgeschmolzen werden. Deswegen verkeilen sich zwei kontinentale Lithosphärenplatten ineinander, es kommt zu grossräumigen Überschiebungen (→ Decken) und Verfaltungen, bis sich die Kollisionszone infolge ihrer Verdickung gemäss dem Auftriebsgesetz hebt und an der Oberfläche ein Gebirge entsteht.

Kontinentales Klima
Ist gekennzeichnet durch hohe Temperaturgegensätze zwischen Tag und Nacht sowie zwischen Sommer und Winter. Wird in der Klimatologie als Gegenbegriff zum ozeanischen Klima gebraucht.

Kontinentale Kruste → s. Erdkruste

Kontinentale Platten → s. Erdplatten

Kruste → s. Erdkruste

Lithosphäre → *s. Erdplatten, Erdkruste, Plattentektonik*

Magerwiese
Ungedüngte Wiese, die eine hohe Artenvielfalt und eine im Vergleich zur Fettwiese kleine Produktivität aufweist.

Magma/magmatische Gesteine
Heisse Masse aus geschmolzenem Gestein, mit mehr oder weniger darin eigelagerten Mineralien und gelösten Gasen. Magmen entstehen infolge teilweiser oder ganzer Aufschmelzung von Gesteinen. Sie sind je nach Zusammensetzung rund 700–1400 °C heiss und von höchst unterschiedlicher Fliessfähigkeit (Viskosität). Granitische Magmen sind sehr zäh, weshalb sie in der Regel in der Erdkruste stecken bleiben und Granitkörper bilden. → Basaltische Magmen sind dagegen eher dünnflüssig und steigen deshalb öfter entlang Spalten oder Schloten bis zur Erdoberfläche auf, wo sie Vulkane aufbauen.

Maiensäss
Dialektbezeichnung für die untere Alpstufe, die im Frühling (und Herbst) bewohnt und beweidet wird.

Marmor
Metamorphes Gestein, das aus Kalk oder Dolomit entstanden ist. Bei der Metamorphose rekristallisieren Calcit oder Dolomit zu gröberen Körnern. Da Marmore keine oder kaum Glimmer enthalten, kann sich keine Schieferung ausbilden. Deswegen sind Marmore körnig-massige Gesteine («Felse»). Enhielt das Ausgangsgestein neben Calcit/Dolomit auch Ton- und/oder Sandanteile, so entstehen bei der Metamorphose sog. → Kalksilikatgesteine.

Mergel
→ Sedimentgestein, das aus einer Mischung von → Ton- und → Kalkanteilen besteht. Weiche Gesteine, die in den Alpen und im Jura in der Regel sanfte Landschaftsformen mit Wiesenzonen bilden.

Metamorphose/metamorph
Umkristallisation von Gesteinen in festem Zustand infolge erhöhter Temperaturen und Drucke. Gesteine, die durch tektonische Prozesse wie Überschiebung, Subduktion, Verfaltung oder schlicht durch Überlagerung mit Sedimentgesteinen in tiefere Erdkrustenbereiche gelangen, werden zunehmend metamorphosiert. Starke Deformation oder die Zirkulation von Porenfluid erleichtern die Umkristallisation stark. In den Alpen sind metamorphe Gesteine vor allem in den tieferen Decken weit verbreitet (vor allem Schiefer, Gneise).

Mikroorganismen
Nur unter dem Mikroskop sichtbare Lebewesen. Dazu gehören Bakterien, Geisseltierchen, Amöben etc. Sie spielen in der Natur eine sehr bedeutende Rolle bei Abbauprozessen.

Mineral
Natürliche, feste Substanz mit einer definierten chemischen Zusammensetzung. Die allermeisten Mineralien sind kristallin (d.h. sie haben einen gesetzmässigen atomaren Aufbau). In Gesteinen erscheinen Mineralien in der Regel mit unregelmässigen Aussenformen, da sie sich beim Wachstum gegenseitig behindern. In offenen Kristallklüften (z.B. alpine Zerrklüfte) können Mineralien mit ihren gesetzmässigen geometrischen Aussenflächen wachsen.

Molasse(ablagerungen)
Sedimentgesteine, die aus dem Abtragungsschutt der in der Tertiärzeit sich hebenden Alpen im südlichen und nördlichen Alpenvorland gebildet wurden. Den Hauptanteil bilden → Sandsteine (z.B. Berner Sandstein) und Konglomerate (z.B. «Nagelfluh» von Napf, Rigi und Speer), die in riesigen Flusssystemen abgelagert wurden (sog. Süsswassermolasse). Zeitweise seichte Meeresüberflutungen führten zur Meeresmolasse.

Muttergestein
Im Zusammenhang mit Bodenbildung: das unverwitterte Ausgangsgestein.

Mykorrhiza
Lebensgemeinschaft zwischen Wurzel und Pilz, von der beide profitieren (Symbiose). Sichtbar in Form von Wurzelknöllchen. Besonders stark bei Leguminosen, konnte aber bis heute fast bei allen Pflanzen nachgewiesen werden.

Nachhaltigkeit
Handlungsprinzip für Politik und Wirtschaft, welches fordert, dass die Bedürfnisse der heutigen Generationen so gedeckt werden sollen, dass damit die Chancen zukünftiger Generationen nicht beeinträchtigt werden.

Neolithikum
Jungsteinzeit; begann in den Alpen um 5500 v. Chr. und dauerte bis ca. 4000 v. Chr. In diese Zeit fällt der Übergang zur Sesshaftigkeit und damit verbunden zu Ackerbau und Viehwirtschaft.

Obduktion
Vorgang, der infolge → Subduktion in Tiefen bis zu rund 100 km versenkte Gesteinspakete wieder an die Erdoberfläche bringt. Es sind dabei verschiedene Prozesse möglich, die heute noch Gegenstand der Forschung sind.

Ophiolithe
Gesteine der ozeanischen Lithospähre (→ Peridotit, → Basalt, → Gabbro, auch → Sedimentgesteine), welche als abgescherte Pakete der Subduktion entgingen und in die Gebirgsbildung einbezogen wurden. Sie wurden dabei meist metamorph umgewandelt (zu Grüngesteinen). Sie zeugen von verschwundenen alten Ozeanbecken (Alpen → Tethys-Ozean).

Ozeanische Kruste → s. Erdkruste

Ozeanische Platten → s. Erdplatten

Ozon
Unbeständige chemische Verbindung aus drei Sauerstoff-Atomen (O_3). Wird zur Bleichung und Desinfektion verwendet. Wird unter Einwirkung von energiereicher Strahlung aus Sauerstoff gebildet (ist in der Stratosphäre nützlich als → Absorber schädlicher UV-Strahlung der Sonne, in der bodennahen Troposphäre schädlich als Reizgas für Lebewesen).

Pegmatit → s. Ganggesteine

Peridotit
Ein Tiefengestein, das noch ärmer ist an SiO_2 als die → basischen Arten. Es besteht zum grössten Teil aus dem Eisen-Magnesium-Silikatmineral Olivin ($(Fe,Mg(SiO_4))$) mit Anteilen von weiteren Eisen-Magnesium-Silikaten. Der obere Erdmantel besteht im Wesentlichen aus Peridotit.

Pflanzengesellschaft
Die Gesamtheit aller an einem bestimmten Standort vorkommenden Pflanzen.

pH-Wert
Kennzahl für den Säuregrad einer Flüssigkeit oder eines Bodens. Liefert Aussage über die Anzahl freier H^+-Ionen. Werte von 1–14, wobei 1 sehr sauer, 7 neutral und 14 sehr basisch bedeutet.

Pionierpflanzen
Pflanzen, welche als erste einen neuen Lebensraum besiedeln.

Platten → s. Erdplatten

Plattentektonik
Die Lehre von der Bewegung der Erdplatten (Kontinentalverschiebung) und ihren Ursachen. Mit diesem Modell lassen sich alle geologischen Prozesse – etwa Gebirgsbildung – in einem globalen Rahmen erklären und verstehen. Noch in der ersten Hälfte des 20. Jahrhunderts weitgehend abgelehnt, später heiss umstritten, ist die Plattentektonik heute allseits vollständig akzeptiertes Modell für das Funktionieren der «Erdmaschine» – zu überwältigend sind alle Indizien und Daten, die dazu passen. Als letzte Bestätigung kann die direkte Messung der Kontinentalverschiebung von Satelliten aus erwähnt werden.

Rhyolith
Ein vulkanisches Gestein, das aus Magmen von Granit-Zusammensetzung entsteht. Da diese Magmen wegen ihres hohen Gehaltes an SiO_4-Molekülen sehr zähflüssig sind, treten sie nicht so leicht an die Oberfläche wie das dünnflüssigere → basaltische Magma, und wenn, dann meistens in heftigen, explosiven Ausbrüchen wie denjenigen des Mt. St. Helens (1980) oder des Pinatubo (1989). In den Alpen gibt es keine Rhyolithe, welche während der Alpenbildung entstanden sind, jedoch recht zahlreiche aus der letzten, variszischen Gebirgsbildung, wo ja

die grossen Granitkörper der Alpen wie etwa Mont-Blanc-, Dent-Blanche- oder Zentraler Aaregranit entstanden sind. Eines der bekanntesten Vorkommen findet sich an der grossen Windgälle (UR).

Sandstein
Sedimentgestein, das aus abgelagerten Mineralkörnern besteht. Die häufigste Varietät ist der mehr oder weniger reine Quarzsandstein, der aus gerundeten Quarzkörnern besteht und als Fluss- und Meeresdelta-Ablagerung entsteht. In den Alpen finden sich Sandsteine aus der Triaszeit, in den → Flyschgesteinen der Kreide- und Tertiärzeit und in der → Molasse des Tertiärs.

Sauer
Chemischer Begriff für pH-Werte unter 7. Gesteine wie Granit und Gneis enthalten Silikat und reagieren daher sauer. Bei der Verwitterung von silikathaltigem Gestein bilden sich saure Böden. Regenwasser hat ebenfalls einen pH, der im sauren Bereich liegt.

Scherzone
Zone in Gesteinen, wo sich grössere Verschiebungsbewegungen abgespielt haben. In Scherzonen sind die Gesteine mehr oder weniger stark verschiefert und in der Regel weniger stabil und verwitterungsresistent. Scherzonen bilden deshalb oft Couloirs, Scharten und Pässe mit schlechtem Gestein in den Berggraten.

Schieferung
Spaltbarkeit von metamorphen Gesteinen, die durch die Einordnung von Glimmerplättchen in einer Ebene bei der Deformation entsteht. In Schiefern ist die Schieferung sehr engständig und meist durch extrem feine Glimmermineralien ausgebildet, weshalb Schiefer sich in Platten von mm- bis cm-Dicke spalten lassen. In den gröberkörnigen Gneisen ist sie weitständiger und weniger ausgeprägt, solche Gesteine spalten deshalb in dickere, oft unregelmässigere Platten. In Scherzonen entstehen oft Schiefer. Solche Zonen verwittern leicht und bilden an den Berggraten meist markante Scharten mit «faulem» Gestein.

Séraczone (Sérac = fr. für Spalte)
Steile Region eines Gletschers, wo dieser in ein Gewirr von Blöcken und Türmen zerbricht.

Serpentinit
Dunkelgrünes bis schwärzliches, massiges bis schieferiges metamorphes Gestein, das aus → Peridotit (Mantelgestein) durch Wasseraufnahme entstanden ist und in den Alpen in → Ophiolithserien vorkommt. Infolge der Armut an leichten Elementen wie Kalium etc. äusserst vegetationsfeindlicher Untergrund. Dies äussert sich in entsprechenden Flurnamen – etwa die «Totalp» bei Davos oder die «Lichenbretter» ob Zermatt.

Sichelbruch
Sichelförmige Ausbrüche an einer vom Gletscher polierten Gesteinsoberfläche von dm bis m Länge, quer zur Fliessrichtung liegend und in der Regel mit der konkaven Seite in Fliessrichtung zeigend. Sie entstehen meist an vorbestehenden Schwächezonen des Gesteins (Risse, Klüfte, Brüche). Besonders gut ausgeprägt in Graniten und Gneisen.

Silikate
Mineralien, deren atomares Grundgerüst aus regelmässigen Pyramiden mit einem Siliziumatom im Kern und vier Sauerstoffatomen an den Ecken besteht. Je nach Anordnung dieser SiO_4-Pyramiden unterscheidet man verschiedene Klassen von Silikaten. Silikatmineralien bauen den allergrössten Teil der Erdkruste auf (z.B. → Feldspäte, → Quarz, Amphibol, Pyroxen, → Glimmer).

Spaltöffnungen
Mikroskopisch kleine Öffnungen in der Blattfläche, durch welche die Pflanze CO_2 aufnimmt.

Stickstoffzeiger
Pflanzenarten, die für ihr Wachstum viel Stickstoff benötigen, weshalb sie als Zeigerpflanzen für überdüngte Böden gebraucht werden können.

Streuwiesen
Wiese, deren Pflanzen einen schlechten Futterwert haben (v.a. Feuchtwiesen), so dass

das Schnittgut nicht verfüttert wird, sondern nur als Streu Verwendung findet.

Subduktion
Abtauchen einer Erdplatte unter eine andere in Konvergenzzonen, wo zwei Erdplatten aufeinander zu driften. Ozeanische Platten werden infolge ihrer geringeren Dicke und des höheren spezifischen Gewichtes unter kontinentale subduziert und im Erdmantel durch Aufschmelzen wieder resorbiert. In derartigen Konvergenzzonen entsteht ozeanwärts ein Tiefseegraben und kontinentwärts ein vulkanisches Küstengebirge (Beispiel Anden Südamerikas). Kontinentale Platten können nur bis zu einer bestimmten Tiefe unter andere kontinentale Platten subduziert werden – sie bleiben dann infolge ihrer Dicke und relativen «Leichtigkeit» stecken, und ein Kollisionsgebirge wie die Alpen entsteht.

Sukkulenz
Besondere Wuchsform von Pflanzen, welche das Speichern von grossen Wassermengen erlaubt.

Sukzession
Abfolge von Pflanzengesellschaften auf einem Standort im Verlaufe der Zeit, von einer Pionier- bis zu einer Schlussgesellschaft.

Symbiose
Lebensgemeinschaft zweier Lebewesen, welche beiden Vorteile bringt.

Tethys-Ozean
Name des Ozeans, der sich während des Erdmittelalters (Mesozoikum) zwischen Eurasien und Afrika/Indien/Australien ausbreitete. Im Bereich der späteren Alpen befand sich das westliche Ende dieses Riesenozeans, das sich als Verbindung zwischen dem Hauptbecken weiter im Osten und dem Ur-Atlantik öffnete. Die darin abgelagerten Sedimentgesteine wurden später durch die Schliessung und Subduktion des Ozeanbeckens in die Alpenbildung einbezogen und bilden heute einen wesentlichen Bestandteil dieses Gebirges.

Tonstein/Tonschiefer
Tonstein ist ein → Sedimentgestein, das im Wesentlichen aus feinsten Schwebepartikeln («Tontrübe», so genannte Tonmineralien) aufgebaut ist. Diese sind Verwitterungsprodukte von Gesteinen und werden über Flüsse weit in Meeres- oder Seebecken hinaustransportiert und abgelagert. Reine Tonsteine sind sehr weich und erosionsanfällig, weshalb sie kaum je unter der Vegetationsdecke zu Tage treten. Sie sind jedoch ein wichtiger Rohstoff für die Baustein-, Zement- und Keramikindustrie. Tonschiefer sind schwach metamorph umgewandelte Tonsteine mit einer ausgeprägten feinblättrigen → Schieferung.

Tundragürtel
Gebiet jenseits der polaren Baumgrenze (Skandinavien, Sibirien etc.), dessen Vegetation von Gräsern, Moosen, Flechten und Zwergsträuchern geprägt ist.

Überschiebung
Geologischer Vorgang, bei dem durch seitliche Kompression (z.B. infoge einer Kontinentalkollision) eine Gesteinseinheit über die andere geschoben wird. Grösse der Gesteinseinheiten sowie Überschiebungsdistanzen variieren stark. Die grössten Überschiebungseinheiten im Alpenraum (→ Decken) sind km-dick und wurden bis über 100 km weit überschoben. Oft gehen Überschiebung und Verfaltung Hand in Hand.

UV-Strahlung
Ultraviolette Strahlung; kurzwellige, sehr energiereiche Strahlen. Für den Menschen unsichtbar, werden aber z.T. von Tieren gesehen (z.B. Bienen und andere Insekten). Die stratosphärische Ozonschicht absorbiert einen guten Teil der kosmischen UV-Strahlung. Aber auch die Atmosphäre selbst absorbiert UV-Strahlung. Deshalb nimmt deren Intensität zu, je höher man in die Berge steigt.

Vegetationszeit
Zeitspanne, in welcher die klimatischen Bedingungen ein Pflanzenwachstum ermöglichen. Die Anforderungen dafür sind von Pflanze zu Pflanze verschieden.

Vergandung
Übermässige Vermehrung verholzter Pflanzen auf Weideflächen infolge Nutzungsaufgabe.

Wiederansiedlung
Aktive, gezielte Unterstützung der Rückkehr ausgestorbener oder ausgerotteter einheimischer Tierarten durch den Menschen (z.B. Bartgeierprojekt). Im Gegensatz dazu bedeutet Rückkehr die selbstständige Einwanderung aus dem benachbarten Ausland (z.B. Wölfe).

Wildheuen
Das Mähen von Wiesen in hoch gelegenen und exponierten Lagen zur Erhöhung der Heumenge für den Winter.

Zeigerorganismus/Zeigerpflanze
Lebewesen, welche infolge ihrer eng eingeschränkten Ansprüche an ihren Lebensraum eindeutige Hinweise auf gewisse Standortfaktoren geben.

Zeigerwert
Zahl, die eine Aussage über die Standortansprüche einer Pflanze liefert. Es gibt Zeigerwerte für verschiedene Faktoren (z.B. Feuchtigkeit, Nährstoffgehalt, pH-Ansprüche).

Weiterführende Literatur

Entstehung der Alpen/ Gesteine/Landschaft

- Burri, M.: Die Gesteine, aus der Reihe «Erkenne die Natur im Wallis», Édition Pillet, Martigny 1992
  Detaillierte Darstellung der tektonischen und geologischen Verhältnisse im Wallis. Recht anspruchsvoll.
- Kuhle, M. / Roesrath, C.: Geographie und Geologie der Hochgebirge. Alpin-Lehrplan Nr. 11, BLV München 1990
  Ein Überblick mit Schwergewicht auf Himalaya und Alpen. Streckenweise sprachlich mühsam, aber mit vielen guten Anregungen und Abbildungen.
- Labhart, T.: Geologie der Schweiz, Ott Verlag, 2. Auflage, Thun 1998
  Bietet einen sehr guten Überblick über die Entstehung der Alpen, den geologischen Bau und die Gesteine.
- Labhart, T.: Granitland Göschenen, Broschüre Verein Modellregion Göschenen 2000
  Bietet einen sehr guten Überblick über die vielfältigen Facetten des Granits, eines der wichtigsten Alpengesteine.
- Stahr, A. / Hartmann, T.: Landschaftsformen und Landschaftselemente im Hochgebirge, Springer Verlag, Berlin/Heidelberg 1999
  Wer dieses Buch gelesen hat, wird jede Landschaftsform im Hochgebirge erklären können. Texte eher anspruchsvoll. Hilfreiche Fotos.
- Swiss Rock, Arbeitsheft, Ott Verlag, Thun 1998
  Swiss Rock ist eine Schul-Gesteinssammlung mit vielfältigen Arbeitsmaterialien dazu: Arbeitsheft, geologisches Puzzle, Exkursionsheft. Das Arbeitsheft gibt einen gerafften Einstieg in die Gesteinskunde und Entstehung der Alpen.
- Rodewald, R.: Sehnsucht Landschaft, Landschaftsgestaltung unter ästhetischem Gesichtspunkt, Chronos Verlag, Zürich 1999
  Für alle, die sich vertieft mit ihrer eigenen und der gesellschaftlichen Wahrnehmung der Landschaft auseinander setzen wollen. Anspruchsvoll.
- Weibel, M. et al.: Die Mineralien der Schweiz Birkhäuser, Basel 1990
  Systematischer Überblick über alle in der Schweiz vorkommenden Mineralien und die Fundregionen.

Gletscher/Schnee

- Die Alpen. Clubzeitschrift des Schweizer Alpen-Clubs SAC
  In dieser Zeitschrift wird jährlich im Oktober eine Kurzfassung des Gletscherberichtes der Schweizerischen Gletscherkommission publiziert, jeweils mit einer Vertiefung zu einem Schwerpunktthema. Diese Berichte bieten dem Laien sehr gute Einblicke in die Thematik der Glaziologie und der glaziologischen Klimaforschung.
- Gletscher, Schnee und Eis, Verlag Schweizer Lexikon Mengis+Zier, Luzern 1993
  Lexikonartige Darlegung von Begriffen und Phänomenen rund um Gletscher, Schnee und Eis.
- Maisch, M., Burga, C.A., Fitze, P.: Lebendiges Gletschervorfeld. Führer und Begleitbuch zum Gletscherlehrpfad Morteratsch. Geographisches Institut Uni Zürich, 2. rev. Auflage 1999
  Neben den Standortbeschreibungen des Gletscherlehrpfades bietet das Buch einen exzellenten Überblick über Gletscherkunde und Glazialmorphologie sowie Gletscher- und Klimageschichte im Alpenraum.

Naturkatastrophen und Klimaänderungen

- Glogger, B.: Heisszeit, Klimaänderungen und Naturkatastrophen in der Schweiz, vdf Hochschulverlag AG, Zürich 1998
  Hintergründe, Fakten und Zukunftsgedanken zur Klimaänderung, mit Interviews mit Vertreterinnen und Vertretern aus Wissenschaft und Wirtschaft. Gut verständlich und anregend präsentiert.
- Bader, S. / Kunz, P.: Klimarisiken – Herausforderung für die Schweiz, vdf Hochschulverlag AG, Zürich 1998
  Umfassender Schlussbericht des Nationalen Forschungsprogramms 31 zu den Auswirkungen der Klimänderung auf den Alpenraum.
- Krebs, P. & Siegrist, D. Klimaspuren. 20 Wanderungen zum Treibhaus Schweiz, Rotpunkt Verlag, Zürich 1997
  Ein thematischer Wanderführer zu sichtbaren Zeichen der Klimaveränderung in der Schweiz, mit viel Hintergrundinformation und Zusammenhängen. Ideal für Wanderleiterinnen und Wanderleiter als Vorbereitung ihrer Tour.
- Auf den Spuren des Klimawandels. Broschüre zum Klimaweg Pontresina, 1998.
  Bezug: Gemeinden Pontresina und Samedan, WWF Schweiz.
  Ein Führer zum Klimaweg ob Pontresina und eine hervorragende Einführung zum Thema Klimawandel. Sehr empfehlenswert.

Alpenwetter

- Albisser, P.: Kleine Wetterkunde für Bergsteiger, SAC-Verlag, Bern 1992 (auch englisch/französisch)
  Hinweise und Erklärungen zum Wettergeschehen in den Alpen, nützliche Tipps zu Wettervorhersage und Sicherheitsvorkehrungen.
- Häckel, H.: Farbatlas Wetterphänomene, Verlag Eugen Ulmer, Stuttgart 1999
  Sehr umfassende und reich bebilderte Erklärungen zu den (un)sichtbaren Wetterphänomenen, nicht nur für den Alpenraum.
- Körber, H.-G.: Vom Wetteraberglauben zur Wetterforschung, Edition Leipzig, 2. Auflage 1989
  Detaillierte Darstellung der Geschichte der Meteorologie: Von Wettergöttern und Wetterprophetie über Wetterzeichen und Wetterchroniken zur heutigen Wetterforschung.

Lebensräume

- Delarze, R.: Lebensräume der Schweiz, Ott Verlag, Thun 1999
  Porträts aller Lebensraumtypen der Schweiz, ökologische Beschreibung und Bedeutung mit Angabe von Kennarten (Pflanzen und Tiere). Für fortgeschrittene Interessierte.
- Europäische Akademie Bozen (Hrsg.): Lebensraum Alpen. Nationalparks in Geschichten und Bildern. Tappeiner-Verlag, Bozen/Südtirol/I, 2000.
  Dieser grosse Farbbildband ist quasi die «Lehnstuhl-Ergänzung» zum vorliegenden Buch. An Beispielen aus drei grossen Nationalparks der Ostalpen greift das Buch alpine Lebensraum-Themen exemplarisch auf, illustriert mit vielen schönen Farbfotos.
- Ott, Frehner, Frey, Lüscher: Gebirgsnadelwälder, Verlag Paul Haupt, Bern 1997
  Überblick über die Standorte und Besonderheiten alpiner Nadelwälder inklusive Hinweisen zu deren Verjüngung und Pflege.
  Richtet sich in erster Linie an Leute, die beruflich mit Gebirgswaldpflege konfrontiert sind, liefert aber auch dem wissenschaftlich interessierten Laien viele Anhaltspunkte.
- Bestand hat nur der Wandel
  24 S., BUWAL, Bern 1998 (Bezug gratis bei EDMZ, Bestellnummer 310.715 d)
  Kurze Zusammenfassung wichtiger Aspekte rund um den Lebensraum Gletschervorfeld.
- Bergsteigen natürlich, Deutscher Alpenverein, München 2000

Eine Hilfestellung für alle, die ihre Bergtouren erlebnisreich und umweltverträglich gestalten wollen.

Pflanzen

- Landolt, E.: Unsere Alpenflora, SAC-Verlag, 6. Auflage, Bern 1992 (auch englisch/französisch)
  Beschreibung wichtiger Alpenpflanzen, mit Bestimmungsschlüssel und Farbbildern. Praktischer Begleiter.
- Lauber, K. / Wagner, G.: Flora Helvetica, Verlag Paul Haupt, Bern 1996
  Kurzsteckbrief aller Pflanzen der Schweiz, Referenzwerk für die im vorliegenden Buch verwendeten Pflanzennamen.
- Lauber, K. / Wagner, G.: Flora des Kantons Bern, Verlag Paul Haupt, Bern 1991
  Beschreibt alle Pflanzen des Kantons Bern mit Foto und Erkennungsmerkmalen.
- Reisigl, H. / Keller, R.: Alpenpflanzen im Lebensraum, Stuttgart 1987
  Reich illustriertes, sehr informatives Buch über die Pflanzen der Alpinen Rasen, sowie der Schutt- und Felsenpflanzen, mit vielen Zusammenhängen.

Tiere

- Lang, A.: Spuren und Fährten unserer Tiere, BLV Verlagsgemeinschaft, 4. Auflage, München 1998
  Hilfreiche Hinweise und Abbildungen für die Erkennung und Identifizierung von Tierspuren, nicht nur Alpentiere.
- Rahm, U. / Müller, J.: Unsere Säugetiere, Naturhistorisches Museum Basel, 1995 (zu beziehen direkt beim Museum, Augustinergasse 2, 4001 Basel)
  Steckbriefe der einheimischen Säugetiere, Informationen zu Lebensweise, Verbreitung, Nahrung etc.
- Säugetiere der Schweiz, Birkhäuser Verlag, Basel 1995
  Wissenschaftliche Beschreibung (Systematik, Biologie, Lebensraum, Verbreitung) aller in der Schweiz vorkommenden Säugetiere.
- Kramer, E. / Stemmler, O.: Unsere Reptilien, Naturhistorisches Museum Basel, 1988
  Überblick über die Schweizer Reptilien-Arten und ihre Lebensräume, mit Fotos.

Mensch in den Alpen

- Bätzing, W.: Kleines Alpen-Lexikon, Umwelt – Wirtschaft – Kultur, Verlag C.H. Beck, München 1997
  Erklärung wichtiger Begriffe rund um Umwelt, Wirtschaft und Kultur des Alpenraums, zum Lernen und Nachschlagen.
- Bätzing, W.: Die Alpen, Entstehung und Gefährdung einer europäischen Kulturlandschaft, Verlag C.H. Beck, München 1991
  Sehr umfassende Darlegung der Geschichte des alpinen Raums, der aktuellen Probleme und möglicher Zukunftszenarien. Gut lesbar für Laien.
- Feste im Alpenraum: Migros-Presse, Zürich 1997
  Interessantes rund um alte und neuere Bräuche in der Schweiz, Österreich, Deutschland, Italien und Frankreich.
- Haid, H.: Mythos und Kult in den Alpen, Edition Tau, Bad Sauerbrunn 1990
  Auf der Spur von Felszeichnungen, Steinmannli, Salzstrassen und Gipfelkreuzen.
- Hamberger S. (Hrsg.): Schöne neue Alpen, eine Ortsbesichtigung, Raben Verlag, München 1998
  Der Katalog zur gleichnamigen Ausstellung. Das Buch bietet eine Fülle von sehenswerten Bildern und lesenswerten Texten. Die etwas anderen Alpen.
- Hösli, G., Schuler, K. u.a.: Handbuch Alp, Octopus Verlag, Chur 1998
  Informativer, aber nie trockener Ratgeber für alle, die sich für einen Alpsommer vorbereiten wollen. Ebenso Fundgrube für Tipps rund um den Lebensraum Alpweide und rund um das liebe Vieh.
- Luger, K. / Immang, K. (Hrsg.): Verreiste Berge, Kultur und Tourismus im Hochgebirge, Studienverlag, Innsbruck/Wien 1995

Die 23 versammelten Beiträge machen den modernen Tourismus und sein Wirken auf Gesellschaft und Natur in den Weltgebirgen zum Thema: Modernisierung vs. Zertstörung, Innovation vs. Bewahren.

- MARTI T.: MENSCH UND LANDSCHAFT EINES ALPINEN HOCHTALES, HAUPT, BERN/STUTTGART/WIEN 1997
  Am Beispiel des Urbachtals im Berner Oberland wird der «Organismus Landschaft» nach seinen inneren Zusammenhängen untersucht und dargestellt. Ein Buch, das weit über die üblichen naturwissenschaftlichen Darstellungen hinausgeht und uns teilweise neue und ungewohnte Perspektiven erschliesst.
- MARTINI P.: NICHT ANFANG UND NICHT ENDE, ROMAN EINER RÜCKKEHR, W. CLASSEN VERLAG, ZÜRICH 1991
  Ein ungemein packender Roman, der in eindrücklicher Art und Weise das Leben von Tessiner Bergbauern im letzten Jahrhundert beschreibt. Ein Bericht aus dem ehemaligen Armenhaus Schweiz.
- PESKOLLER, H.: BERGDENKEN, EINE KULTURGESCHICHTE DER HÖHE, W. EICHBAUER VERLAG, WIEN 1997
  Warum steigen die Menschen in oft extremer Art auf die Berge? Ein Extrembuch über eine mögliche Beziehung des Menschen zum Berg. Denkstoff.

SAC-Clubführer

In den meisten Gebiets-, Wander- und Kletterführern des Schweizer Alpen-Clubs sind gute und lesenswerte einleitende Kapitel zur Geologie, Flora und Fauna des besprochenen Gebietes vorhanden. Sie eigenen sich für die spezifische Vorbereitung auf ein Gebiet, basierend auf den allgemeinen Ausführungen in diesem Buch. Die neuen SAC-Bergwander-Führer enthalten reiche und spannende Informationen zu Natur und Kultur der beschriebenen Gebiete.

Französische Werke

- FAYARD, A. ET AL.: LES ALPES, LA GÉOLOGIE, LES MILIEUX, LA FAUNE ET LA FLORE, LES HOMMES, DELACHAUX ET NIESTLÉ, LAUSANNE 1999
  Dichtes, informatives Buch über alle wichtigen Aspekte des Alpenraums, reich illustriert. Gewichtung etwas unausgeglichen, Geologie-Teil anspruchsvoll.
- DRAGESCO, E.: LA VIE SAUVAGE DANS LES ALPES, DELACHAUX ET NIESTLÉ, LAUSANNE 1995
  Sehr detaillierte Beschreibung von 25 Tierarten der Alpen, wunderschöne Fotos. Sehr zu empfehlen!

Abbildungsnachweis

Zeichnungen:
Kathrin Scheidegger (Fifi)

Grafiken:
Werner Bätzing (S. 17–21 alle, 201)
Landeshydrologie und -geologie (S. 37o)
Trommer Gerhard: Wildnis, die pädagogische Herausforderung, Deutscher Studienverlag, Weinheim 1992 (S. 235)

Fotos (o = oben, u = unten, re = rechts, li = links)
Fischereiinspektorat Kt. Bern (S. 165, 169o/u)
Monika Frehner (S. 175o)
Martin Gerber (S. 125, 136o, 148, 168u, 191)
Urs Kneubühl (S. 56u, 62, 207u, 214o, 214u, 215, 245, 249o, 251o, 269)
Daniel Künzler (S. 183u)
Toni Labhardt (S. 71)
Konrad Lauber (S. 82o re, 111o, 149, 150 (alle ausser o re))
Markus Lüthi (S.194/195, 200, 208u, 209, 210, 211, 212, 221, 227, 230, 234, 247, 252, 255, 256, 257, 260, 263, 264, 265, 266, 269)
Rolf Mürner (S. 137u, 139o, 147, 151u, 158, 178o, 183o)
Naturfreunde Schweiz (S. 64o, 109u, 119, 143o, 155, 207o, 226, 244, 258u)
Pro Natura (S. 85o, 167, 168o, 190)
Pro Natura Zentrum Aletsch (S. 66u, 67u, 82u, 85u, 114, 116o/u, 145, 152)
SAC (S. 219)
Verena Schatanek (S. 124, 139u, 150o re, 157, 173o, 174o/u, 178u)
Schweizer Alpines Museum (S. 68, 141u, 199, 206, 213, 216, 217, 218, 228, 229, 231, 238, 239, 246)
Leonard von Matt (S. 223)
Arno Walti (S. 57, 73o, 74o, 138, 182, 188)
Franziska Wüthrich (S. 76o, 82o li, 127, 129u, 146u li, 162, 173u, 175u)
Ernst Zbären (S. 249)

Alle andern Fotos: Jürg Meyer (inkl. Umschlagbild)

Die Herausgeber SAC und NFS danken

- Der Projektbeauftragten *Franziska Wüthrich*, welche dieses Werk enorm engagiert und kompetent inhaltlich weitgehend realisiert und zugleich organisatorisch betreut hat.
- Dem Mitautor und Projektkoordinator *Markus Lüthi*, welcher den zweiten Teil des Buches verfasst hat und für die Sponsorensuche zuständig war.
- Dem Mitautor und Projektinitiator *Jürg Meyer* für seine kompetente Beratung und die zahlreichen Fotos.
- Unseren *Geldgebern*, ohne die aus der schönen Idee nichts geworden wäre.
- Dem *Verlag Bildung Sauerländer*, dank dem wir dieses Buch in guter Form und in geeignetem Umfeld publizieren können.
- Dem Leiter des SAC-Verlags, *Hans Ott*, für seine tatkräftige Unterstützung und verlegerische Beratung.
- Unserer Zeichnerin *Kathrin Scheidegger* für ihr persönliches Engagement und die unkomplizierte Zusammenarbeit.
- Unserem Lektor *Klaus Minges*, der uns mit Fachwissen und Kompetenz begleitet hat.
- All den vielen Kolleginnen und Kollegen, die uns Anregungen, Hinweise und aufbauende Kritik gegeben haben. Speziell erwähnt seien hier: *Werner Bätzing, Monika Frehner, Sabine Joss, Peter Luder, Veronika Meyer, Rolf Mürner, Christine Neff, Bernhard Probst, Verena Schatanek, Käthi Kägi, Matthias Stremlow, Ralf Weber.*
- Folgenden Organisationen und Personen für das Überlassen von Bildmaterial und Abbildungsvorlagen: *Landeshydrologie und -geologie, Schweizerisches Alpines Museum, Pro Natura, Pro Natura Zentrum Aletsch, Rolf Mürner, Martin Gerber, Urs Kneubühl, Monika Frehner, Verena Schatanek, Fischereiinpektorat Kt. Bern, Daniel Künzler, Ernst Zbären, Toni Labhardt, P. von Matt.*